# 독일의 대학생활동 및 그 영향

# 독일의 대학생활동 및 그 영향

프랑스대혁명(1789) 이후부터
독일통합(1871) 이전까지의 시기를 중심으로

김 장 수

푸른사상

일반적으로 대학생들은 기존의 질서체제에 안주하지 않고 보다 나은 질서체제의 도입을 시도한다. 즉 이들은 기존 질서체제의 문제점들을 지적하는데 주저하지 않을 뿐만 아니라 그것들을 개선시키는데 필요한 방안마련에도 적극성을 보인다. 여기서 이들은 자신들의 관점이나 목적을 실현시키기 위해 종종 과격적인 방법, 즉 시위 등의 방법을 동원하거나 또는 폭동 등에 적극적으로 가담하기도 한다. 아울러 이들은 자신들이 지향하는 목표의 당위성을 사회구성원들, 특히 비 기득계층에게 전달하여 그들로부터 지지를 얻어내려는 노력도 펼친다. 그리고 그러한 시도는 종종 성과를 거두는 경우가 많다. 여기서 대학생들은 참정권의 확대내지는 빈부격차의 해소 등을 자신들의 중요한 목표로 설정한다. 기존의 질서체제는 대학생들의 이러한 활동을 예의주시할 수밖에 없는데 그것은 대학생들의 요구가 자신들의 권한 및 위상에 위협을 가져다 줄 수 있다는 판단에서 비롯된 것 같다. 따라서 기존의 질서체제는 대학생들의 활동 및 그들의 요구사안을 효율적으로 제어할 수 있는 정책을 펼치지만 그러한 것이 실효를 거두지 못하고 오히려 부작용만 유발시키는 경우도 적지 않다.

대학생들의 이러한 일반적 특성은 본서에서 다루고자 하는 19세기

독일 대학생들의 활동에서도 확인된다. 이 당시 독일 대학생들은 메테르니히(Metternich)체제(1815－1848)의 특징, 즉 보수적이고 반동적인 성향 및 거기서 비롯되는 문제점들을 잘 알고 있었다. 아울러 이들은 메테르니히체제가 독일권의 통합을 저해하고 있다는 사실도 인지하고 있었다. 실제적으로 메테르니히의 주도로 개최된 빈(Wien)회의(1815)에서 독일권을 재조직하기 위한 여러 안들이 논의되었지만 각 영방領邦의 독립과 주권을 침해할 수 있는 통합안은 논의대상에서 배제되었다. 따라서 여기서는 각 영방의 독립 및 주권을 보호하기 위해 독일권의 통합대신에 연방체제의 도입만이 거론되고 결정되었을 뿐이다. 이렇게 결성된 독일연방은 오스트리아와 프러시아 등 4개의 왕국과 4개의 자유 도시 등을 포함한 모두 39개 국가로 구성된 국가 연합체의 성격을 띠고 있었다. 여기에는 영국 왕이 하노버(Hannover)국왕으로, 덴마크 왕이 홀수타인(Holstein)공으로, 네덜란드 왕이 룩셈부르크(Luxemburg) 대공의 자격으로 각각 참여했고 오스트리아와 프러시아의 비독일계 지역은 가입에서 배제되었다. 독일연방의 유일한 활동조직으로는 프랑크푸르트(Frankfurt)에 설치된 연방의회(Bundestag)를 들 수 있다. 그런데 이 연방의회는 오스트리아 제국을 의장 국가로 한 상설기구로서 각 국가의 전권 대리로 구성된 사절의회의 성격을 지니고 있었다. 그리고 이 연방에 가입한 국가들은 독자적으로 외국과 조약도 체결할 수 있었기 때문에 이 연방은 중앙 행정 기구나 재정 조직을 갖출 수 없었다. 따라서 독일연방은 연방 국가라기보다는 국가연합에 불과했다. 그러나 연방의 제 규정을 제대로 활용했다면 통합 경제는 물론, 통합에 관한 법률 제정이나 연방군의 창설까지도 가능했을 것이다. 그럼에도 불구하고 연방의회는 연방체제가 붕괴될 때까지 아무런 조치도 취하지 않았다.

연방체제의 문제점들을 정확히 인지한 대학생들은 메테르니히체제를 붕괴시켜야만 독일권의 통합이 가능하다는 판단을 하게 되었다. 여기서 이들은 자신들이 메테르니히체제를 붕괴시키는데 일조를 해야 한다는데 동의했고 그것을 실천하기 위해서는 그들 세력을 보다 체계적으로 규합시켜야 한다는 필요성도 인지했던 것이다. 이후 이들은 자신들의 관점을 실천하기 위해 대학생조합(Burschenschaft: 대학생조합은 '남자 대학생 학우회' 또는 '대학생조합'으로 해석할 수 있는데 여기서는 대학생조합으로 해석하도록 한다.)이라는 단체를 결성했다.

1815년 6월 12일 예나(Jena) 대학에서 최초로 대학생조합이 결성되었다. 이후 이 대학의 대학생조합이 발표한 강령에서는 ①대학은 육체적 훈련 및 학문증진을 위한 독일민족의 공공기관(Anstalt)이다. ②대학생조합은 민족통일을 구현하는데 적극적으로 참여해야 할 것이다. ③대학생조합은 민족적 특성을 정립하고 그것을 대중화시키는데 일익을 담당해야 한다 등이 언급되었는데 그러한 것들은 대학생조합이 앞으로 나아갈 방향을 구체적으로 제시한 것으로 보아도 될 것이다. 이후 많은 대학에서 대학생조합이 결성되었는데 그 지향목표는 예나 대학의 강령과 거의 유사했다.

본서는 대학생조합을 중심으로 전개된 대학생활동을 살펴보면서 그러한 활동이 과연 독일통합에 어느 정도 기여했는가를 고찰하고자 한다. 또한 대학생조합의 지향목표가 일부 지방, 특히 보헤미아

(Böhmen: 오스트리아제국의 한 지방으로 민족문제가 다른 지방보다 크게 부각되었다.) 지방에서 도전을 받게 된 이유 및 그것에 대한 독일 대학생들의 대응전략에 대해서도 논의하도록 하겠다.

아울러 본서는 대학생활동을 시기적으로 분류했는데 그것은 각 시기마다 대학생활동의 목표내지는 활동양상이 적지 않게 변화되었기 때문이다. 따라서 본서는 대학생조합설립이전의 활동, 대학생조합결성 이후의 활동, 7월 혁명(1830) 이후의 활동, 3월 혁명(1848) 이후의 활동, 독일통합이후의 활동, 그리고 대학생조합의 목표 및 이상을 실제적 상황에 적응시키려 했던 정치가, 기어(Gier)의 활동으로 구분했다.

본서는 대학생조합 및 독일통합을 취급한 논문들로 구성되었다. 따라서 내용적으로 중복되는 경우와 주제에서 다소 벗어나는 부분들도 있을 수 있기 때문에 독자들의 이해 및 양해가 필요하다 하겠다.

짧은 기간의 탈고에서 비롯된 문장이나 내용상의 오류는 개정판에서 시정하도록 하겠다.

어려운 여건에도 불구하고 이 책의 출간을 기꺼이 허락하신 푸른사상의 한봉숙 사장님과 출판사 관계자 여러분들께 이 자리를 빌려 감사의 말씀을 드린다.

2006년 6월

김 장 수

6장. 폴란드 유학생들과 독일대학생조합과의 관계 • 217



7장. 대학생조합의 이상 및 실제: 칼 테오도르 기어 • 241



결 어 • 269

# 1장. 프랑스혁명 시기의 독일의 대학생활동:

## 슈투트가르트(Stuttgart)의 칼학교(Carlsschule)를 중심으로

## 1. 머리말

뷔르템베르크(Württemberg) 왕국의 칼 오이겐(Karl Eugen) 공작은 1770년 칼 학교(Carlsschule)를 세웠다.[1] 그러나 그의 후계자로 등극 루트비히 오이겐(Ludwig Eugen) 공작은 1794년 이 학교를 폐교시키는 특단의 조처를 취했는데 그 이유는 이 학교가 프랑스혁명이 발발한 이후부터 반정부활동의 중심지로 부각되었기 때문이다.[2] 이에

---

1) 1781년 신성로마제국의 요제프 2세[Joseph II(1765-1790)]는 이 학교를 고등교육기관으로 허가한다는 칙령을 발표했는데 그것은 신성로마제국의 황제가 독일 내 신설 고등교육기관, 즉 신설대학허가권을 가지고 있었기 때문이다. E.Sieber, "studentische Störungen und Entwurfe", in: O. Borst (Hrsg.), *Aufruhr und Entstehung. Vormärz 1815-1848 in Baden und Württemberg*(Stuttgart, 1992), p.87; *M.Miller(Hrsg.), Handbuch der historischen Stätten Deutschland: Baden-Würtemberg* (Stuttgart, 1993), p.774.

2) 이 책에서 우리는 혁명이란 단어를 종종 접하게 될 것이다. 따라서 혁명에 대한 올바른 이해 내지는 개념정립이 필요하다고 하겠는데 그것을 위해서

따라 칼 학교는 24년이란 짧은 교사校史를 가지고 역사의 뒤안길로

는 첫째, 혁명이란 단어는 언제부터 사용되었을까? 둘째, 혁명의 개념은 어떻게 정립되었을까? 셋째, 혁명은 언제 발생할까 등을 살펴보아야 할 것이다. 혁명(*revolutio*: revolve의 명사형)이란 단어는 로마 후반기부터 등장했는데 '치받음' 또는 '뒤엎음(전복)'이란 의미로 사용되었다. 근대에 접어들면서 이 단어는 천문학 분야에서, 즉 케플러(Kepler)가 행성들의 순환 및 그 규칙적 회귀를 설명하는 과정에서 혁명이란 단어를 사용한 후 그 사용이 보편화되었다. 그러다가 15세기 후반부터 이탈리아에서 혁명(*revoluzione*)이란 단어가 정치적 분야에서도 쓰여 지기 시작했다. 그것은 현실사회의 모순적 상황에서 이전의 정상적 상태로 복귀한다는 순환론적 역사인식에 위배되지 않을 뿐만 아니라 역사적 변화를 인정하고 그 변화의 궁극적인 목표가 인간타락 이전의 낙원으로 회귀한다는 기독교사상과도 일치되었기 때문이다. 따라서 당시의 개념은 오늘날과는 달리 순환론적 측면만을 강조한 것 같다. 영국의 정치가 클라렌든 [Clarendon: 클라렌든법(Clarendon Code)을 1661년에 제정하여 비국교도(non-conformist)에게 제약을 가했다.] 역시 찰스 2세(Charles II)의 왕정복고 및 공화정체제의 붕괴를 언급하면서 혁명이란 단어를 사용했는데 그것은 이탈리아에서 사용되었던 의미와 맥을 같이한다 하겠다. 따라서 17세기 중엽까지 혁명은 급격한 변화를 유발시키지만 결국 다시 원상태로 회귀한다는 의미로 사용되었던 것이다. 그리고 이러한 개념은 1688년 명예혁명(Glorious Revolution)이 발생했던 당시에도 여전히 유효했는데 1688년의 사건으로 이전의 질서체제(긍정적)로 회귀했다는 로크(Locke)의 언급이 바로 그 일례가 된다 하겠다. 그러나 순환적 변화로 이해되었던 혁명의 개념은 18세기에 접어들면서부터 바뀌게 되었는데 그것은 1688년의 명예혁명을 단순한 사건이 아니라 오래 지속되는 변화의 종결점이자 특정경향이 합친 응축된 사건으로 인식한데서 비롯된 것 같다. 실제적으로 영국사회는 명예혁명이 끝난 후에도 새로운 정부, 새로운 사회를 만드는 일련의 과정을 경험했다. 1776년 아메리카 혁명에 이어 1789년 바스티유(Bastille) 감옥이 습격을 당하면서 사람들은 혁명이 무엇인지를 목격했다. 변화에 대한 인식과정에서 프랑스혁명은 결정적인 계기를 제공했던 것이다. 특히 프랑스의 계몽사상가들은 이러한 인식정립에 큰 기여를 했다. 디드로(Diderot)는 백과전서에서 '혁명은 정치적 용어이며, 한 나라에서 일어난 중요한 변화를 지칭한다.'라고 정의했고, 몽테스키외(Montesquieu)는 '프랑스 정치체제의 근본적 변화 또는 법률 집행의 큰 변화'를 혁명으로 이해했던 것이다. 이제 사람들은 1688년의 영국, 1776년의 아메리카, 그리고 1789년 프랑스에서 일어난 사건들이 연

사라지게 되었다. 그렇지만 이 학교가 역사적으로 중요한 시기에 존재했다는 사실, 즉 계몽사상이 저변으로 확산되기 시작한 시기로부터 뷔르템베르크 왕국을 비롯한 독일의 남부 국가들이 프랑스 혁명의 영향을 본격적으로 받기 시작할 때까지 존속했기 때문에 이 학교의 활동에서 역사적 의미를 찾아낸다는 것은 그리 어려운 일이 아닐 것이다.3)

당시 일반 대학과는 달리 초등학교부터 대학까지의 교육과정을 갖춘 칼 학교는 7세 이상의 소년에게만 입학을 허용했다.4) 그리고

---

속적으로 전개되는 역사의 특정한 계기라는 인식을 가지게 되었고 그것을 정의하기 위해 혁명이란 단어를 광범위하게 사용하기 시작했던 것이다. 그렇다면 혁명은 어떤 상황에서 발생할까? 이 점에 대해 미국의 역사가 데이비스(C.J.Davies)는 1962년에 발표한 자신의 논문(*Toward a Theory of Revolution*)에서 언급했는데 그것에 따를 경우 사회성원의 기대치(정치 및 경제적 측면)와 실제적 상황사이에 극복할 수 없는 격차가 있을 때 혁명이 발생한다는 것이다. 즉 데이비스는 자신의 논문에서 혁명이론인 'J곡선이론'을 발표했던 것이다. 이어 데이비스는 어느 사회에서 회복적 조짐 없이 지속적으로 경제적 상황이 나빠지거나 또는 사회적 폐해가 심각히 부각됨에도 불구하고 혁명이 발생하지 않는 이유에 대해서도 분석했다. 그의 관점에 따를 경우 사회구성원들이 자기보존을 위해 육체적 그리고 정신적 에너지를 완전히 소진했기 때문에 그들은 과격적인 개혁, 즉 혁명에 대해 관심을 가지지 않는다는 것이다. 여기서 데이비스는 '빈곤이 사람들로부터 혁명가를 배출하지 않는다'라는 주장을 펼치기도 했다. 우리는 데이비스가 자신의 이론이 가지는 한계성을 제시했음에도 불구하고 그의 이론을 대표적 혁명들에 대입시킬 경우 그것이 어느 정도의 타당성을 가진다는 것도 확인할 수 있다.
3) 칼 학교는 쿤(A.Kuhn), 바그너(H.Wagner), 그리고 우란트(R. Uhland)의 저서 등에서 자세히 언급되고 있다.

A.Kuhn, *Revolutionsbegeisterung an der Hohen Carlsschule*(Stuttgart, 1989)

R.Uhland, *Geschichte der Hohen Karlsschule in Stuttgart*(Stuttgart, 1953)

H.Wagner, *Geschichte der Hohen Carlsschule*(Würzburg, 1858).
4) 칼 학교에 입학하기 위해서는 읽고, 쓸 수 있는 능력을 갖추어야만 했는데

이 학교에 입학한 학생(Eleven)들은 11년간의 교육, 즉 대학의 교육 과정까지 이수해야만 졸업장을 받을 수 있었다. 그렇지만 대다수의 고등 교육기관과 마찬가지로 칼 학교를 졸업한다는 것이 입학하는 것보다 훨씬 어려웠기 때문에 입학생의 절반 정도만이 학위를 취득할 수 있었다.[5]

칼 학교는 신분에 따른 입학제한을 두지 않았다. 그러나 대다수의 학생들은 귀족 및 시민계층의 자녀들이었고 이들은 입학 직후 그들 부모의 사회적 신분에 따라 분반되었다. 이 학교의 수업료는 매 학기 당 150－500 굴덴(Gulden)이었는데 그것은 경제적으로 여유 있는 계층만이 부담할 수 있던 금액이었다.[6] 이를 통해 칼 학교 역시 학생들의 수업료로 학교가 운영되었음을 확인할 수 있다. 그러나 이 학교는 학문적 재능을 갖추었음에도 불구하고 어려운 가정형편 때문에 학교에 다닐 수 없었던 학생들을 위해 장학제도(Stipendium)도 운영했다. 즉 칼 오이겐 공작은 생활형편이 어려운

---

그러한 조건은 1783/4년의 '학교안내서'에서 확인할 수 있다. 그러나 입학정원에 대한 구체적인 언급은 없었다.

A.F.Batz, *Beschreibung der Hohen Karls-Schule zu Stuttgart*(Stuttgart, 1783).

5) 이 당시 전체 재학생 수는 400명 정도였다.

A.Kuhn, *Revolutionsbegeisterung an der Hohen Carlsschule*(Stuttgart, 1989), p.52; R.Uhland, *Geschichte der Hohen Karlsschule in Stuttgart*(Stuttgart, 1953), p.34.

6) 학생들에게 부과된 수업료는 학년에 따라 달랐다. 그러나 8학년부터 졸업 때까지의 수업료는 일정했다. 이때부터 매 학기마다 500 굴덴의 수업료가 학생들에게 부과되었다

A.F.Batz, *Beschreibung der Hohen Carls Schule zu Stuttgart*(Stuttgart, 1783), pp.14-16; A.Kuhn, *Revolutionsbegeisterung an der Hohen Carlsschule*(Stuttgart, 1989), p.27; R.Uhland, *Geschichte der Hohen Karlsschule in Stuttgart*(Stuttgart, 1953), pp.35-36.

학생들을 위해 개인적으로 학비를 제공했던 것이다.[7] 그런데 공작의 장학금을 수령한 학생들은 몇 가지 사항을 준수해야만 했는데 그것은 첫째, 졸업 후 6년간 국가 공무원으로 복무한다. 둘째, 재학 중 학교교칙을 엄격히 준수한다. 셋째, 학업에 충실하여 우(gut) 이상의 학점을 획득한다는 것 등이었다.[8] 아울러 칼 오이겐 공작은 학생들의 학업성취도를 진작시키기 위해 기사(Chevalier)작위를 학업성적이 우수한 학생들에게 부여하는 공과제도(meritum)도 도입했는데 그것에 대한 학생들의 관심은 의외로 높았다. 왜냐하면 이들 역시 기사작위획득으로 순탄한 사회생활이 보장된다는 사실을 잘 알고 있었기 때문이다.[9]

칼 학교의 교칙에 따라 슈투트가르트〔Stuttgart(=Hohen Asperg)〕에 거주하지 않는 학생들은 기숙사 생활을 해야만 했다. 학생들은 매 학기마다 방학을 맞이했지만 그 기간은 일주일에 불과했다. 따

---

7) 이 당시 전체 재학생 중에서 장학금을 수령한 학생들이 차지한 비율은 10% 정도였다.
Vgl. R.S.Turner, "Universitäten", in: K-E. Ernst u. p.Lundgreen (Hrsg.), *Handbuch der deutschen Bildungsgeschichte*, Bd.,III: 1800-1870. Von der Neuordnung bis zur Gründung des Deutschen Reiches(München, 1987), pp.221-223.
8) 장학금을 수령한 학생이 공작이 제시한 수칙을 어겼을 경우, 특히 학교 교칙을 위반하여 10일 이상의 구류처벌을 받았을 경우 바로 퇴교조치가 내려졌다.
A.Kuhn, "Studentenbewegungen zur Zeit der Französischen Revolution, vornehmlich an der Stuttgarter Hohen Carlsschule", in: H.Asmus(Hrsg.), *studentische Burschenschaften und bürgeliche Umwälzung*(Berlin, 1992), p.54; R.Uhland, 같은 책, p.36.
9) 매년 10명 정도의 학생들이 기사작위를 받았다.
A.F.Batz, 같은 책, pp.18-22; K.Uhland, 같은 책, p.37;http://home. nikocity. de/ge/kerner/ bilder 75. html.

라서 학교당국은 격주마다 학생들에게 서너 시간의 외출을 허용하여 사회와의 격리생활에서 파생될 수 있는 문제점이나 불만을 최소화시키려 했다.10)

칼 학교의 학생들은 교복을 입었고 변발(Zopf) 및 가발(Perücke)도 착용했다. 그리고 이들의 하루 일과는 엄격한 교육과정에 따라 진행되었다.11) 이 당시 육군대령(총감독관), 육군소령(부감독관), 육군대위, 육군소위, 그리고 감사관(왕이 임명한 현직관료)으로 구성된 학교 운영진은 행정, 군사교육, 그리고 일반사무 등을 전담했다. 이렇게 현역군인들이 학교에 근무했기 때문에 학교생활의 여러 부분에서 군사적 색채는 부각될 수밖에 없었다.12) 특히 학생들을 처벌하는 과정에서 그러한 성향은 쉽게 확인되었다; 만일 한 재학생이

---

10) 이 당시 칼 오이겐 공작은 학생들에게 여유 있는 생활공간을 제공하려고 했다. 이에 따라 학생 1인당 가용면적은 16.5㎡나 되었고 그것은 일반대학 기숙사의 2배나 되는 넓은 면적이었다.
　A.F.Batz, 같은 책, p.19; K.Uhland, 같은 책, p.54.

11) 일반대학에 해당되는 8학년 학생들의 하루일과는 다음과 같다: 아침 6시에 기상하여 아침식사를 한 후 공동체조에 참여한다. 오전 8시 30분부터 12시 30분까지 문학, 라틴어, 수학, 철학, 역사 등을 배운다. 점심 식사 후 이들은 오후 내내 군사훈련을 받는데 그것의 강도는 군대의 그것과 버금갈 정도였다. 저녁식사를 끝낸 후 학생들은 3시간 정도의 복습 및 자율시간을 가진다.
　A.F.Batz, 같은 책, p.19; K.Uhland, 같은 책, p.54;http://www. gbs. schule-bw.de/s-schule.htm.

12) 군사사관학교에서 출발한 칼 학교는 점차적으로 일반대학으로 변형되었지만 군사적인 색채가 완전히 배제되지는 않았다. 칼 학교에 대한 오이겐 공작의 관심이 매우 높았기 때문에 그는 일주일에 수차례씩 학교로부터 문서 또는 구두 보고를 받았다.
　A.F.Batz, 같은 책, p.20; K.Uhland, 같은 책, p.55; http:// gbg. wn. schule- bw. de/s-schule.htm.

교칙을 위반했을 경우 그는 총감독관으로부터 교칙위반내용(Untat)
이 기재된 쪽지편지(Billets)를 받고 전교생 앞에서 음식 제공철회
(Essenentzug), 휴가금지(Urlaubsentzug), 그리고 지하감옥 감금 등의 엄
격한 처벌을 받았다.[13]

그럼에도 불구하고 칼 학교를 계몽절대왕정체제의 산물로 간주

---

13) 이 학교를 졸업한 쉴러(J.C.F.v. Schiller)는 학교교칙을 많이 위반한 학생으로
   알려졌다 〔1773-1780: 이 기간 중에 강도(Rauber)라는 작품을 썼다〕. 쉴러
   이외의 많은 학생들도 교칙을 위반했는데 그러한 것은 당시 학생들의 처벌
   을 기록한 학교자료에서 확인할 수 있다. 여기서는 제켄돌푸(J.C.A. Freiherr
   v.Sekendorf)라는 학생이 재학 기간 중 받은 처벌들의 원인 및 조치를 살펴보
   도록 한다.

| 처 벌 일 | 처 벌 원 인 | 처벌조치 |
|---|---|---|
| 1789.1.28. | 동료학생을 구타했다. | 1일 구류 |
| 1789.4.30. | 강의시간에 무례한 행동을 했다. | 2일 구류 |
| 1789.12.21. | 식당에서의 정렬행진 시 결례를 범했다. | 2일 구류 |
| 1790.8.10. | 식사 중 동료학생의 뺨을 때렸다. | 2일 구류 |
| 1791.2.16 | 교수의 강의를 고의적으로 방해했다. | 3일 구류 |
| 1791.4.16 | 교실의 책상을 창문 밖으로 던졌다. | 6일 구류 |

   학생들이 흡연을 하거나, 정시에 귀교하지 않거나, 그리고 학업을 등한시 할
   경우에도 처벌을 받았다.
   Hauptstaatsarchiv(=HATAS): A. 272-307/272-173.
   HSTAS의 사료 272(A. 272)는 칼 학교의 학생 및 교수들의 신상명세서, 학생
   들의 건강상태 및 질병, 휴가, 학문연수, 그리고 교칙위반과 그것에 따른 처
   벌조치를 기록한 제거 대령의 보고서 등으로 구성되었다. 특히 보고서는 매
   일 보고서(Tagesrapport)와 주례보고서(Wochenrapport)로 분류·정리되었다. 이
   러한 처벌을 통해 당시의 학교생활에서도 학생간의 싸움, 강의방해, 그리고
   학교기물파괴 등이 있었음을 확인할 수 있다. 그리고 오늘날과 마찬가지로
   칼 학교의 교칙 역시 그러한 행위들에 대해 엄격히 대응했다는 사실도 알
   수 있었다.

하는 사람들이 많은데 그것은 대다수의 계몽절대군주들이 신민개화를 자신들의 의무 내지는 소명으로 인식한데서 비롯된 것 같다. 따라서 칼 오이겐 공작이 칼 학교를 세운 것도 그러한 맥락에서 이해해야 할 것이다. 그리고 이러한 견해는 오늘날에도 타당성을 가진다 하겠는데 그것은 칼 학교가 학생들의 능력계발의 중요성을 인식하고 그것을 구체화시킬 수 있는 방법을 적극적으로 모색한데서 찾을 수 있을 것이다. 아울러 귀족계층과 시민계층사이의 사회적 경계극복 등에 대해 관심을 보인 것도 타당성을 뒷받침하는 또 하나의 요인이라 하겠다.14)

본 장에서는 프랑스 혁명 이후 칼 학교의 교수 및 학생들, 특히 일반대학에 해당되는 8학년 이상의 학생들이 펼친 정치적 활동을 살펴보도록 한다. 왜냐하면 이들의 정치적 활동이 독일 최초의 반정부적 학생활동이었다는 것과 그것이 후에 결성된 대학생조합(Burschenschaft)의 활동방향에도 적지 않은 영향을 끼쳤기 때문이다. 따라서 2절에서는 학생들의 정치적 관심과 그것을 구체화시키는 활동이 어떠한 상황에서 시작되었는지를 살펴보도록 한다. 3절에서는 슈투트가르트 정부가 칼 학교의 학생들과 교수들이 펼친 반정부 활동에 대해 어떠한 반응을 보였는가를 다루도록 하겠다. 마지막 절인 4절에서는 당시 다른 독일 대학 학생들의 정치적 활동을

---

14) 쿤과 우란트도 이 점에 대해 동의했다
　　A.Kuhn, 같은 논문, p.57; R.Uhland, 같은 책, pp.27-29.
　　실제적으로 칼 학교는 입학 초부터 학생들의 적성 및 능력파악에 대해 관심을 보였을 뿐만 아니라 그것을 상담 자료로 활용할 정도의 적극성도 보였다.
　　HATAS: A.272-114.

살펴보면서 칼 학교 학생들의 그것과 어떠한 차이점이 있는가를 확인하고 그러한 차이점이 무엇에서 비롯되었는가도 검토하도록 하겠다.

## 2. 칼 학교 학생들의 반정부활동

1790년에 접어들면서부터 뷔르템베르크 왕국도 프랑스 대혁명(1789)의 영향을 받기 시작했다. 이후 기존의 질서체제, 즉 절대왕정체제에 대해 불만을 가졌던 칼 학교의 교수 및 학생들의 움직임은 가시화되었고 거기서 정치적인 요소들도 점차적으로 부각되기 시작했다. 그러나 학생들의 불만은 과다한 군사 훈련과 그것에 따른 충분치 못한 교육에서 비롯되었기 때문에 처음부터 이들이 정치적인 개혁에 대해 관심을 가졌다고는 볼 수 없을 것이다.15) 즉 학생들의 불만은 정치체제에 대한 불만에서 비롯된 것이 아니라 학교의 편중된 교육과정에서 유발된 것이라 하겠다. 그렇지만 학생들의 이러한 성향은 자유주의 이념의 급속한 확대와 프랑스로부터 유입되는 고무적인 소식들로 사라지게 되었다.

1791년 1월 29일 콩데(Condé) 왕자가 이끄는 프랑스 망명 귀족들이 슈투트가르트에 도착했다.16) 슈투트가르트의 시민들은 이들에

---

15) 칼 학교의 학생들은 8학년부터 법학(Jura), 의학(Medizin), 철학(Philosophie), 군사학(Kriegswissenschaft), 경제학(Ökonomie), 자유예술학(Freie Künste) 중에서 그들의 전공을 선택했다. 그런데 이 학교 교육과정에 대한 자유예술학부 학생들의 불만은 타 학과 학생들의 그것보다 훨씬 심했다
A.Kuhn, 같은 논문, p.55; R.Uhland: 같은 책, pp.36-37.

대해 우호적인 입장을 취하지는 않았지만 이들의 체류 역시 적극
적으로 막지도 않았다. 칼 학교 학생들은 이러한 도시 분위기에 대
해 불만을 표시했고 그것을 행동으로 옮기기 시작했다. 즉 기존질
서체제의 문제점들을 공개적으로 지적하려는 학생들이 나타나게
되었고 이들 중의 일부, 즉 파프(C.H. Pfaff), 케르너(A.Kerner), 페터
(W.Peter), 비버슈타인(Marshall v. Biberstein), 그리고 코흐(J.A.Koch)는
1791년 1월 31일 오페라 극장에서 개최된 가면무도회(Maskenball,
Redoute)에서 '귀족정의 실체(Aristokratendemaskierung)'를 폭로하는 적
극성을 보이기도 했다.17) 여기서 이들은 사회 성원 모두가 동등한
자유를 누려야 하며 평등권 역시 보장되어야 한다는 입장을 밝혔
다. 아울러 이들은 그러한 것들이 어느 누구에게도 양보할 수 없는
천부적 권리라는 주장도 펼쳤다. 즉 이들은 프랑스 혁명이후 강조
된 자연법사상을 그들 국가에도 도입해야 한다는 견해를 제시했던
것이다. 여기서 학생들은 지배자가 피지배자의 동의를 얻어야만 정
당한 권리를 행사할 수 있음을 강조하면서 그것이 바로 주권재민
설의 핵심적 내용이라 했다. 뿐만 아니라 이들은 탄압을 일삼는 정
부를 전복시켜야 하며 필요하다면 무력이란 방법도 사용할 수 있
다고 했는데 그러한 주장은 국민저항권에서 비롯된 것이라 하겠다.
학생들의 이러한 시도는 다음날 '슈트라스부르크(Strassburg) 신보'에

---

16) 콩데 왕자는 루이 16세 (Louis XVI)측근 인물 중의 하나였다
    A.Kuhn, 같은 논문, p.55.
17) 기존 질서체제의 문제점들을 지적한 학생들의 대다수는 시민계층의 자녀들
    이었다.

게재되었지만 행위자들에 대한 구체적인 언급은 없었다.[18]

학생 신분으로 오페라 극장에서 왕국의 자유화를 강조한 파프는 1854년 칼 학교의 적지 않은 학생들이 프랑스에서 진행되던 정치 개혁과 그것을 이론적으로 뒷받침한 자유주의에 대해 깊은 관심을 가졌었다고 회고했다.[19] 파프는 자신의 회고력에서 정치 개혁에 관심을 가진 학생들이 당시 자주 개최되었던 가면무도회를 이용하여 자신들의 정치적 의지나 소신을 밝히려 했다고 술회했다.

이 당시 칼 학교의 학생들은 최소한 수백 명의 사람들이 가면무도회에 참석한다는 것과 참가자들의 사회적 지위나 역할을 고려할 때 그 효과(Nachwirkung) 역시 매우 크리라는 것을 잘 알고 있었다. 그러나 학생들은 원칙적으로 가면무도회에 초대되지 않았기 때문에 1791년 1월 31일에 개최된 가면무도회에도 참석할 수 없었다. 그렇지만 위에서 언급한 학생들은 가면무도회에서 그들의 견해나 관점을 피력하려고 했다. 따라서 이들은 무도회장이 개최되던 건물의 담을 넘어 그들이 이미 파악했던 비밀통로를 통해 무도회장에 잠입했다. 가면으로 얼굴을 가린 학생들은 무도회석상에서 신민의 대표들로 구성된 국민의회를 가능한 한 빨리 개원시켜야 한다는 것을 역설했다. 또한 이들은 절대왕정체제를 폐지시켜야 한다는 주장도 펼쳤는데, 그러한 것들은 그들이 기대한 것처럼 무도회 참가자들의 관심을 불러 일으켰다.[20] 아울러 이들은 그들의 목적을 부

---

18) H.G.Haasis, *Gebt der Freiheit Flügel. Die Zeit der deutschen Jacobiner 1789-1805*(Reinbek, 1988), p.45

19) C.H.Pfaff, *Lebenserinnerungen*(Kiel, 1854), p.46.

20) 파프는 자신의 자서전에서 국민의회의 성격을 다음과 같이 언급하였다. "국

각시키기 위한 수단으로 프랑스 혁명정부가 사용했던 삼색기를 자유주의의 상징으로 활용했다. 즉 학생들은 흰색, 청색, 적색의 옷을 착용하였고 각기 흰색-청색-적색의 장식띠도 둘렀다. 그리고 스스로 작성한 혈통도(Stammbaumrolle)를 참가자들에게 집어던진 학생도 있었다. 특히 후자의 경우는 전통과 모순된 질서의 독일사회로부터 벗어나겠다는 의지를 상징적으로 표현한 행위라 하겠다.

이러한 학생들의 돌발적 행위는 무도회를 주관했던 사람들을 당황하게 하였다. 이들은 즉시 학생들의 행동을 중지시켰을 뿐만 아니라 그들을 무도회장에서 강제로 쫓아냈다.

그러나 학생들은 사회구성원, 특히 시민계층이 그들 행위에 대해 호응을 보이리라는 확신을 가졌기 때문에 연극이나 무도회에서 지속적으로 반정부활동을 펼치기로 했다.[21]

1791년 2월 2일 뷔르템베르크 왕국의 귀족들과 콩데를 비롯한 프랑스 망명귀족들은 슈투트가르트의 국립극장에서 연극을 관람했다. 그런데 이들은 여기서 혈통 및 교회적 특권(Kirchenvorurteil)이 조롱당하는 장면을 보아야만 했다. 아울러 이들은 연극에 이어 진행된 발레에서 관객들이 프랑스의 삼색기 복장을 한 무용수에게

---

민의회는 귀족계층만으로 구성되어서는 안 되고 프랑스의 예를 따라 시민계층의 참여도 허용해야 한다. 아울러 국민의회는 헌법제정권도 가져야 한다.”
C.H.Pfaff, 같은 책, p.46.
21) 무도회를 주관했던 사람들은 이들이 칼 학교의 학생들이라는 것을 예측하지 못했다. 따라서 이들은 이러한 돌발적 행위를 일과성으로 간주하는 우를 범했다
 H.G.Haasis, 같은 책, p.445.

큰 박수를 보내는 등의 반정부적 분위기도 접했는데 그것은 이들로 하여금 뷔르템베르크 왕국도 프랑스 혁명의 영향을 받기 시작하였다는 것을 확인하게 하는 계기가 되었다.22)

1791년 2월 17일 슈투트가르트에서 가면무도회가 다시 개최되었다. 여기에는 칼 학교의 교수 휘브너(E.F.Hübner)가 카프친 교단의 수사복장을 하고 참석했다. 그는 참석자들에게 프랑스 혁명을 찬양한 시구를 배포하다가 무도회에 참석한 대령과 소위에 의해 복장이 훼손당하는 봉변을 당했다.23)

1791년 3월 7일에 개최된 가면무도회에서 칼 학교의 학생들은 그들이 지향한 정치적 목표를 구체적으로 제시했다. 가면무도회가 시작된 지 얼마 안 되어 토성(Saturn=Kronos)신의 가면을 쓴 인물이 항아리를 들고 무도회장에 진입했다. 이후 이 인물은 항아리를 높이 들고 이곳저곳을 배회했는데 그의 항아리에는 '민족의 운명(Sors gentium)'이라는 문구가 뚜렷이 쓰여 있었다. 아울러 항아리 속에는 다음의 내용들을 담은 200여장의 전단도 들어 있었다. 첫째, 18세기는 특권계층, 즉 성직자계층과 귀족계층을 소멸시킬 수 있는 세기이다. 둘째, 지구상의 모든 민족들은 프랑스의 정치적 발전을 본받

---

22) H.G.Haasis, 같은 책, pp.445-446.
23) 이 가면무도회에서 칼 학교의 교수들이 학생들의 반정부활동을 지원했는데 그것은 학생들의 반정부활동에 대해 칼 학교의 일부 교수들도 관심을 보이기 시작한 것으로 보아야 할 것이다.
   휘브너 교수를 구타한 대령과 소위는 각기 14일의 자택구금(Hausarrest)과 6주의 요새 내 금고(Festungshaft)형을 선고받았다. 그리고 휘브너 역시 정식교수로 승진할 수 있는 기회를 잃게 되었다.
   HSTAS: A.272-173.

아야 할 것이다. 셋째, 우리에게는 더 이상 세습귀족이 필요 없기 때문에 이들이 주체가 되는 귀족정체제를 즉각 폐지시켜야 할 것이다. 넷째, 공무원이나 장교들은 금전으로 자신들의 직함을 산 노예들이다. 비록 이들이 시민계층을 경시하고 있지만 그것이 바로 그들 자신을 경멸하고 있다는 사실을 파악하지 못하고 있다. 다섯째, 독일 민족은 그들 제후들 때문에 자유롭지 못하다는 것을 인식해야 한다. 여섯째, 독일 민족은 폭정의 족쇄로부터 벗어나야 한다. 일곱째, 귀족계층은 국가를 위해 그들이 무엇을 해야 하는지를 파악하고 있지만 그것을 실천에 옮기지 않고 위배되는 행동만을 할 뿐이다. 따라서 이들은 국가와 민족에 도움을 주지 못하는 집단에 불과하다.24)

이러한 내용을 담은 전단들은 칼 학교의 재학생이었던 비버슈타인과 케르너에 의해 배포되었다.25) 토성신의 가면을 만든 사람들 역시 칼 학교에 재학 중이었던 학생 및 교수였는데, 이들은 코흐와 단네커(J.H. Dannecker)로 알려져 있다. 그리고 토성신의 가면을 착용한 인물은 칼 학교의 불문과 교수였던 라보(J-C.Laveaux)였다.26)

이후에도 칼 학교 학생들의 반정부 활동은 지속되었는데 그것은 정부의 정책이나 인물을 비난하는 풍자화작성 등에서 나타났다. 이 당시 일부 학생들은 자신들의 반정부 활동을 대중들에게 알려 그

---

24) 슈투트가르트 경찰은 자투른 신의 가면을 쓴 인물을 찾아내려고 했으나 아무런 성과도 거두지 못했다(*Strassburger Zeitung vom 17.3.1791*).
25) "Brief von G.Kerner an v. Marschall Biberstein vom 24.3.1804" in: Hauptstaatsarchiv Wiesbaden(=HSTAW): A.1097-35.
26) A.Kuhn, 같은 책, p.17; C.H. Pfaff, 같은 책, p.49; R.Reuss, 같은 책, pp.59-61.

들로부터의 지지도 확보해야 한다는 생각을 가지고 있었다. 이러한 때 루이 16세가 파리를 탈출하여 네덜란드로 망명했다는 소식이 슈투트가르트에 알려졌다. 슈투트가르트 정부의 실세였던 베흐터(v. Wächter) 남작은 즉시 이를 슈투트가르트에 체류 중이었던 프랑스 귀족들에게 즉시 알렸고 왕의 성공적인 탈출에도 경의를 표했다.[27] 이러한 소식을 접한 칼 학교의 학생들, 특히 코흐와 파프는 베흐터 남작의 조치에 대해 불만을 표시했고 그에게 '거치른 교훈(derbe Lektion)'을 주기로 했다. 이에 따라 코흐는 4부의 풍자화를 작성했다. 여기서는 2개의 상반된 장면이 묘사되었다. 그 하나는 베흐터 남작과 그의 추종자들이 루이 16세의 탈출에 박수를 보내는 장면이었고, 다른 장면은 이들이 절뚝거리며 좋지 않은 곳으로, 즉 형장으로 끌려가는 것이었다. 저녁 늦게 학교 담을 넘어 시내로 들어간 코흐와 파프는 사람들이 많이 다니는 장소에 풍자화들을 붙였고 그것은 곧 시민들의 비상한 관심을 유발시켰다.[28]

---

27) 슈투트가르트에 알려진 것과는 달리 루이 16세의 탈출은 실패로 끝났다. 즉 그와 그의 가족은 국경지역인 바렌느(Varennes)에서 체포되어 파리로 압송되었다.

28) 여기서 코흐와 파프는 베흐터 남작과 그의 추종자들이 시대의 흐름을 정확히 파악하지 못할 경우 형장으로 끌려가게 될 것이라는 견해를 그림에 삽입했다
  C.H.Pfaff, 같은 책, p.49.
  칼 학교 학생들은 풍자화뿐만 아니라 익명의 비방문(pasquille)을 통해 당시의 정치체제 및 위정자들을 신랄히 비판했다. 그 일례로 1791년 11월 슈투트가르트 지방의회에 익명의 비방문이 전달되었는데 거기서는 지방의회의 활동이 무기력하다는 것과 칼 오이겐 공작이 참주와 같다는 것 등이 언급되었다.

이렇듯 돌출적인 반정부적 행위가 지속됨에 따라 슈투트가르트 정부는 우려를 표명했고 행위자 색출에도 적극성을 보이기 시작했다. 그러나 이 당시까지 슈투트가르트 정부는 칼 학교의 학생들이 가장무도회에 참여하여 반정부적 언급을 하거나 도심에 전단을 붙였다고 생각하지는 않았다.[29]

1791년 11월 5일 칼 학교의 교원이었던 육군대위 밀러(D. Miller)가 자신을 비난하는 전단이 학교 여러 곳에 붙어있는 사실을 직속 상관인 제거 대령에게 보고했다.[30] 물론 그는 자신에 대한 무기명적인 비판을 이해했다. 왜냐하면 그 역시 재학 중에 같은 방법으로 선임자를 비난한 적이 있었고 그것이 독일 대학만이 가지는 오랜 전통 중의 하나라는 사실도 잘 알고 있었기 때문이다. 그러나 밀러는 자신에 대한 비판이 일회성에서 끝나는 것이 아니라 지속적으로 이어진다는 사실에 대해 불만과 우려를 표명했다. 더욱이 밀러는 비판문의 내용에 국가의 질서체제를 비난하는 문구가 들어있음을 강조했다.[31]


"우리는 밀러와 같은 평판 나쁜 사람들이 학교에 많다는 것을 잘 알고 있다. 이제 우리는 이런 부류의 사람들로부터 무엇을 배울 수 있는지를 진지하게 생각하여야 할 것이다. (…) 모든 사

---

29) C.H.Pfaff, 같은 책, 57.
30) 밀러는 학생들의 군사교육을 전담했기 때문에 종종 비난의 표적이 되곤 했다.
   HSTAS: A.272-24; H.Wagner, *Geschichte der Hohen Carlsschule*(Würzburg, 1858), pp.139-140.
31) H.Wagner, 같은 책, p.140.

람들은 스스로의 가치(Wesen)를 가지지만 우리 정부는 지금까지 그것을 인정하지 않고 있다. 진실적인 사랑과 정신이 우리를 이끌고 인도하기 때문에 저질의 사고들(Niedrigdenkende; 예를 들면 왕권신수설)은 지금 두려움에 떨고 있다. 지금이 바로 이러한 것들을 제거할 수 있는 절호의 기회라 생각된다.”

진실사회(Die Gesellschaft der Wahrheit)

밀러의 요청에 따라 대학당국은 11월 25일 반정부적 성향을 띤 '진실사회'를 조사하기 위한 특별위원회를 구성했다. 12월 2일부터 활동을 펼치기 시작한 특별위원회는 이 단체에 대한 어떠한 단서도 찾아내지 못하고 12월 20일 그 활동을 종료했다. 따라서 밀러 사건은 대학 내의 미결과제로 남게 되었고 대학당국도 그것을 슈투트가르트 정부에 보고하지 않았다.32)

가면무도회와 풍자화작성에 적극적으로 개입했던 코흐는 1791년 12월 5일 슈트라스부르크로 떠났는데 그것은 대학당국의 조사시작에서 비롯되었다. 코흐는 떠나기 직전 친구에게 쓴 작별편지에서 밀러에 대한 비난문과 그 자신 사이에는 아무런 관계가 없음을 강조했다.33) 그러나 파프의 자서전은 코흐와 그 자신이 풍자화 및 비난문 작성에 깊이 관여했다는 것, 칼 학교에 정치적 조직이 결성되었다는 것, 그리고 이 조직이 활동을 펼치기 시작했다는 것을 알려

---

32) 학교의 총감독관이었던 제거 대령도 칼 오이겐 공작과의 주례회동에서 이 문제를 전혀 거론하지 않았다
   H.Wagner, 같은 책, pp.140-141.
33) 코흐는 1785년 2월 28일 칼 학교에 입학했다.
   HSTAS: A.272-315.

주고 있다.

코흐가 슈트라스부르크로 떠나기 직전까지 정치적 사안에 대해 관심을 가졌던 칼 학교의 학생들은 정부 및 학교의 모든 감시로부터 벗어날 수 있는 코흐의 화실을 그들의 정례회합장소로 선택했다.34) 화실에 모인 학생들은 정치적 이론이나 상황 등을 진지하게 토론했을 뿐만 아니라 그것을 문서화시켜 보관하기도 했다. 이 모임에서 주도적인 역할을 담당했던 인물은 슈트라스부르크의 자코뱅(Jacobin)파와 긴밀한 관계를 유지하던 로에즈(C.Roes)였다.35) 이렇게 칼 학교의 학생들이 자코뱅파와 연계됨에 따라 학생들의 요구사항들 역시 이전보다 과격화되기 시작했다. 즉 이들은 입헌공화정체제보다는 공화정체제를 선호하게 되었고 그러한 정치체제를 뷔르템베르크 왕국에 도입시켜야 한다는 주장도 펼치기 시작했던 것이다.

그러나 칼 학교에서 정치적 조직이 언제 결성되었고 또 그러한 조직이 언제까지 지속되었는지는 정확히 파악되지 않고 있다. 그렇지만 이러한 정치 조직은 1790년 7월 14일 이전에 결성되었으리라고 보는데 그것은 바스티유(Bastille)감옥 습격을 기념하기 위한 비밀축제가 1790년 7월 14일 칼 학교에서 개최된 데서 예견할 수 있다.

---

34) 파프는 자신의 자서전에서 학생들이 무도회에 참석하기 이전부터 정례적으로 모임을 가졌다고 언급했다.
   HSTAS: A.272-315; C.H.Pfaff, 같은 책, p.50.
35) 코흐, 파프, 케르너, 제켄돌푸, 뷔러, 몰터, 그리고 샤이데만텔 등이 화실모임에 자주 참여했다.
   HSTAS: A.272-315; C.H.Pfaff, 같은 책, p.50.

축제장소는 자유의 석고상, 브루투스(Brutus)의 흉상, 그리고 데모스테네스(Demosthenes)의 흉상으로 장식되었다. 축제에서는 프랑스혁명의 진행과정과 독일인들이 향후 극복해야 할 과제들이 집중적으로 거론되었다.36)

> "지금 우리는 급변하는 상황에 놓여 있습니다. 우리는 우리의 현실적 과제가 무엇인지를 정확히 파악하고 있습니다. 그것은 우리 공국에 프랑스의 정치체제, 즉 신민의 주권을 보장하는 체제도입에 기여해야 한다는 것입니다. 아울러 우리는 가난하고 무지한 우리 민족에게 무력이 아닌 헌법제정을 통해 기존체제를 붕괴시킬 수 있다는 확신도 가져다주어야 할 것입니다."

대학당국은 학생들의 이러한 축제를 사전에 파악하지 못했기 때문에 아무런 조치도 취하지 못했다.37) 그러나 이들은 이 사건을 계기로 칼 학교에 정치적 조직이 결성되었음을 확인할 수 있었고 그것에 대한 대비책도 마련하기 시작했다.

후에 공개된 보고서 및 동시대의 자료들은 슈투트가르트의 혁명적 열광이 다른 지역보다 강했음을 확인시켜주고 있다. 그리고 이러한 혁명적 도취는 주로 칼 학교의 학생들로부터 나왔는데 그것은 이들이 계몽사상으로 무장했고 절대왕정체제의 실체 및 거기서 파생되는 문제점들을 정확히 파악했기 때문이다.38)

---

36) C.H.Pfaff, 같은 책, p.47.
37) C.H.Pfaff, 같은 책, p.47.
38) HSTAS: A.319-218.

칼 학교의 학생들이 펼친 정치 활동은 1791년 그 절정기를 맞이했다. 그러나 이러한 절정기는 정치활동의 주역들이 학교를 떠남에 따라 오래가지 못했다.

프랑스 혁명과 정치 개혁에 관심을 보였던 학생들의 사회생활은 매우 다양했다. 일부 학생들에게 있어서 혁명적 관심은 하나의 에피소드(Intermezzo)에 불과했고 그것은 그들의 외교적 또는 교육적 경력에 아무런 방해요소도 되지 못했다. 비버슈타인은 1791년 부활절 칼 학교를 졸업한 후 나사우(Nassau) 공국의 수석장관으로 장기간 활약했고, 파프 역시 1798년 킬(Kiel) 대학의 의학-자연과학부의 교수로 임명되었다. 반면 독일에서 프랑스의 혁명사상을 뿌리내리겠다는 것을 평생과제로 삼은 학생들도 있었다. 1791년 5월 칼학교를 졸업한 케르너는 슈트라스부르크로 갔는데 그것은 혁명에 대한 자신의 관심을 보다 구체화시키려는 의도에서 비롯된 것이라 하겠다. 슈바이케르트(K.G. Schweikert) 역시 거의 같은 시기에 슈트라스부르크로 갔다.39) 그리고 로에즈와 몰터(A.Molter)는 1792년 가을 쿠스팅(Custines)에서 혁명군에 지원했다.40)

---

39) 앞서도 언급한 바와 같이 적지 않은 과격주의자들이 슈트라스부르크에는 활동을 펼치고 있었다. 쉬바이케르트는 칼 학교를 자퇴하고 슈트라스부르크로 간 코흐의 절친한 친구였다
  A.Kuhn, 같은 논문, p.58.
40) A.Kuhn, 같은 논문, p.58; H.Reinalter, *der Jacobinismus im Mittelalter*(Stuttgart-Berlin-Köln-Mainz, 1981), p.48.

## 3. 칼 학교 교수들의 반정부활동과 슈투트가르트 정부의 대응

칼 학교의 교수들은 학생들과는 달리 프랑스혁명이 발생된 직후부터 슈투트가르트 정부로부터 감시 및 통제를 받았는데 그 이유는 학생들에게 미칠 교수들의 영향을 슈투트가르트 정부가 간파했기 때문이다.

지리와 역사를 담당했던 프란츠(F.C.Franz) 교수는 프랑스 혁명 발발 이전부터 '북아메리카 혁명'이란 강의에서 자유주의 사상을 학생들에게 주입시키려고 했다.41) 이에 따라 학교당국은 1790년 12월 프란츠 교수가 계획한 강의, 즉 '프리드리히 2세(Friedrich II)의 사후부터 요제프 2세(Joseph II)의 사망까지의 최근세 유럽 국가교역 고찰(Über die neuesten europäischen Staatshändel vom Tode Friedrichs II. bis zum Tode Josephs II.)'을 일방적으로 폐강시켰다. 그 이유는 그의 강의에서 프랑스 혁명이 구체적으로 취급될 가능성이 있었기 때문이다. 학교당국이 프란츠의 강의를 폐강시키기 전에 30여명의 학생들이 수강신청을 했는데 이들 중에는 정치 문제에 대해 깊은 관심을 보였던 파프, 케르너, 비버슈타인, 로에즈, 제켄돌푸(v.Sekendorf), 뷔러(A. Bühler), 몰터, 샤이데만텔(K. Scheidemantel) 등도

---

41) 1780년 10월 27일 칼 학교의 교수로 임명된 프란츠는 1803년 '일반역사학 개요(Übersicht der allgemeinen Geschichte)'를 출간했다. 그는 자신의 저서에서 '북아메리카의 생성(die Entstehung der Nordamerikanischen Freystaaten)'을 하나의 단원으로 취급했는데 그것은 자유주의에 대한 그의 높은 관심에서 비롯된 것이라 하겠다.

들어 있었다.[42)]

   코타(C.F.Cotta)는 독일제국과 뷔르템베르크 왕국법을 강의하던 법학부 교수였다.[43)] 이 인물 역시 프란츠 교수와 마찬가지로 학생들에게 기존질서체제의 문제점과 프랑스 혁명의 당위성을 인지시키려고 했다. 이에 따라 학교 당국은 코타의 정치적 성향을 슈투트가르트 정부에 보고했다.[44)] 1790년 12월 21일 칼 오이겐 공작은 칼 학교의 책임자였던 제거 대령에게 코타에 대한 구체적인 정보를 요구했을 뿐만 아니라 코타에게 프랑스 혁명의 진행상황과 혁명에 대한 자신의 입장을 상세히 피력할 것도 명령했다. 이에 따라 코타는 평소 자신이 강조했던 프랑스 혁명의 당위성과 구체제의 모순성 내지는 문제점들을 조목조목 자세히 언급했었다. 즉 그는 극복할 수 없는 구질서체제의 모순으로 인해 프랑스에서 혁명이 발생했다는 것과 프랑스 혁명정부가 추진하고 있는 정치적 개혁들이 어떤 특정계층의 이익이 아닌 사회성원 모두를 위한 것이라는 점을 지적했다. 아울러 코타는 뷔르템베르크 왕국이 프랑스의 전철을 밟지 않기 위해서는 정부가 개혁의 필요성을 인식하고 그것을 위

---

42) HSTAS: A272-128.

43) 코타는 1758년 8월 7일 칼 학교의 교수로 임명되었다.
   HSTAS: A. 272 -122.

44) 1790년 10월 '인권, 국민권, 그리고 국민의 복지를 위한 잡지'가 출간되었다. 슈투트가르트 정부는 이 잡지가 간행된 즉시 그 배포를 금지시켰지만 이 잡지의 실제적 출간인이 코타라는 것은 파악하지 못했다. 물론 슈투트가르트 정부는 후에 코타가 이 잡지의 출간인이라는 것을 파악했다.
   M. Neugebauer-Wölk, "das "Journal der Menschenrechte". Pressepolitik im Alten Reich 1790/91" in: *Jahrbuch der österreichischen Gesellschaft zur Erforschung des 18. Jahrhundert* 3(1986), pp.36-39.

한 작업에 적극적으로 나서야 한다는 입장도 밝혔다. 즉 그는 뷔르템베르크 왕국이 개혁요구에 관심을 가지지 않을 경우 왕국의 신민들은 슈투트가르트 정부를 붕괴시킬 수도 있다는 암시를 했던 것이다.45) 그런데 칼 오이겐 공작이 코타의 이러한 보고서에 어떠한 반응을 보였는가는 구체적으로 밝혀지지 않고 있다. 그러나 프랑스 혁명에 대해 부정적 시각을 가졌던 칼 오이겐 공작이 코타의 보고서를 긍정적으로 보지는 않았을 것이다.46)

1791년 5월 7일 칼 오이겐 공작의 후계자였던 루트비히 오이겐은 코타를 불러 '인권, 국민권, 그리고 국민의 복지를 위한 잡지 (Journal für Menschenrechte, Volksrechte, und Volksglück)'의 내용이 유해하고 선동적이라는 것을 지적했다. 루트비히 오이겐의 이러한 조치는 그 동안 연기되었던 코타의 징계를 구체화시키는 계기가 되었다. 이에 따라 코타는 1791년 5월 10일 제거에게 사표를 제출한 후 7월 3일 슈트라스부르크로 갔는데 거기에는 그가 그 동안 교류했던 공화주의자들이 많이 거주하고 있었다.47)

---

45) H.G.Haasis, 같은 책, p.467; M.Neugebauer-Wölk, 같은 논문, p.39.

46) 칼 오이겐 공작은 코타의 보고서를 받은 후 그의 파면을 보류했는데 그것은 파면 후 야기될 상황을 고려했기 때문이다

   H.G.Haasis, 같은 책, p.467; M. Neugebauer Wölk, 같은 논문, pp.39-40.

47) 이 당시 슈트라스부르크에는 코타 이외에도 슈나이더(E.Schneider), 파페(G.F.Pape), 클라우어(K.Clauer), 부텐쉔(F.Butenschön), 그리고 도르쉬(A .J. Dorsch) 등이 거주했는데 이들 모두는 공화주의파의 핵심적 인물들이라 하겠다.

   1791년 10월 프랑스 국적을 획득한 코타는 언론가 및 행정관료로서 활동했다. 특히 그는 슈트라스부르크에서 월간지인 'Teutsche Staatsliteratur(독일국민문학)'를 간행하면서 당시 뷔르템베르크 왕국의 위정자였던 루트비히 오이

칼 학교 교수진에 대한 슈투트가르트 정부의 간섭과 개입은 시간이 지날수록 더욱 강화되었다. 1791년 10월 3일 칼 학교의 교수였던 라보가 '정당하지 못한 이유(fadenscheinigen Gründen)'로 파면됐다. 이 당시 슈투트가르트 정부는 라보가 가면무도회에 참석하여 반정부적 활동을 펼쳤다는 사실을 이미 파악했기 때문에 그의 파면은 시간 문제였다. 라보가 고향인 슈트라스부르크로 떠나기 전날 일부 학생들은 학교 담에 올라 소곡을 연주했다.[48] 이어 학생들의 대표는 라보가 자유프랑스로 귀환하는 것을 축복했다. 아울러 학생들은 '자유만세(Vive la liberte)'와 '프랑스민족만세(Vive la nation francaise)'를 외쳤다.[49]

학생운동의 주역들이 학교를 떠난 후 반정부활동의 강도가 약화된 것은 사실이다. 그렇지만 이들을 대신한 일부 교수들의 반정부활동은 슈투트가르트 정부의 탄압에도 불구하고 지속되었다.

1792년 2월 11일 칼 학교의 교수였던 단츠(W.A.F.Danz)는 공작생일의 만찬석상에서 행한 즉흥연설로 어려운 상황에 놓이게 됐다.[50]

---

겐의 정책과 프랑스혁명의 기본정신을 중점적으로 취급했다.
H.G.Haasis, 같은 책, p.470; B.Scharf, "die Untersuchung gegen den Jakobinerklub in Nagold", in: A. Kuhn(Hrsg), *Volksunruhen in Württemberg 1789-1801*(Stuttgart-Bad Cannstatt, 1991), p.90.
48) 소곡(Ständchen)은 연인 또는 경의나 축하를 표해야 할 인물의 집 앞에서 선물로 연주하는 것을 지칭한다.
 A.Kuhn, 같은 논문, p.59.
49) A.Kuhn, *Revolutionsbegeisterung an der Hohen Carlsschule*, p.158.
50) 1788년 칼 학교에서 박사학위를 취득한 단츠는 같은 해 칼 학교의 법학과 교수로 취임했다.
HSTAS : A. 272-126.

그는 연설에서 '독일, 과거에는 어떠하였고, 현재의 상황은 어떠한지, 그리고 앞으로 어떻게 될 것인지(Deutschland, wie es war, wie es ist und wie es vielleicht werden)'를 언급했는데 그것은 참석자들로 하여금 기존질서체제의 문제점을 인식하게 하는 계기가 되었지만 동시에 공작의 노여움도 불러 일으켰다. 특히 루트비히 오이겐의 불쾌감은 더욱 심하여 단츠에 대한 연금지불도 반대할 정도였다.[51]

1792년 9월 27일 저녁 칼 학교의 교수였던 페터센(J.W.Petersen)은 '로마황제'주점에서 슈투트가르트 정부가 관심을 가질만한 주제를 가지고 주점의 손님들과 자유토론을 펼쳤다.[52] 여기서 페터센은 프러시아군의 프랑스진격을 반대했을 뿐만 아니라 프랑스 망명자들을 받아들인 트리어(Trier)의 선제후도 맹렬히 비난했다.[53] 이러한

---

51) 단츠는 자신의 연설에서 지배자는 신민의 공인을 받아야한다는 주장을 펼쳤다. 아울러 그는 소국의 위정자들(여기서 단츠는 뷔르템베르크 왕국을 소국으로 간주한 것 같다)이 관심을 가져야 할 부분을 언급했는데, 그것은 법률학자, 경제학자, 그리고 의사와 같은 전문직종에 종사하는 사람들, 즉 시민계층을 국가통치에 적극적으로 활용해야 할 뿐만 아니라 이들의 국외이주도 막아야 한다는 견해를 제시했다. 단츠는 위정자들이 언론의 자유를 제한한다 하더라도 인쇄술의 발전으로 별 효과가 없음을 자신의 연설에서 피력하면서 지식인 계층의 관점이나 견해발표를 허용해야 한다는 입장을 부각시켰다. 또한 그는 절대왕정체제의 문제점을 지적하면서 권력분산이 이루어져야 한다는 주장도 강력히 제기했다
A.Kuhn, 같은 책, pp.137-139; F.K.v .Moser, *Neues Patriotische Archiv für Deutschland*(2)(Mannheim-Leipzig), pp.133-136.
52) 페터센은 1773년부터 1779년까지 칼 학교의 학생이었다. 그는 1789년 11월 10일 외교학과 문장학(Heraldik, Waffenkunde) 교수로 취임했다. 그런데 페터센이 프랑스 혁명에 대해 선호적 입장을 가졌다는 것은 거의 알려지지 않은 상태였다.
HSTAS: A. 272-126.

소식을 접한 슈투트가르트 정부는 즉시 진상조사위원회를 구성하여 페터센의 진의를 파악한 후 그에게 견책조치를 내렸지만 페테센은 자신의 관점을 포기하지 않았다. 그로부터 2년 후인 1794년 7월 15일 페터센은 자신의 반정부적 견해를 다시 한번 공개석상에서 언급했다. 이에 따라 슈투트가르트 정부는 페터센의 교수직을 박탈했고 8월 17일 그를 도서관 사서로 임명했다.[54]

칼 학교 교수들에 대한 슈투트가르트 정부의 탄압이 강화되면서 이 대학 교수들은 자구책마련에 혼신의 노력을 기울였는데 거기서 시민세력과의 협력이 하나의 대안으로 부각되었다. 이러한 때 '민주당(demokratische Partei)'이라는 정치적 조직이 비밀리에 슈투트가르트에서 결성되었다는 소식이 지식인들 사이에서 은밀히 전파되었다.

1792년 2월 24일 칼 학교의 교수 콘츠(K.P.Conz)는 자신의 친구였던 라인하르트(K.F. Reinhard)에게 서신을 보냈는데 거기서 그는 민주당에 가입한 인물들과 그들의 정치적 성향을 언급했다.[55] 아울러 그는 슈투트가르트가 정치활동을 펼치기에 적합한 장소라는 것을 부각시키면서 편협하고 보수적인 공작이 그 자신뿐만 아니라 바이저(C.Weisser)와 제우베르트(J.F.Seubert) 교수도 박해하고 있음을 거론

---

53) 여기서 프랑스망명자들은 구질서체제하에서 특권을 누렸던 계층이었다.

54) A.Kuhn, 같은 책, pp.141-143.

55) 콘츠는 자신의 편지에서 민주당에 가입한 인물들의 상당수가 칼 학교 교수들이라는 것을 언급했다. 그리고 자신의 언급을 뒷받침하기 위해 몇몇 교수들, 즉 프란츠, 코타, 단츠, 바이저, 제우베르트, 그리고 페터센 등의 이름을 거론했다.

했다.56) 슈투트가르트에 체류 중이었던 코타 역시 1792년 2월 25일 뷔르템베르크로부터 이러한 맥락의 기사를 익명의 독자로부터 받았는데 그는 이것을 '슈트라스부르크 정치잡지'에 게재했다. 기사는 다음의 문구로 시작되었다.57)

"저는 당신들이 프랑스의 자유본질(Wesen der Freiheit)에 대해 깊은 관심을 가지고 있다는 것을 잘 알고 있습니다. 특히 이러한 성향이 슈투트가르트 및 그 주변지역에서 확산되고 있다는 사실도 파악하고 있습니다. 아울러 저는 이 도시의 박사, 변호사, 그리고 문필가들, 즉 지식인 계층이 비밀리에 정치 조직을 결성했다는 소식도 들었습니다. 그리고 저는 이러한 비밀조직이 프랑스 헌법의 기본정신과 거기서 제시된 정치체제를 그들 국가에 도입하려는 노력도 펼치고 있다는 사실을 접했습니다."

슈투트가르트에서 결성된 민주당의 활동은 이후에도 종종 '슈트라스부르크 정치잡지'에 전단, 익명의 비방문, 그리고 시의 형태로 실렸다.

1800년 9월 16일, 슈투트가르트 경찰서의 경감이었던 후버(J.F. Huber)는 슈투트가르트 경찰서의 한 특별부서가 10년 전부터 일부 인물 들의 활동을 중점적으로 감시하여 왔음을 시인했다. 여기서

---

56) 슈투트가르트 정부가 봉건적 통치체제를 고수하고 있다는 것을 공개적으로 비판한 바이저 교수와 제우베르트 교수는 반정부교수목록에 오르게 되었다. 그러나 이들이 민주당과 관련되었다는 사실은 거론되지 않았다.
Deutsches Literaturarchiv Marbach: Nr. 5555.
57) A.Kuhn, 같은 책, p.146.

그는 페터센 교수, 트레프츠(J.K.B.Treffz) 참사, 야코비(P.Jocobi) 박사, 바이저(U. Weisser) 비서관, 바이케르스로이테르(K.Weikersreuter) 재정국 고문관, 그리고 두텐호프(K.A.F. Duttenhof) 수리공사 감독관등이 수사대상 이었음을 밝혔다.58) 후버가 언급한 인물들은 이미 폐교된 칼 학교의 잔재세력과 관계를 유지하거나, 정치적 관심을 보였던 칼 학교의 졸업생들, 그리고 슈투트가르트의 혁명세력들이었다. 후버의 이러한 언급은 슈투트가르트 정부가 그 동안 칼 학교에 대해 깊은 관심을 가지고 관찰했음을 확인하게 하는 결정적 증거라 하겠다. 더구나 이 학교가 폐교된 후에도 감시활동을 중단하지 않은 것은 당시 정부의 책임자들이 칼 학교가 반정부활동의 중심지라는 확신을 가졌기 때문이다.

수리공사 감독관이었던 두텐호프는 칼 학교의 교수였고 그는 이 학교의 학생이었던 파프와 더불어 여름휴가를 떠난 적이 있었다. 케르너 역시 1792년 8월 5일의 편지에서 '사랑하는 두텐호프'라는 표현을 씀으로써 그와 두텐호프 교수와의 관계가 긴밀했음을 가늠하게 했다. 그리고 파프와 케르너는 앞에서 살펴본 바와 같이 반정부 활동의 핵심적 역할을 담당한 학생들이었다. 바이저와 제우베르트 역시 칼 학교의 교수로서 활동하면서 슈투트가르트 정부의 정책을 비판한 바 있었다. 야코비 박사는 칼 학교의 학생이었고 이 학교의 교수였던 단네커(J.H. Dannecker)와 긴밀한 관계를 유지했다. 트레프츠는 튀빙엔(Tübingen) 대학의 학생이었던 조카를 통해 마인

---

58) HATAS: A. 12-13.

츠(Mainz)의 과격주의자였던 메테르니히(M. Metternich)와 친분관계를 맺을 수 있었다.59) 이러한 것을 통해 슈투트가르트에서 결성된 '민주당'의 핵심인물들이 칼 학교의 교수 및 졸업생들이었다는 것을 예측할 수 있다. 그런데 이 당시 결성된 민주당은 오늘날 관점에서의 정당(Partei)이 아니고 정치적 견해를 같이하던 사람들의 단순한 집합체(Verein)로 보아야 할 것이다. 물론 앞에서 언급한 '진실사회'와 '민주당'을 동일시할 수는 없을 것이다. 그러나 이들 조직사이에 관계가 있었음을 예측할 수 있는데 그것은 긴밀하고 빈번한 접촉이 교수와 학생들 사이에 있었기 때문이다.60)

## 4. 튜빙엔, 괴팅엔, 예나 대학생들의 정치적 활동

칼 학교 학생들의 정치활동을 정확히 평가하기 위해서는 당시 독일 내 다른 대학들과 비교·검토해야 할 것이다. 여기서는 튀빙엔, 괴팅엔(Göttingen), 그리고 예나(Jena) 대학을 비교대상으로 선정했다. 우선 같은 왕국내의 튀빙엔 대학을 살펴보기로 한다.

1792년 2월 14일 튀빙엔 대학의 학생이었던 마이어(A.Mayer)는 친구 라인바움(F. Reinbaum)에게 편지를 보냈는데 거기서 그는 튀빙엔 대학의 교수 및 학생들 대부분이 당시 진행되던 프랑스 혁명에 대

---

59) 메테르니히는 마인츠지역에서 반정부활동을 주도했던 인물이었다.

60) A.Kuhn, 같은 책, pp.129-132; H.Voegt, *G.Kerner. Jakobiner und Armenarzt*(Berlin, 1978), p.399: U.J. Wandel, 1981, *Verdacht von Democratismus? Studien zur Geschichte von Stadt und Universität Tübingen im Zeitalter der französischen Revolution*(Tübingen, 1981), p.51.

해 관심이 없었음을 지적했다.61) 그러나 마이어가 지적한 학생들과 교수들의 정치적 무관심은 점차적으로 사라졌는데 그러한 변화는 특히 학생들 사이에서 확인되었다.

이 당시 튀빙엔 대학의 재학생은 200명 정도였고 이들 대다수는 정치에 무관심한 신학부 학생들이었다.62) 그런데 이들의 태도변화는 칼 학교의 경우와 마찬가지로 학교당국의 강압적 태도에서 비롯되었다. 학생들은 학교당국의 학사운영방법을 비판하다가 점차적으로 그들 왕국이 안고 있던 문제점들을 부각시켰다.

아울러 뷔르템베르크 왕국 내 프랑스의 직할도시였던 묌펠가르드(Mömpelgard)의 프랑스 학생들은 프랑스 혁명의 진행과정을 튀빙엔 대학의 학생들에게 주기적으로 전달했고 그것은 이 대학의 학생들로 하여금 정치 부분에 대해 관심을 가지게 하는 기폭제 역할을 담당했다.63) 이러한 상황에서 학생운동을 주도하였던 인물로는 횔덜린(Hölderlin),64) 헤겔(Hegel), 그리고 쉘링(Schelling)을 들 수 있고 이들 모두는 프랑스 혁명에 대해 긍정적인 입장을 가지고 있었다.65)

1793년 4월 튀빙엔 대학에 정치단체가 있다는 것이 밀고를 통해 밝혀졌다. 1792년 10월 이 대학의 학생이었던 베첼(C.L. Wetzel)의

---

61) H.Scheel, *jakobinische Flugschriften aus dem deutschen Süden Ende des 18. Jahrhunderts* (Berlin, 1965), p.184.
62) 이 당시 신학부 학생들은 슈투트가르트정부로부터 장학금을 받고 있었다.
63) 30년전쟁(1618-1648)을 종결시킨 베스트팔렌(Westfalen;1648)조약에서 프랑스의 멤펠가르드 점유가 허용되었다.
64) 후에 이 인물은 독일문화권, 특히 서정시분야에서 두각을 나타냈다.
65) A.Kuhn, 같은 책, pp.147-149.

주도로 결성된 이 단체는 1793년 7월 14일 바스티유 감옥 습격을 기념하기 위한 학생행사를 교내에서 개최했다.66) 여기서는 칼 오이겐 공작의 실정이 집중적으로 거론되었을 뿐만 아니라 혁명으로 그러한 실정을 극복할 수 있다는 견해도 제시되었다.67)

"사람들이 지금까지 피할 수 없는 것으로 간주한 악들을 도저히 수용할 수 없는 것들로 인식할 때 그들은 그러한 것들로부터 벗어나려는 생각도 가져야 할 것이다. 아울러 그것을 구체적으로 실행시킬 수 있는 방법 역시 적극적으로 모색해야 할 것이다."

1794년 4월 튀빙엔 대학의 사무국장이 학생들 사이에서 자유주의 사상이 급격히 확산되고 있다는 사실을 슈투트가르트 정부에 보고했다68). 여기서 그는 증거물을 제시했는데 그것은 당시 학생들 사이에서 크게 유행되었던 기념첩이었다. 증거물로 제시된 힐러(B. Hiller)의 기념첩에서 힐러의 친구였던 뮐러(C. Müller)가 프랑스의 급진적 혁명사상가였던 생쥐스트(St.Just)의 활동과 그것에 대한 자신의 입장을 구체적으로 표명했다.69)

---

66) A.Kuhn, 같은 논문, p.62.

67) A.Kuhn, 같은 책, p.150.

68) U.J.Wandel, *Verdacht von Democratismus? Studien zur Geschichte von Stadt und Universität Tübingen im Zeitalter der französischen Revolution*(Tübingen, 1981), p.62.

69) 기병장교의 아들로 태어난 생쥐스트는 20대 초반부터 혁명적 이념에 심취했다. 그는 평등하고 덕치주의적인 공화국을 건설해야 한다는 주장을 펼쳤고 그것은 그가 민중의 우상으로 부각되는 계기도 되었다. 혁명 기간 중 그는 자신과 로베스피에르의 정적이었던 지롱드파, 에베르파, 당통파를 숙청

"고귀한 생쥐스트의 혁명 사상에 대해 우리 모두는 관심을 가져야 할 것이다! 그는 혁명이 성공을 거두기 위해서는 사회성원 모두가 혁명에 대해 관심을 표명해야 할 뿐만 아니라 적극적으로 혁명대열에도 참여해야 한다고 언급했다. 따라서 우리는 1793년 7월 14일에 개최된 행사의 의미를 정확히 파악해야 할 것이다."

이후 튀빙엔 대학의 학생들은 그들 왕국에 자유주의적 제 이념을 수용한 정치제도, 즉 공화정체제를 도입시켜야 한다는 생각을 가졌지만 그것을 위한 구체적인 행동은 펼치지 않았다.

다음으로 하노버(Hannover) 공국의 괴팅엔 대학을 살펴보기로 한다. 18세기 이전에도 학생들의 소요는 종종 있었지만 그러한 것은 주로 흡연, 음주(Zechen), 그리고 행패(Randal)로 요약되는 대학의 자유와 연계되곤 했다. 이 당시 학생들은 도시의회나 정부가 그들의 요구를 수렴하지 않을 경우 도시로부터 떠났는데 그것이 바로 대학생들의 전통적 압력수단이었다. 그러나 프랑스 혁명이후 학생들의 전통적 소요에 새로운 요소들이 가미되기 시작했고 그러한 예는 괴팅엔 대학에서도 확인되었다.

1790년 7월 10일 괴팅엔 대학에서 발생된 학생소요에서 프랑스 혁명은 아무런 역할도 하지 못했다. 한 목공인(Tischlergesell)이 지나

---

하는데 결정적인 역할을 담당했으며 유명한 방토즈법(décrets de ventŏse; 1794)의 초안도 마련했다. 그러나 망명귀족을 포함한 반혁명세력의 재산을 몰수하여 토지 없는 신민들에게 재분배한다는 방토즈법은 시행되지는 않았다.
U.J.Wandel, 같은 책, p.62.

가는 학생에게 '당신(Sie)'대신에 '너(Du)'라는 존칭을 사용했다는 이
유로 학생들과 목공인들 사이에 집단패싸움이 벌어졌다. 수적으로
우세한 학생들이 목공인 들의 숙소를 습격함에 따라 목공인 들은
도시정부에 구조를 요청했다. 이에 도시정부는 목공인 들의 지원요
청을 받아들였고 그것은 학생들의 반발을 유발시켰다. 이에 따라
80여명의 학생들은 괴팅엔을 떠났고 나머지 학생들도 다음날 도시
를 벗어났다. 상황이 이렇게 전개됨에 따라 도시의회와 대학당국은
긴급공동회의를 개최했고 거기서 목공인 들의 잘못을 인정한다는
성명서도 발표되었다. 3일 후 학생들은 승자의 신분으로 도시로 돌
아왔다. 그러나 이러한 상황은 2년 후 바뀌었는데 그러한 것은 괴
팅엔 대학 부총장이 행한 연설에서 확인되었다.[70]

> "이제 학생들은 기존 헌법으로 용인할 수 없는 과격적인 것
> 들, 예를 든다면 헌법제정이나 민의를 대표하는 의회구성 등을
> 요구하고 있다."

실제적으로 괴팅엔 대학의 학생들은 1792년 11월 7일 도심 내
상점, 시청, 그리고 대학건물에 '하노버 공국 신민들의 자유봉기'를
요구하는 표어를 붙였다.[71]

---

70) A.Kuhn, 같은 논문, p.62.
71) 학생들은 표어에서 게오르그 3세(Georg III; 1760-1806)의 실정을 언급했을
　　뿐만 아니라 그것을 타파하기 위해서는 공국의 신민들이 적극적으로 참여
　　해야 한다는 것도 강조했다.
　　C.Haase, "Obrigkeit und öffentliche Meinung in Kurhannover 1793-1803" in:
　　*Niedersächsisches Jahrbuch für Landesgeschichte* 39(1967), p.224.

끝으로 예나 대학의 상황을 살펴보기로 한다. 작센-바이마르
(Sachsen-Weimar) 공국에 위치한 이 대학은 1790년대에 접어들면서
학문적 도약단계를 맞이했다. 이 당시 예나 대학의 재학생은 900명
정도였는데 이들 대다수는 지방향우회(Landsmannschaft)나 수도회를
모방하여 결성된 세속 수도회(Orden)에 가입했다. 특히 세속 수도회
는 프리메이슨 비밀결사단이 지향한 목표를 추종했기 때문에 계몽
적 개혁에 대해 깊은 관심을 보였다.72)

예나 대학의 학생들은 1791년 스테파니(H.Stephani)의 제의에 따라
전통적 결투를 포기하고 그들 간의 문제를 해결할 수 있는 명예재
판소(Ehrengerichte)를 설치하기로 합의했다. 그리고 이 대학의 일부
학생들은 자신들이 추진하던 개혁을 독일의 나머지 대학들에도 확
산시키고자 했고 그것은 점차적으로 전독일적 관심대상으로 부각
되었다. 이들이 타 대학의 학생들에게 보낸 서신에서 다음의 문구
가 특히 관심을 끈다 하겠다.73)

> "인간이 철학의 빛을 통해 동물적 선잠에서 깨어난 후 유럽은
> 황금시대를 맞이했다. 이제 우리는 이성을 가지고 군주들에게
> 헌법제정의 필요성을 강력히 요구해야 할 것이다."

1792년 6월 작센-바이마르 공국 정부가 대학 내에서 세속 수도회

---

72) O.Dann,"Jena: Eine akademische Gesellschaft im Jahrzehnt der Französischen
Revolution." in, H. Berding(Hrsg). *soziale Unruhen in Deutschland während der
Französischen Revolution*(Göttingen,1988), pp.168-169.

73) E.Matz, *die Studentenunruhen an der Universität Jena im letzten Jahrzehnt des 18.
Jahrhunderts*(Jena, 1957), p.138.

의 활동을 금지시킨다는 칙령을 발표함에 따라 예나 대학의 학생들은 정부의 조치를 강력히 비난했다. 나아가 이들은 시가행진을 마친 후 중앙광장에 모여 실러(Schiller)의 '강도(Räubern)'에서 나오는 '자유로운 삶이 우리를 인도한다(Ein freies Leben führen uns)'라는 노래를 불렀다. 이어서 이들 중 60-70 명 정도의 학생들은 항의 표시로 총장대리를 유리창 밖으로 던졌다. 이에 따라 예나 대학의 교수들은 정부에게 보호를 요청했다. 군부대가 도시로 이동함에 따라 학생들은 그것에 대항하기 위해 도시로부터 퇴거라는 전통적인 방법을 채택했다.

이후 150명에 달하는 학생들은 에르푸르트(Erfurt)에서 그들의 학업을 계속하기 위해 소리 내는 게임과 기를 높이 들면서 도시의 성문을 벗어났다. 학생들의 이러한 위협은 도시와 대학 당국의 양보를 얻어낼 수 있었다. 즉 학생들은 아무런 처벌도 받지 않았고 세속 수도회의 존립 역시 인정되었다.[74]

1794년 4월부터 피히테(J.G.Fichte)는 예나 대학에서 철학을 강의했다.[75] 같은 해 6월 예나 대학에서 '자유 남성사회(Gesellschaft der freien Männer)'라는 단체가 결성되었는데 그것은 피히테의 제안에서 비롯되었다. 당시 학생생활과 세속 수도회의 지향목표를 부정적으

---

74) A.Kuhn, 같은 논문, p.63.

75) '유럽 제후들에게 사상의 자유 반환요구'와 '프랑스혁명에 대한 대중들의 판단교정을 위해'라는 논문에서 프랑스 혁명을 긍정적으로 평가한 피히테는 새로운 형태의 수업방식을 예나 대학에 도입했고 그것은 많은 학생들로부터 주목을 받았다.

K.Rex,.“die Jenaer Gesellschaft der freien Männer 1794-1799." *WZ Karl-Marx-Universität Leipzig* 32(Leipzig,1983), p.577.

로 간주한 '자유 남성사회'는 현실적 상황에 대한 학생들의 관심을 부각시키려고 했다. 실제적으로 이 단체는 결성된 직후부터 독일의 정치적 사안들을 집중적으로 토론하는 적극성을 보였다.76)

1795년 4월 예나 대학에서 학생소요가 발생되었을 때 피히테는 과격주의자로 밀고 되었다. 그리고 그의 집은 투석대상이 되었고 그에게 강의중단을 요구하는 압력도 가해졌다. 그리고 피히테의 견해를 지지하고, 학생소요를 주도하였던 횔덜린도 예나를 떠나야만 되었다.77)

피히테 역시 1799년 예나 대학을 떠났다. 당시 보수적 투쟁지로 알려진 '오이데모니아(Eudämonia)'는 수차례에 걸쳐 피히테가 학생들에게 무신론(Atheismus)를 강의한다고 공격했다. 이에 피히테는 '보수주의자들이 법적으로 박해하고자 하는 것은 나의 무신론이 아니라 나의 자유주의 이론일 것이다'라고 반박했다.78)

거의 같은 시기 독일의 과격주의자였던 브레흐텔(J.F.Brechtel)도 예나 대학에서 활동을 펼치고 있었다. 브레흐텔은 1794년 5월부터 프랑스정부의 밀사로 활동했는데 그는 특히 '자유남성사회'의 움직임을 관찰했다. 5월 15일의 보고편지에서 브레흐텔은 32명의 학생들이 '자유남성사회'가 주관하는 집회에 참석했다고 언급했다. 여기

---

76) K.Rex, 같은 논문, pp.577-583.
77) 예나는 횔덜린의 2번째 활동장소였다.
   O.Dann, 같은 논문, p.181.
78) 1798년 피히테는 '신의 세계지배에 대한 우리들의 신앙근거에 대해'라는 논문에서 기독교의 역할을 부정적 측면에서 접근했는데 그것은 보수주의자들의 강한 반발을 유발시키는 계기가 되었다.
   O.Dann, 같은 논문, p.181.

서 그는 학생들이 자코뱅파를 상징하는 모자를 착용했을 뿐만 아니라 '공화정 만세(Vive la République)' 또는 '상퀼로트 만세(Vivent les sansculottes)'79)같은 구호도 외쳤다고 보고했다.80) 이를 통해 신·구의 정치적 관점이 예나 대학에 공존하였다는 사실을 확인할 수 있다.

칼 학교의 반정부적 활동은 튀빙엔, 괴팅엔, 그리고 예나 대학의 반정부운동이나 소요와 비교할 때 구체적이었다. 지금까지 살펴본 대학들의 학생들은 프랑스 혁명의 영향을 받아 학생조직을 하나의

---

79) 귀족 계층의 짧은 바지를 대신해 긴 바지를 착용한 상퀼로트 계층은 프랑스 혁명의 후반부, 즉 현실적 상황을 도외시하고 이념만을 지향했던 과격기를 주도했다. 그렇다면 이들 계층의 사회적 구성성분과 그들이 지향했던 바를 살펴보아야 하는데 지금까지의 연구에서는 다음의 것들이 밝혀졌다.
첫째, 이들 계층에서 공장 노동자들이 차지하는 비율보다 수공업자 또는 영세 사업자들의 비율이 훨씬 높았다. 그리고 여기에 일부 실업자들도 가세했다.
둘째, 상퀼로트 계층은 기아 때문에 형성된 계층이다.
셋째, 이들 계층은 임금인상 및 노동의 가치를 인정받는 것보다 국민들에게 최소한의 생존권을 보장하는 최고가격제의 도입을 지향했다.
넷째, 이들 계층은 사유재산권을 부정한 것이 아니라 그것의 부분적인 제한을 강조했다.
다섯째, 도덕성을 강조한 이들은 유흥업소, 즉 술집과 카지노의 완전 철폐를 주장했다.
여섯째, 국민들의 정치활동참여를 요구했다.
80) 이 당시 프랑스 정부의 핵심인물이었던 로베스피에르는 혁명의 해외수출에 대해 긍정적인 자세를 보였다. 따라서 '자유남성사회'에 대한 브레흐텔의 관찰 역시 이러한 관점에서 비롯된 것 같다.
A.Reiz, "Universität Jena Anno 1793/94. Ein jakobinischer Student im Schatten Reinholds und Fichtes." in J. H. Schoepss and I.Geiss, eds. *Revolution und Demokratie in Geschichte und Literatur. Zum 60. Geburtstag von Walter Grab*(Duisburg,1979), p.126.

압력수단으로 활용하기 시작했다. 그러나 괴팅엔 대학과 예나 대학은 튀빙엔 대학과는 달리 학생조직의 활동과 전통적 학생소요가 중복되는 과도기적인 현상을 보였다. 아울러 칼 학교에서도 이러한 현상이 발견되지 않았는데 그것은 이 대학의 역사가 짧은데서 비롯된 것 같다. 그리고 다른 대학의 학생들과는 달리 칼 학교의 학생들은 학교나 사회에 대해 불만을 가지거나 또는 범법행위를 저질렀을 경우 이들은 학업을 포기하거나 개인적으로 도망가는 방법을 채택했다.

다른 대학의 학생들과는 달리 새로운 형태의 학생운동이 슈투트가르트에서 시작된 것은 전통적 소요의 축(Ventil)이 없었기 때문이다. 그러나 이러한 분석은 하나의 가정에서 비롯되었기 때문에 그것에 대한 신빙성을 부여하기 위해서는 보다 구체적인 조사와 연구가 있어야 할 것이다.


## 5. 맺음말

1770년에 세워진 칼 학교는 프랑스 혁명이후 반정부활동의 중심지로 부각되었다. 즉 이 학교의 학생들과 교수들은 당시 뷔르템베르크 왕국의 문제점들을 지적했고 그것을 극복할 수 있는 대안, 즉 자유주의적인 개혁안을 제시하기도 했다. 그러나 슈투트가르트 정부는 이러한 요구에 대해 관심을 보이지 않았을 뿐만 아니라 정부에 대해 비판적 자세를 취하였던 학생들과 교수들을 처벌하는데만

주력했다.

그렇다면 슈투트가르트 정부는 프랑스 혁명의 발생원인과 그 진행과정에 대해 전혀 관심이 없었을까. 당시의 자료들은 슈투트가르트 정부가 프랑스 혁명이 발발된 후 이웃 국가에서 진행된 상황에 예의 주시했음을 알려주고 있다. 그러나 슈투트가르트 정부는 자국에서 개혁을 요구하는 세력이 극히 미미하다는 것과 기득 계층이 개혁을 통해 아무런 이득도 얻을 수 없다는 판단을 했기 때문에 학생들과 교수들의 요구를 수렴하지 않았던 것이다.

칼 학교의 학생들과 교수들은 정부가 자신들의 개혁요구를 수용하지 않으리라는 판단을 했음에도 불구하고 그들의 입장을 철회하지 않았다. 그것은 이들이 시간이 지남에 따라 자신들을 지지하는 세력이 확산되리라는 확신을 가졌기 때문이다. 점차적으로 이들의 확신은 구체화되었는데 그것을 살펴보면 첫째, 뷔르템베르크 왕국 내의 대학들이 정부에 대해 정치적 개혁을 요구했다는 것. 둘째, 개혁의 필요성을 인식하는 계층이 확산되었을 뿐만 아니라 그들 주도하에 정치적 조직도 결성되었다는 것이다. 이에 따라 슈투트가르트 정부는 개혁의 산실로 간주되던 칼 학교에 대해 특단의 조치를 내리게 되었다. 즉 칼 오이겐 공작의 후임으로 1794년 뷔르템베르크 왕국의 왕으로 등극한 루트비히 오이겐 공작은 칼 학교를 폐교시킨 것이다. 그러나 칼 학교의 학생들과 교수들이 펼쳤던 활동과 그것이 사회에 끼친 영향은 학교가 폐교되었음에도 불구하고 더욱 확산되었는데 그것은 후에 결성된 대학생조합의 강령 및 활동 등에서 확인할 수 있다.

# 2장. 대학생조합(Burschenschaft)의 결성 및 활동

## 1. 머리말

베를린 플라만(Plamann) 고등학교의 교사였던 얀(F. L. Jahn)[1]은 1811년 베를린 대학의 총장이었던 피히테(J.G. Fichte)에게 기존의 지방 학생 단체(Landmannschaft)를 대신할 새로운 학생 단체의 설립을

---

1) 얀이 피히테에게 제출한 서류 제목은 '대학생조합의 규칙 및 설립을 위한 계획(Plan für die Ordnung und Einrichtung der Burschenschaft)'이었다. 그런데 이 서류는 1810년 베를린에서 결성된 독일 동맹(Deutscher Bund)의 요청에 따라 작성된 것이었고 그 작성 작업에는 프리젠(K.F .Friesen)도 참여했다.
H.Asmus, "Burschenschaft", in: H.Reinalter(Hrsg.), *Lexikon zu Demokratie und Liberalismus 1750-1848/9*(Frankfurt a.Main, 1993), p.48; R. Koch, deutsche Geschichte 1815-1848(Stuttgart, 1985), p.89; W. Hardtwig, Vormärz(München, 1990), p.9; T.Schieder, "vom Deutschen Bund zum Deutschen Reich", in: *Gebhardt Handbuch der deutschen Geschichte* Bd., 15(München, 1981), p.28; W. Koschwitz, "Idee und Tat der Studenten", in: W.Koschwitz(Hrsg.), Jena und die Idee der politischen Universität (Weimar, 1939), p.77.

제안하면서 대학생조합(Burschenschaft)2)이라는 용어를 최초로 사용했
다.3) 거기서 그는 학생들의 육체적 단련(körperliche Ertüchtigung),
민족 사상의 함양(Förderung des nationalen Gedankens), 그리고 개성의
강화(Stärkung des Charakters) 등이 절실히 필요하다는 견해를 제시했
을 뿐만 아니라 그러한 것들이 독일 통합의 전제 조건이 될 수 있
다는 주장도 펼쳤다.4) 아울러 그는 기존의 학생조직으로 그러한 것
들을 실천시킬 수 없다는 입장도 밝혔다. 실제적으로 특정 지역의
학생들로 구성된 지방 학생단체는 범세계주의적인 이념만을 추구
했기 때문에 독일 통합이라는 이상구현에는 아무런 도움도 주지
못했다.5)

---

2) 대학생조합은 '남자 대학생 학우회' 또는 '대학생조합'으로 해석할 수 있는
   데 여기서는 대학생조합으로 해석하도록 한다.
3) 지방학생단체를 '향우회'라고도 한다.
   T. Niperdey, *deutsche Geschichte 1800-1866*(München,1993), p.279; W. Hardtwig, 같
   은 책, p.9; T.Schieder, 같은 책, p.18; C. Dipper, "Nationalismus und
   Klassengesellschaft in 19. Jahrhundert", in: G.Niemetz (Hrsg.), *Epochen der modernen
   Geschichte* (Würzburg, 1988), p.76; P.Grüneberg, Einflüsse der Turn-und
   Burschenschaftsbewegung auf das studentische Ethos an der "Salana"(1815-1819)
   (Jena, 1987), pp.46-52; H.Hinze, vom *Deutschen Bund zum Kaiserreich*(Stuttgart,
   1977), p.66.
4) 얀은 1811년 베를린 교외 하젠하이데(Hasenheide)에 체조장을 세웠고 거기서
   청소년들로 하여금 육체훈련을 받으면서 고대 게르만정신의 핵심을 알게끔
   했다.
   H.Asmus, 같은 책, p.48.
5) R.Koch, 같은 책, p.87; W.Hardtwig, 같은 책, pp.9-10.
   각 지방학생단체(=향우회)의 특징으로는 첫째, 이들 조직이 비정치적이었다
   는 것 둘째, 개인적 출세에 집착한 인물들이 조직의 핵심적 인물로 활동했
   다는 것을 들 수 있다.

그럼에도 불구하고 피히테는 얀의 제의를 수용하지 않았는데 그러한 결정은 그 자신의 견해라기보다는 당시의 현실적 상황, 즉 프러시아의 보수적이고 반동적 분위기에서 비롯된 것이라 하겠다.[6] 왜냐하면 피헤테 자신도 독일통합의 필요성을 강조하면서 대학의 교육과정, 대학 생활의 전면적 개편 및 그 실천방안에 대해 구체적으로 언급한 바가 있었기 때문이다.[7]

얀은 피히테의 공식적인 거부에도 불구하고 자신의 구상을 포기하지 않았는데 그것은 당시 독일대학 내에서 부각되던 민족 운동의 필요성과 자신의 계획을 접목시킬 수 있다는 확신에서 비롯된 것 같다.[8] 실제로 얀의 제의가 공개된 후 일부 학생들, 특히 예나

---

6) W.Hardtwig, 같은 책, p.9; P.Burg, 같은 책, pp.109-110; W. Koschwitz, 같은 책, p.77.

7) 주입식으로 지식을 축적하는 것이 아니라 학생들 스스로가 하나씩 터득해 나가면서 자신들의 정신을 개발해야 한다는 것이 피히테의 관점이었다. 따라서 그는 이를 교육과정에 반영시키고자 했는데 그것을 구체화시킨 것은 1794년, 즉 그가 예나 대학의 교수로 재직했을 당시였다. 그러나 학생들은 그의 이러한 관점에 대해 관심을 보이지 않았을 뿐만 아니라 그가 설강한 강의에 대해서도 부정적이었다.
H.Schuffenhauer, *Johann Gottlieb Fichte*(Leipzig-Jena-Berlin, 1985), p.37; W. Schröder, "die Gründung der Jenaer Burschenschaft, das Wartburgfest und die Turnbewegung 1815-1819", in: H.Asmus(Hrsg.), *studentische Burschenschaften und bürgerliche Umwälzung*(Berlin, 1992), p.71.

8) 예나 대학에서는 1806년부터 교수와 학생들 사이에 긴밀한 교류가 있었고 거기서 살라나(Salana)라는 조직이 결성되기도 했다. 특히 이 조직에 깊이 관여했던 루덴(H.Luden), 키저, 프리스, 그리고 오켄 교수 등은 학생들에게 애국심 고양 및 지방분권주의(Partikularismus)의 타파가 절실히 필요하다는 것을 인식시켰고 그러한 것에 공감하는 학생들도 늘어났다. 예나 대학의 이러한 분위기는 얼마 후 베를린, 기쎈(Giessen), 그리고 하이델베르크(Heidelberg) 대학 등에서도 확인되었다.

(Jena)대학의 학생들은 그것을 긍정적인 시각에서 보았을 뿐만 아니라 구체화시키려는 구상에도 적극적으로 참여했다.9)

본 장에서는 대학생조합이 부각시킨 민족교육의 중요성과 그것의 실천방법을 살펴보도록 한다. 이를 위해 우선 대학생조합이 독일의 여러 대학에서 결성된 후 시도되었던 교류, 통합 움직임, 그리고 그 일환으로 개최된 바르트부르크(Wartburg; 1817)축제의 진행과정과 거기서 표출된 정치적 성향을 고찰하고자 한다. 이어 대학생조합의 일원이었던 잔트(K. Sand)가 행한 정치적 암살이 대학생조합의 활동 및 독일의 정치적 발전에 어떠한 영향을 끼쳤는가를 분석하려고 한다. 물론 여기서는 정치적 암살로 체결된 칼스바드(Karlsbad)협약(1819)의 내용 및 문제점들에 대해서도 다루도록 하겠다.


## 2. 대학생조합의 결성

1815년 6월 12일 마크트플라츠(Marktplatz)에 많은 학생들이 모였다. 그러나 예나 시민들은 이러한 집회에 대해 아무런 관심도 보이지 않았는데 그 이유는 이들이 그러한 단합대회(Zusammenrottungen)나 학생들의 횡포(Unfug)에 익숙했기 때문이다. 그럼에도 불구하고 이 집회는 관심을 가질 만 했는데 그것은 예나 대학 학생들의 ½이

---

P.Grüneberg, 같은 책, p.46; W.Koschwitz, 같은 책, p.78.
9) E.Weis, *der Durchbruch des Bürgertums 1776-1847*(Frankfurt/M-Berlin-Wien, 1986), pp.358-359; W.Schröder, 같은 책, p.70.

상이, 즉 243명의 학생들이 집회에 참여했다는 점이다. 학생들의 다양한 모자와 깃발을 통해 여러 지방학생단체들이 이 집회를 공동으로 주관했음을 확인할 수 있다. 집회예식을 끝낸 후 학생들은 좁은 골목길을 따라서 도심으로 진출했다.

도심에 도착한 이들은 캄스돌퍼(Camsdorfer) 다리를 건너 자신들이 자주 가던 '전나무(Zur Tanne)' 음식점으로 이동했다. 여기서 학생들은 아른트(E. M. Arndt)가 작곡한 '좋은 시간을 위해 우리는 뭉쳤다(Sind wir vereint zur guten Stunde: 우리는 누구에게 첫 번째 감사를 드려야 할까? 우선 우리는 길고 긴 치욕적인 밤에 빛을 제공하신 하느님께 감사드려야 할 것이다. 하느님은 우리들에게 원수의 오만함을 알게 하셨고 우리 몸에 새로운 힘도 주셨다)'라는 노래를 불렀다. 이어 반다리아(Vandalia)의 공동대표(senior)였던 호른과 리만이 새로운 조합의 결성목적을 언급하면서 지방분권적 지방학생단체들을 타파하고 높은 이상, 즉 독일통합에 기여할 시기가 도래했음을 강조했다. 주점에 있었던 학생들 역시 이러한 견해에 대해 적극적인 호응 및 지지를 보였다. 이에 따라 참여자들은 자신들의 반다리아, 삭소니아(Saxonia), 튜린기아(Thuringia), 그리고 프랑코니아(Franconia)의 기를 내렸다. 아울러 기를 준비하지 못한 지방학생단체의 회원들도 손을 밑으로 내리는 상징적 행동으로 대학생조합의 결성에 동의를 표시했다. 이어 그 동안 준비했던 대학생조합의 강령(Verfassungsentwurf)이 발표되었는데 그것은 뤼초푸(Lützow) 의용군단에서 활약했던 카펜베르거(Kaffenberger)와 하인리히스(Heinrichs)의 주도로 작성되었다. 그런데 이들은 강령을 작성하는 과정에서 반다

리아와 튜린기아의 강령 및 동시대의 여러 의안들, 얀, 프리센, 그
리고 루덴의 안을 많이 참고했다. 카펜베르거가 발표한 대학생조합
의 강령은 ①대학은 육체적 훈련 및 학문증진을 위한 독일민족의
공공기관(Anstalt)이다. ②자유보장 및 학문적 독립은 인격교육의 전
제조건이다. ③대학생조합원(Burschen)의 영광은 최고(Höchsten)와 고
결함(Edelsten)을 획득하려는 지속적인 노력에서 비롯된다. ④대학생
조합은 민족통일을 실현시키기 위해 결성한 단체이다 등의 중요한
내용을 담고 있었다.

이러한 강령을 통해 파악할 수 있는 것은 대학생조합 역시 정치
문제에 대해 깊은 관심을 가졌다는 것이다. 아울러 이러한 것은 기
존의 지방학생단체에서는 찾아볼 수 없는 사안이었다. 민주적 절차
에 따라 9명의 주제자(Vorsteher)와 21명의 상임위원(Ausschußmitglieder)
이 선출되었는데 여기에는 해방전쟁에서 귀환한지 얼마 안 되는
인물들이 상당수 포함되었다. 마지막으로 아른트의 애국적 노래
(patriotisches Lied)를 부르면서 대학생조합의 창립총회는 끝났다. 아
울러 여기서는 뤼초푸 의용군단이 사용했던 흑·적·황(Schwarz-Rot-
Gold)의 기旗를 자신들의 조합기로 채택했는데 그러한 결정은 아마
도 이 의용군단 출신이 대학생조합에서 주도적 역할을 담당했다는
것과 무관하지 않을 것이다. 이후 대학생조합에 가입한 학생들은
매일 오후 예나 시가를 행진하면서 시민들에게 대학생조합의 설립
목적 및 그 당위성을 알리는데 주력했다.[10]

---

10) W.Schröder, 같은 책, p.70; R. u. R. Keil, *Geschichte des Jenaischen Studentenlebens von
der Gründung der Universität bis zur Gegenwart(1548-1858)*(Leipzig, 1858), pp.370-376;

그러면 왜 예나 대학의 학생들이 다른 대학의 학생들 보다 얀의
구상에 더 적극적이었을까. 그것은 이 대학의 적지 않은 학생들이
얀이 주도한 자유군단(Freikorp)의 일원으로 해방 전쟁[필자 註;
Napoleon 전쟁(1813－1815)[11]]에 참여했고 거기서 그의 영향을 많이
받았기 때문이다.[12]

H. Haupt, "die Jenaische Burschenschaft von der Zeit der Gründung bis zum
Wartburgfest", in: H. Haupt(Hrsg), *Quellen und Darstellungen zur Geschichte der
Burschenschaft(bzw. der deutschen Einheitsbewegung)* (=QDB) Bd., 1(Heidelberg , 1910
ff.), pp.18-25; P.Wentzke, "Geschichte der Deutschen Burschenschaft 1", in: QDB
4(1919), pp.152-162; W. Koschwitz, 같은 책, p.79; F.J. Frommann,
*Denkwürdigkeiten aus meinem Universitätsjahr*(Heidelberg, 1930), p.20.

11) 나폴레옹의 러시아원정실패(1812)는 그 동안 그에게 눌러있던 독일권의 국
　　가들에게 반격의 계기를 제공했다. 각 지역의 민족주의자들은 전면에 나서
　　게 되었고 이들은 국민적 저항을 호소했다. 특히 예나전투 패배이후 민족의
　　식이 고양되던 프러시아에서는 대학생들을 중심으로 한 애국단체들이 의용
　　군을 결성하여 반나폴레옹 전선에 참여했다. 그리고 틸지트(Tilsit)조약
　　(1807.7)으로 20만의 프러시아군대가 4만 명 수준으로 감군된 것도 나폴레옹
　　에게 불리하게 작용했는데 그것은 퇴역당한 프러시아의 장교들이 반발이
　　의외로 강했기 때문이다. 프러시아 신민들 사이에 나폴레옹과의 일대 결전
　　의지가 고조됨에 따라 프리드리히 빌헬름 3세(Freidrich Wilhelm III)는 러시아
　　와 동맹체제를 구축한 후 프랑스와의 전쟁을 위해 국민총동원령을 내렸는
　　데 이때부터 해방전쟁이 시작되었다 하겠다.
12) 예나 대학에서 대학생조합이 결성되기 이전인 1814년 11월 할레(Halle) 대학
　　에서 얀의 구상이 가시화되었는데 그것은 대학생조합과 성격을 같이 하는
　　'토이토니아(Teutonia)'라는 학생단체가 구성된 데서 확인할 수 있다. 거의 같
　　은 시기 하이델베르크에서도 그러한 조직이 결성되었는데 거기서 가게른
　　[H.v.Gagern; 1848년 프랑크푸르트 민족회의(Frankfurter Nationalversammlung)
　　에서 의장으로 활동] 이 주도적인 역할을 담당했다. 그렇지만 이러한 조직
　　들은 소규모 상태에서 벗어나지 못했기 때문에 학생들에게 큰 영향을 끼치
　　지는 못했다.
　　W.Hardtwig, 같은 책, p.9; T.Schieder, 같은 책, p.18; P.Burg, 같은 책, p.108;
　　E.Weis, 같은 책, pp.359-360; E.Zechlin, 같은 책, p.53; J. Tinzmann, 같은 책,

해방전선에서 대학 강의실(Hörsaal)로 복귀한 학생들은 절대주의적이고, 분파적인 독일에 대해 강한 불만을 표시했다.[13] 왜냐하면 이들은 해방전쟁 중 국가 및 정치제도 그리고 민족에 대한 자신들의 기존입장을 포기하고 자유주의적이고, 민족주의적 관점에서 새로이 접근하려고 했기 때문이다. 따라서 이들은 민족의식의 함양이 절대로 필요하다는 것과 자유주의 토대 하에서 독일권이 통합되어야 한다는 인식도 가지게 되었던 것이다.[14] 그리고 이러한 것들은 당시 예나 대학에서 발견된 전단에서도 확인할 수 있다.

"지구상의 모든 민족들은 독자적 국가를 구성할 수 있는 권한을 가졌을 뿐만 아니라 국권(Staatsgewalt)행사에도 참여할 수 있다. 따라서 우리 독일 민족도 이러한 보편적 범주에서 벗어나지 않도록 노력해야 할 것이다.(…)우리는 민족의 통합과 자유주의 이념에 따른 헌법제정에 혼신의 노력을 기울여야 할 것이다. 그리고 이러한 것이 우리의 의무라는 것도 인식해야 할 것이다."

---

pp.15-16; W.Schröder, 같은 책, p.70; W .Koschwitz, 같은 책, p.78.

13) W.Schröder, 같은 책, pp.69-70; J.L.Haupt, *Landmannschaften und Burschenschaft* (Leipzig, 1920), p.45; F. Frommann, 같은 책, p.22.

14) T.Nipperdey, 같은 책, p.279; M.Freund, *deutsche Geschichte 1815-1871*(München, 1978), p.8; W.Hardtwig, 같은 책, p.10; P.Burg, 같은 책, p.108;M.Botzenhardt, *Reform, Restauration, Krise. Deutschland 1789-1847*(Frankfurt, 1985), p.88; I. Geiss, *die deutsche Frage 1806-1990*(Mannheim-Leipzig-Wien-Zürich, 1992), pp.31-33.
예나 대학에 대학생조합이 구성되기 전 이 대학에서 활동했던 5 개의 지방 학생단체는 자발적으로 해산했다.
F.Frommann, 같은 책, p.23; M.Behnen, "Deutschland unter Napoleon, Restauration und Vörmarz", in: M.Vogt(Hrsg.), *deutsche Geschichte*(Stuttgart, 1991), p.374.

이 당시 예나 대학의 학생들은 기존의 학생 조직으로 위에서 언급한 것들을 이행할 수 없다는 판단을 했을 뿐만 아니라 새로운 학생 조직의 필요성도 느끼고 있었다. 바로 이러한 때 얀이 이들에게 구체적 방안을 제시했던 것이다.15)

중부 및 남부 독일의 많은 대학들이16) 예나 대학의 예를 따랐으나, 북부독일에서의 조직화는 매우 느리게 진행되었으며,17) 바이에른(Bayern)과 오스트리아는 이 운동의 영향을 거의 받지 않았다.18)

---

15) 1814년 여름 예나 대학에서는 '방위단체(Wehrschaft)'가 결성되었다. 이후 이 단체는 란트그라펜 산맥(Landgrafenberge)에서 정기적으로 모임을 가졌다. 해방전쟁 중 자발적으로 결성된 이 조직은 사격과 같은 군사훈련, 전쟁학토론, 그리고 조국애를 부각시키는 노래를 부르면서 그들 조직의 소속감을 강화시켰다. 이 조직은 뤼초푸 자유군단 출신의 학생들이 주도했는데 그것은 카펜베르거가 이 조직의 회장이었다는 것에서 확인할 수 있다. 그리고 이 단체의 참여자들이 부각시킨 애국심은 학생들 사이의 반목 및 불화를 종식시키는데 큰 기여를 했다. 뤼초푸 자유군단 출신의 학생들은 대학생조합결성에도 주도적인 역할을 담당했는데 그것은 11명의 창립회원 중 8명이 이 자유군단출신이었다는 것을 통해 입증되었다.

 H.Haupt, 같은 책, pp.20-21; W.Schröder, 같은 책, p.70; W. Koschwitz, 같은 책, p.78.

16) 브레스라우(Breslau), 킬(Kiel), 에어랑겐(Erlangen), 할레, 기쎈, 하이델베르크, 그리고 튀빙엔 대학에서도 대학생조합이 결성되었다.

 R.Koch, 같은 책, p.87; W.Hardtwig, 같은 책, p.10; E.Weis, 같은 책, p.160; W.Koschwitz, 같은 책, p.81.

17) 베를린(Berlin), 괴팅엔, 라이프치히(Leipzig) 대학도 예나 대학의 영향을 받았다.

 W.Hardtwig, 같은 책, p.10; R.Koch, 같은 책, p.87; W.Koschwitz, 같은 책, p.81.

18) 그럼에도 불구하고 구교 지역 내의 뷔르츠부르크(Würzburg)와 프라이부르크(Freiburg) 대학의 학생들은 예나에서 결성된 대학생조합에 깊은 관심을 표방했고 그러한 조직을 자신들의 대학에도 구성하려고 했다.

 W.Hardtwig, 같은 책, p.10; R.Koch, 같은 책, p.87; W.Koschwitz, 같은 책,

이러한 지역적 편차를 통해 대학생조합 운동이 구교 지역이 아닌 신교 지역에서 주로 진행되었음을 확인할 수 있다.[19]

## 3. 바르트부르크(Wartburg) 축제

예나를 비롯한 여러 대학에서 결성된 대학생조합은 새로운 형태의 학생 조직이었다. 왜냐하면 각 지방 학생단체에 가입한 학생들은 지금까지 소동, 음주, 싸움(Raufereien), 그리고 결투로 그들 시간의 대부분을 낭비한 중세 대학의 생활 또는 그들만의 독특한 문화적 범주에서 벗어나지 못했기 때문이다.[20] 특히 대학생조합운동의

---

p.81.
19) T.Nipperdey, 같은 책, p.280; T.Schieder, 같은 책, pp.18-19; W. Hardtwig, 같은 책, pp.10-11.
대학생조합에 가입한 학생들이 전체 학생에서 차지하는 비율은 20% (1,500/,8000 명)에 불과했는데 그것은 독일 학생들의 정치적 감각 내지는 관심이 일반적으로 미비했음을 반증하는 일례라 하겠다.
M.Behnen, 같은 책, p.375.
20) R.Koch, 같은 책, p.87; E.Weis, 같은 책, p.359.
대학생조합이 결성된 대학들 중에서 기존의 학생조직들이 남아 있는 경우도 많았다.
문화(culture)란 단어는 'colere(가꾸다, 키우다, 육성하다, 경작하다)' 라는 라틴어 동사에 어원적 뿌리를 둔 단어로, 그 명사형인 'cultura'가 바로 이 단어의 원형이라 하겠다. 따라서 이 단어는 주로 '땅을 갈아 작물을 재배하고 키우는 일' 즉 '경작, 재배'의 뜻으로 사용되었는데 '농업(cultura agri)', '포도재배(cultura vitis)' 등에서 그 예를 찾을 수 있을 것이다. 그러나 키케로(Cicero)는 이 단어를 정신적 영역까지 확대시켰는데 그것은 그가 철학을 'cultura animi' 라고 하여 '정신의 밭을 가는 일'로 비유한데서 확인할 수 있다. 이후부터 'cultura'는 점차 물질적 측면보다는 정신적 측면의 단어로 사용되기 시작했다.

중심 도시로 부각된 예나, 하이델베르크, 그리고 기쎈은 학생들의 도덕적 타락이 다른 지역 보다 훨씬 심한 지역이었다.[21)

그러나 해방 전쟁을 계기로 독일 학생들은 자신들의 전통적 관습에서 벗어나 그들 민족을 위해 무엇을 해야 하는지를 숙고하게 되었다. 그리고 이들은 여기서 대학생조합이라는 단체를 통해 애국심 및 민족에 대한 자신들의 의무를 고양시킬 수 있다는 판단도 하게 되었다. 예나의 대학생조합이 '명예(Ehre), 자유(Freiheit), 그리고 조국(Vaterland)'를 자신들의 좌우명(Motto)으로 설정한 것을 그 일례라 하겠다.[22)

대학생조합은 모든 학생들에게 문호를 개방했는데 그러한 원칙(Richtschnur)은 얀의 기독교적이고 독일적 사상에서 비롯된 것 같다.[23) 또한 이들은 독일 고대 의상을 자신들의 제복으로 삼았고 그들의 3색기를 신성로마제국의 색깔과 동일시했는데, 그것은 대학생조합 내에서 외형적 통합 역시 필요하다는 주장이 제기되었기 때

---

21) 예나 대학에서는 매일 8-10건의 학생결투가 펼쳐졌다.

W.Schröder, *Burschenturner im Kampf um Einheit und Freiheit*(Berlin,1967), p.61; A.Chr.H.Clemen, *aus meinem Leben. Ein Stück der ersten Burschenschaft*(Lemgo, 1867), pp.12-13.

22) M.Behnen, 같은 책, p.374;C. Walbrach, *der Giessener Ehrenspiegel*(Frankfurt, 1927), pp.56-62; T. Nipperdey, 같은 책, pp.279-280; M.Freund, 같은 책, p.9; H.Haupt (Hrsg.), *Quellen und Darstellungen zur Geschichte der Burschenschaft und der deutschen Einheitsbewegung, Bd., I.* (Heidelberg, 1910), pp.118-122;W.Hardtwig, 같은 책, p.11; P.Burg, 같은 책, p.110; C.Dipper, 같은 책, p.76.

23) 그렇지만 유대인 학생들의 가입은 불허되었는데 그것은 당시의 사회적 분위기와 유대교에 대한 그들의 거부적 감정이 변하지 않았기 때문이다.

M.Behnen, 같은 책, p.375; W.Hardtwig, 같은 책, pp.10-11; P.Burg, 같은 책, p.110; W. Koschwitz, 같은 책, p.82.

문이다.24) 그런데 대학생조합의 이러한 시도는 당시 독일 사회에 커다란 영향을 끼치고 있던 낭만적 민족주의와 관련이 있다 하겠다.25)

이 당시 얀, 아른트(E.M. Arndt), 루덴(H. Luden:역사학자), 프리스 (F. Fries), 프리젠(K.F. Friesen), 오켄(L.Oken:자연과학자 및 철학자(원래이름은 Ockenfuß이다)), 그리고 슈바이체르(W.Schweitzer:법학자였고 작센-바이마르-아이젠나흐 헌법제정에 참여했다) 등은 대학생조합의 이념정립에 큰 영향을 끼쳤는데 이들 중에서 얀과 아른트를 제외한 나머지 인물들은 예나 대학에서 학생들을 가르쳤다.26)

위에서 언급한 인물들 중에서 얀은 대학생조합의 사상 정립에 가장 깊이 관여했다. 그는 앞서도 언급한 바와 같이 독일적 순수성을 강조했는데 그러한 것은 학생들로 하여금 맹신적 내지는 편협적 민족주의를 신봉하게 하는 요인으로 작용했다.27) 특히 얀은 프

---

24) 예나 대학생조합이 3색기를 선택한 것은 프랑스의 3색기(Trikolore)에서 비롯되었다는 주장이 케르만(J.Kermann)으로부터 제기되었다.

   J.Kermann(Hrsg.), Hambacher Fest 1832(Mainz, 1990), p.38.

25) 체흐린(E.Zechlin)은 이를 다음과 같이 분석했다.

   "대학생조합의 이러한 시도는 이 조직이 고대 신성로마제국의 입김에서 벗어나지 않으려 했기 때문이다."

   E.Zechlin, 같은 책, p.53; Vgl., I.Geiss, *die deutsche Frage*(Mannheim-Leipzig-Wien-Zürich, 1992), pp.34-35.

26) 이 중에서 프리스는 당시 과격적 성향의 종파로 알려진 헤른후터(Herrn-huter)파의 회원이었다. 친첸도푸(Zinzendof)가 창건한 헤른후터파는 경건주의를 지향했다.

   M.Behnen, 같은 책, p.375.

27) 근대세계에서 민족주의는 항상 관심의 대상이었다. 그러나 민족의 개념을 정확히 설명한다는 것은 그리 쉬운 일이 아니다. 그럼에도 불구하고 같은

랑스에 대한 자신의 부정적 입장을 노골적으로 밝히는데 주저하지 않았는데 그러한 것은 나폴레옹(Na-poleon)이 독일을 유린했다는 관점에서 비롯된 것 같다.28)

> "만일 어떤 사람이 자신의 딸에게 프랑스어를 가르친다면 그것은 그녀에게 간음의 방법을 가르치는 것과 다를 바 없을 것이다."

반면 아른트, 루덴, 그리고 오켄은 학생들에게 낭만주의적 사고

---

종족, 지방, 그리고 직업을 중심으로 그 성원들의 충성심만으로도 개괄적인 설명이 가능한데 그것은 동일한 경험적 배경을 가진 사람들이 그들 스스로를 하나의 집단으로 생각하고, 그들 이외의 사람들을 국외자로 취급하기 때문이다. 민족 역시 자기를 집단으로 의식하는 하나의 단위로 볼 수 있다. 그러나 그것은 다른 집단과는 달리 그 자신만의 독특한 성격을 가지고 있다. 일반적으로 그것의 규모는 비교적 크며, 수백 명 이상의 성원을 중심으로 각종의 계급·직종 그리고 다양한 지방적 하부문화까지 포함하는 경우가 많다. 아울러 그 성원들은 여러 다른 종파에 속하며, 경우에 따라서는 서로 다른 언어를 사용하는 경우도 있다. 그러나 이러한 이질적인 요소에도 불구하고 자신들을 하나의 집단으로 생각하고, 그 밖의 모든 사람들을 외국인이라고 부르는 하나의 민족은 그러한 유대감을 유발시키는 과거 또는 현재에 무엇인가 서로 공감할 수 있는 것을 가지고 있어야 한다. 민족을 구성하는 요인들을 안다는 것은 그리 용이한 일이 아니다. 따라서 그것은 다만 그것의 결과에 의해 정의할 수밖에 없다. 이유야 어떻든 하나의 민족은 스스로를 타민족과 뚜렷이 구별하는 의식을 가진 집단으로서 외국인에 의한 지배를 혐오하며 자기 자신의 주권국가를 요구하는 것이다. 바로 그러한 요구가 근대정치발전에 매우 중요한 역할을 하게 되었던 것이다.
28) W.Hardtwig, 같은 책, p.11; H.Haupt, 같은 책, p.125.
프리스는 얀의 이러한 성향에 동조했으나 대다수의 지식인들은 얀의 입장을 지지하지 않았다.
J.Kermann, 같은 책, p.30.

를 주입시키는데 주력했는데 그러한 자세는 낭만주의적인 동경 및 향수로 이상적 공동체를 현실사회에서 실현시킬 수 있다는 확신에서 비롯된 것 같다. 아울러 이들은 학생들에게 인생의 진행과정 및 운명, 신에 대한 외경심, 그리고 인간에 대한 믿음성도 가르쳤다.[29]

대학생조합의 활동에 관심을 갖고 또 이 단체에 영향력을 행사했던 인물들은 기존의 질서체제를 부정하지 않았는데 그 이유는 이들이 프랑스 혁명기간 중에 제시되었던 공화정 체제에 대해 부정적 시각을 가졌기 때문이다.

예나에서 대학생조합이 결성된 지 2년 후인 1817년 10월 18일 대학생조합 총회가 작센-바이마르-아이젠나흐(Sachsen-Weimar-Eisennach) 공국의 바르트부르크에서 개최되었다. 그런데 그 외형적 목적은 루터(Luther)의 종교개혁 300주년과 라이프치히 전투 4주년을 기념하기 위한 것이었다. 그러나 실제적 목적은 대학생조합 사이의 단결과 현재의 독일적 상황에 자신들이 어떻게 대처해야 할 것인가를 정리하자는 데 있었다.[30]

---

29) 이 당시 낭만주의자들은 인간의 감정이 이성보다 중요하며, 집단보다는 개인이, 분석보다는 종합이 인간의 본성에 가깝다는 주장을 펼쳤다. 따라서 이들은 18세기의 계몽사상가들, 특히 이성을 신뢰하던 철학자들을 신랄하게 비판하는데 주저하지 않았다. 낭만주의자들은 계몽사상가 들이 인간의 따스한 육체 및 피를 영혼 없이 움직이는 기계로 타락시켰고, 인간의 창조적 능력을 마비시켜 오직 숫자놀이를 좋아하는 동물로 환원시켜 죄악을 범하게 했다고 비난했다. 일상생활을 반복하여 행할 때 인간의 다양성은 소멸되고 이성에 의해 간주된 행동양식만이 남게 되는데 낭만주의자들은 바로 그러한 관점이 인간을 수단으로 간주하게 하는 나쁜 생각이라고 했다.
   J.Kermann, 같은 책, p.30; W.Hardtwig, 같은 책, p.12.
30) J.Kermann, 같은 책, p.30; J.Tinzmann, 같은 책, p.24; M. Botzenhardt, 같은 책,

1815년 예나에서 대학생조합이 결성된 이후 이러한 형태의 학생조직이 독일의 여러 대학에서도 결성되었지만 그들 간의 단결 및 당면과제를 토론하고 결정할 수 있는 제도적 장치는 마련되지 못한 상태였다. 그렇지만 모든 대학의 대학생조합이 그들 간의 단결 및 결속에 대해 관심을 가지지 않았던 것은 아니었다. 예를 들면 예나 대학의 리만은 대학생조합 간의 단결을 가능한 한 빨리 구체화시켜야 한다는 주장을 펼쳤으며,[31] 그러한 견해에 동조하는 세력이 대학생조합 내에서도 증대되고 있었던 것이다.

리만과 그의 추종자들은 대학생조합간의 단결이 필요하다는 견해가 증대됨에 따라 그것을 실천시킬 수 있는 방안도 모색하게 되었다. 특히 이들에게 있어서 회의개최 장소의 선택은 매우 중요했는데 그 이유는 독일이 메테르니히(Metternich)체제 하에 놓여 있었기 때문이다. 리만은 장소를 모색하는 과정에서 작센-바이마르-아이젠나흐 공국만이 학생들의 집회를 승낙하리라는 판단을 하게 되었는데 그것은 이 국가만이 독일 연방에서 규정한 헌법 도입을 실제적으로 이행했기 때문이다.[32] 이에 따라 리만은 이 공국의 지배자

---

p.89; H.Schulze, *kleine deutsche Geschichte*(München, 1996), pp.94-95.

31) T.Schieder, 같은 책, pp.18-19; E.Weis, 같은 책, p.360.
  슈뢰더(Schröder)는 이에 대해 이의를 제기했다. 그는 대학생조합의 결속과 그것을 위한 모임필요성을 제기한 인물이 리만이 아니라 얀이라는 주장을 펼쳤다. 그것의 근거로써 슈뢰더는 얀이 예나 대학의 대학생조합에게 서신을 보내어 대학생조합간의 결속을 누누이 강조했던 것을 제시했다.
  W.Schröder, *Burschenturner im Kampf um Einheit und Freiheit*(Berlin, 1963), pp.185-188.
32) W.Hardtwig, 같은 책, p.11; W.Koschwitz, 같은 책, p.81.
  작센-바이마르-아이젠나흐 공국의 헌법은 자유주의적인 요소를 거의 포함

인 칼 아우구스트(K. August)대공에게 위에서 언급한 외형상의 목적을 설명하면서 바르트부르크에서 학생 집회가 개최될 수 있게끔 협조를 요청했다. 이 당시 칼 아우구스트 대공은 관용적 대학정책을 펼쳤기 때문에 학생들의 그러한 요구를 수렴하는데 주저하지 않았다.33) 나아가 그는 학생들이 계획한 축제가 원만히 진행될 수 있게끔 재정적인 지원도 배려했는데 그러한 것은 예나 대학의 학문적 위상 및 발전이 축제를 통해 더욱 증대되리라는 확신에서 비롯된 것 같다.34)

바르트부르크 축제에 참여한 학생들은 모두 468명이었는데 이는 전체 참석자 500명의 90%가 넘는 비율이었다.35) 이 축제에 참여한

---

하지 않았는데 그 일례로 많은 재산을 가져야만 지방의회의 의원으로 선출될 수 있다는 것을 제시할 수 있다. 그럼에도 불구하고 헌법을 제정했다는 이유로 작센-바이마르-아이젠나흐 공국은 지식인 계층으로부터 암묵적인 지지를 받고 있었다.

G.Steiger, *Urburschenschaft und Wartburgfest*(Leipzig-Jena-Berlin, 1991), p.68.

33) W.Hardtwig, 같은 책, p.11; K. Schulze-Westen, *das Vermächtnis der Urburschenschaft*(Berlin, 1929), p.203.

34) 칼 아우구스트 대공은 정부의 핵심관료였던 보이그트(Voigt), 프리취(Fritsch), 겔스도르프(Gersdorff)에게 학생들의 축제가 원활히 진행될 수 있게끔 지원할 것을 지시했다. 이에 따라 발트부르크 연무장 및 부속건물들이 학생들의 숙박 장소로 제공되었고 축제를 위한 땔감도 무료로 지급되었다.

H.Asmus, "Wartburgfest", in: H.Reinalter(Hrsg.), *Lexikon zu Demokratie und Liberalismus 1750-1848/9*(Frankfurt, 1993), p.334.

35) 이 당시 독일연방 내 대학에 재학 중이었던 학생들은 모두 8,718명이었는데 그 수를 대학별로 언급한다면 다음과 같다.

빈 대학(957명)

프라하 대학(880명)

베를린 대학(600명)

브레스라우(Breslau) 대학(366명)

나머지 인물들도 대학에서 교육을 받은 지식인 계층이었다.36) 따라서 바르트부르크 축제는 1832년 5월에 개최된 함바흐(Hambach) 축제와는 달리 일부 특정 계층, 즉 지식인 계층의 축제라 특징지을 수 있을 것이다.37)

바르트부르크 축제가 예나 대학의 학생들에 의해 준비되었음을 고려할 때 이 대학 학생들의 참여율 역시 높으리라는 것을 예상할

---

할레(Halle) 대학(500명)
그라이프스발트(Greifswald) 대학(55명)
란스후트(Landshut) 대학(640명)
뷔르츠부르크(Würzburg) 대학(365명)
에어랑겐(Erlangen) 대학(180명)
라이프치히(Leipzig) 대학(911명)
괴팅엔 대학(1,132명)
튜빙엔 대학(290명)
하이델베르크 대학(363명)
프라이부르크 대학(275명)
마르부르크(Marburg) 대학(197명)
기쎈(Gießen)대학(241명)
예나 대학(500명)
로스토크(Rostock) 대학(159명)

*Augsburger Allgemeine Zeitung* Nr. 12.(Beilage, 1818.1.22).
바르트부르크 축제에 참여하기 위해 아이젠나흐에 도착한 학생들은 공공질서를 저해하는 행위를 하지 않겠다는 선서를 했다. 그리고 구교 지역의 대학생들은 이 축제에 참석하지 않겠다는 성명서를 발표했다.

F.J.Frommann, *die Burschenschaften auf der Wartburgam 18. und 19. Oktober 1817*(Jena, 1818), p.11; H.Hinze, 같은 책, p.66.

36) W.Hardtwig, 같은 책, p.12; F. J. Frommann, 같은 책, p.11.

37) 함바흐 축제에는 지식인 계층뿐만 아니라 사회 각 계층도 참여하여 독일통합에 대해 활발히 토론했다. 그리고 이 축제는 독일 근대사를 취급하는 책이나 논문에서 빠짐없이 거론되고 있다.

수 있는데 그러한 것은 1963년에 작성된 스타이거(G.Steiger)의 자료에서 실제로 확인되었다. 이 자료에 따를 경우 200명의 예나 대학 학생들이 이 축제에 참여했고 뒤이어 50명의 괴팅엔 대학 학생들이 바르트부르크에 모였다. 베를린 대학과 기쎈 대학의 학생들도 이 집회에 참석했지만 그 수는 각기 20명에 불과했다.[38] 이러한 소극적 참여는 다음의 요인들에서 비롯되었다 하겠다. 첫째, 대학생조합에 부정적이었던 베를린 정부가 이들 조직에 대한 감독을 지속적으로 펼쳤다는 것. 둘째, 대도시 사회가 대학생조합 활동에 거의 관심을 가지지 않았다는 것. 셋째, 온건적 성향의 대학생조합원들이 바르트부르크 축제를 준비했기 때문에 과격적 성향의 대학생조합원들로 구성된 기쎈의 대학생조합은 처음부터 이 축제에 관심을 보이지 않았다는 것이다.

이 당시 바르트부르크 축제에 참여한 인물들의 대다수는 이 축제의 실제적 목적으로 부각된 독일의 통합 및 미래의 정치적 구도에 대해 확실한 방안을 가지지 못한 실정이었다.[39] 더구나 이들 중의 일부, 특히 할레(Halle)와 괴팅엔 대학의 학생들은 독일의 통합과

---

38) 이들 대학이외에도 라이프치히(15 명), 로스토크(Rostock), 킬(30 명), 에어랑겐, 뷔르츠부르크(2 명), 하이델베르크(20 명), 바르트부르크(20 명), 그리고 튀빙엔 대학의 대학생조합원들이 이 축제에 참여했다.

G.Steiger, "die Teilnehmerliste des Wartburgfestes von 1817", in; K. Stephenson, A.Scharff u.W.Klötzer(Hrsg.), *Darstellungen und Quellen zur Geschichte der deutschen Einheitsbewegung im 19. und 20. Jh.*, Bd. IV. (1963), S.75; H.Volkmann, "soziale Innovation und Systemstabilität am Beispiel der Krise von 1830-1832", in: O. Neuloh(Hrsg.), *soziale Innnovation und sozialer Konflikt*(Göttingen, 1977), p.41; W. Koschwitz, 같은 책, p.81.

39) T.Nipperdey, 같은 책, p.280; R.Koch, 같은 책, p.88; G.Steiger, 같은 책, p.78.

미래의 정치적 구도를 토론하기보다는 결투를 위해 바르트부르크에 집결하기도 했다.40)

바르트부르크 축제에 정치적 성격을 부여한 인물들은 그 동안 대학생조합과 밀접한 관계를 맺어 왔던 교수들이었다.41) 이들 중 오켄 교수와 프리스 교수는 이 축제에 참석하여 학생들을 상대로 찬조 연설도 했다.42)

1817년 10월 18일 바르트부르크(=Wodenberg)에서 대학생조합의 공식 행사가 시작되었다. 간단한 개회선언에 이어 등장한 오켄 교수는 현재의 정치적 상황을 극복하기 위해서는 공통의 언어 및 출생을 토대로 한 문화적 통합(kulturelle Vereinigung)이 선행되어야 한

---

40) W.Hardtwig, 같은 책, p.11;E.Weis, 같은 책, pp.160-161; G. Steiger, 같은 책, p.78.

41) 루덴, 프리스, 오켄, 스테펜스(Steffens), 아른트, 슈라이어마허(Schleicher-macher), 헤게비쉬(Hegewisch), 벨커(Welcker), 키저, 그리고 슈바이쳐(Schweitzer) 교수가 대학생조합과 밀접한 관계를 맺고 있었다.
G.Steiger, 같은 책, p.80;.Nipperdey, 같은 책, p.289; P.Kranephul, "die rechtsphilosophischen Auffassung von Jacob Friedrich Fries und ihr Einfluß auf die Burschenschaftsbewegung", in: H.Asmus(Hrsg.), *studentische Burschenschaften und bürgerliche Umwälzung*(Berlin, 1992), p.80; F.J. Frommann, 같은 책, p.11.

42) 프리스는 1814년에 출간한 자신의 철학소설인 '유리우스와 에바고라스(Julius und Evagoras)'에서 대학생조합의 활동목적 및 방향을 암묵적으로 제시했다. 프리스의 소설은 이상주의적인 젊은이들이(=대학생조합에 가입한 학생들) 혐오스러운 참주(=메테르니히를 지칭)를 제거한 후 도덕적이고, 정의적인 국가건설에 적극적으로 참여했다는 내용을 담고 있었다.
M.Behnen, 같은 책, p.375; G.Steiger, 같은 책, p.80;T.Nipperdey, 같은 책, p.280.
그 동안 대학생조합의 이념정립에 큰 기여를 한 루덴은 이 축제에 참여하지 않았다.
P.Kranephul, 같은 책, p.80.

다는 주장을 펼쳤다.43)

오켄을 비롯한 이 당시 학자들은 계몽주의에서 지향한 이성에 대해 부정적인 시각을 가지고 있었다. 따라서 이들은 자기중심적인 낭만주의를 선호했고 그것은 집단적 자아를 강조시키는 계기가 되었다. 점차적으로 민족의 과거를 이상화시키고 민족을 신의 창조물로 간주하려는 유기체적인 민족 이론이 당시의 지식인 세계를 지배하게 되었다. 아울러 이러한 것은 민족이라는 것을 국가적 경계로부터 자유로운 언어공동체 또는 특정 집단의 생활양식으로 인식하게 하는 요인도 되었다.44) 오켄 교수에 이어 등장한 프리스 교수도 낭만주의적 관점에서 연설을 했다. 여기서 그는 특히 대학생조합이 독일 통합의 선봉 역할을 담당해야 한다는 것과 또 그것을 위해 대학생조합간의 결속이 반드시 필요하다는 주장도 펼쳤다.45)

---

43) G.Steiger, 같은 책, p.80; J.Bühler, *das Hambacher Fest. Deutsche Sehnsucht vor hundert Jahren*(Ludwigshafen, 1932), p.16; F.J.Frommann, 같은 책, p.19.

44) G.Steiger, 같은 책, p.80; F.J.Frommann, 같은 책, p.19.

45) 이들 교수들과 같이 축제에 참여한 키저와 슈바이처 교수는 학생들을 상대로 연설하지 않았다.
프리스 교수의 연설문에서 작센-바이마르-아이젠나흐 공국의 위상을 다음과 같이 언급했다.
"독일의 젊은이들이여! 여러분들께서는 지금 독일에서 가장 자유로운 지역에 머무르고 계십니다. 이 집회를 끝내고 여러분들이 고향으로 돌아가시면 '우리는 독일에서 사상의 자유가 보장된 지방에 머물렀고 여기서 민족 및 제후의 의지가 해방되었다는 사실도 파악했습니다. 아울러 우리는 거리에서 무장 군인들이 배회하지 않는 평화로운 분위기도 접할 수 있었습니다.'를 사람들에게 알려주어야 할 것입니다. 이렇게 해야만 독일의 모든 제후들도 작센-바이마르-아이젠나흐 공국을 본받아 개혁을 추진하게 될 것입니다."
G.Steiger, 같은 책, p.80; F.J.Frommann, 같은 책, p.12.

양 교수의 찬조 연설이 끝난 후 이 축제의 준비과정에서 주도적 역할을 담당했던 리만이 축사(Festrede)를 했다.[46]

"우선 본인은 우리 민족의 의미 있는 과거를 회상하는 자리에서 연설하게 된 것을 영광스럽게 생각합니다.(…)우리가 라이프치히 전투에서 승리한 지도 벌써 4년이 지났습니다. 그 당시 우리는 아름답고 기대에 찬 희망을 가졌으나 그러한 것은 실현되지 못했습니다. 아울러 모든 것들이 우리가 기대한 것처럼 이루어지지도 못했습니다.(…) 조롱과 모멸로 성스럽고 고귀한 감정마저 사라져 버렸는데 그러한 것은 많은 사람들을 무기력한 상황에 놓이게 했습니다. 따라서 독일 민족의 높은 평판과 부합되지 않게 적지 않은 사람들은 자신들의 생활을 포기했습니다. 이들 중의 일부는 멀리 떨어진 신대륙에서 자신들의 새로운 조국을 찾고자 독일을 떠났습니다. 저는 이 자리에 모인 여러분들께 이러한 상황에 동의할 수 있는가를 묻고 싶습니다. 아마 여러분들께서도 이러한 상황을 받아들일 수 없을 것입니다.(…) 우리는 군주들의 의지로 민중법이 제정되는 것이 아니라 민중법이 군주들의 의지를 통제해야 한다는 사실을 잘 알고 있습니다.(…) 우리를 이곳에 모이게 한 진실 및 정의의 정신은 우리의 삶을 올바르게 인도할 것입니다. 우리는 우리 조국에 위협을 가하는 제 요소에 대응하기 위해 가능한 한 빨리 진실의 장벽을 구축해야 할 것입니다.(…) 우리는 조국 독일에 대한 우리의 사랑이 깊고 지울 수 없다는(unaustilgbar) 것을 잘 알고 있습니다."

---

46) 리만은 뢰뒤거(L.Rödiger), 잔트(K.L.Sand)와 더불어 프리스 교수의 이념을 추종했던 학생이었다.
　 W.Hardtwig, 같은 책, p.11;G.Steiger, 같은 책, p.83; W.Koschwitz, 같은 책, p.82;H.Hinze, 같은 책, pp.67-69.

리만의 축사를 통해 확인할 수 있는 것은 그를 비롯한 대학생조합의 회원들이 메테르니히 체제를 인정하지 않겠다는 것과 자신들이 이 체제를 타파시키는데 선봉적 역할을 담당하겠다는 것이었다. 리만은 자신의 축사에서 바르트부르크 축제가 개최될 수 있게끔 배려를 한 칼 아우구스트 대공에게 감사의 표시를 했고 이 인물이 1816년 5월 5일 헌법을 제정, 시행한 것에 대해서도 높이 평가했다.[47]

이어 진행된 공개 토론에서 참석자들의 일부, 특히 베를린과 기쎈 대학의 대학생조합원들은 독일에 자유주의의 제이론을 보장 할 수 있는 체제, 즉 공화정 체제를 도입시켜야 한다는 주장을 펼쳤다. 그러나 대대수의 학생들은 혁명보다는 위정자들의 자발적 개혁에 대해 보다 큰 관심을 보였다. 아울러 이들은 위정자들이 정치적 사회적 변혁의 필요성을 인식할 수 있게끔 해야 한다는 것에 동의했는데, 그것은 이들의 출신 성분을 고려할 때 자연스러운 행위로 볼 수 있을 것이다.[48] 그렇지만 참석자들은 그들 간의 결속을 통해 정치적·사회적 변혁을 가속화시킬 수 있다는 인식을 가지게 되었고 그것에 대한 구체적인 작업을 리만에게 위임시켰다.[49]

이러한 정치적 토론이 끝난 후 학생들은 도시교회(Stadtkirche)에서 예배를 보았다. 이어 이들은 아이젠나흐 광장에서 진행된 체조시범을 관람했다. 축제행사의 마지막으로 학생들은 바르텐베르크

---

47) W.Hardtwig, 같은 책, p.11; W.Schröder, 같은 책, p.71.
48) T.Nipperdey, 같은 책, p.279;E.Weis, 같은 책, p.360;W.Hardtwig, 같은 책, p.11.
49) M. Behnen, 같은 책, p.375; W.Hardtwig, 같은 책, pp.11-12; E. Weis, 같은 책, p.360.

(Wartenberg)까지 횃불 행진을 한 후 그곳에서 공식 행사의 종료를 알리는 불꽃놀이를 했는데 그것은 라이프치히에서의 승전을 기념하기 위한 것이었다. 그런데 베를린에서 온 얀의 추종자들인 사이들러(C. Scheidler), 베젤호푸트(R. Wesselhoft), 뒤레(K.E.Dürre), 마쓰만(H.F. Maßmann)등은 루터가 1521년 교황의 교서를 소각한 것과 같이 반자유주의적 인물들의 작품, 구체제의 상징물, 그리고 반독일적 것들을 소각했다.[50] 이 당시 소각된 것으로는 비료를 치는 쇠스

---

50) 마쓰만은 소각행위를 하기 전에 참석자들에게 다음의 연설을 했다. "학생들이여! 형제들이여! 1520년 12월 10일, 비텐베르크 대학교수였던 루터가 대학생들과 시민들에 둘러싸여 모닥불을 피우고 로마교황 레오 10세(Leo X)의 교서 및 파문장(Bannendrohungsbulle)을 "너! 우리주님을 괴롭히고 하느님을 무시한 교서야! 영겁의 불이 너를 벌하고 태울 것이다! 라고 외치면서 태웠습니다. 이렇게 루터는 신앙의 자유를 저해하는 세력 및 반 크리스트와 싸웠습니다. 따라서 우리들도 영겁의 불길 속에 말 또는 행동으로 조국을 부끄럽게 한 것, 자유를 속박하고 진리와 덕성을 생활과 책자에서 거부한 모든 기념물들을 소각해야 할 것입니다. 그러나 이것은 헛된 모방이나 여흥을 위해 취해지는 행동이 아닐 뿐만 아니라 하느님의 사람 루터가 행한 것처럼 우리들의 행동이 옳다고 내세우려는 주제넘은 행동 역시 아닙니다. 우리의 행위는 독일에서 반드시 나타나야 할 것, 즉 우리가 원하는 바가 무엇인지를 알리기 위해서입니다. 다시 말하면 우리 예견과 상반되는 것을 독일이 향후 얻게 된다는 점을 알리려는 것입니다. 우리는 이 거룩한 순간을 통해 모든 독일 사람들에게 우리들이 어떠한 정신을 가지고 있는지 그리고 어떠한 생각을 하고 있는지를 알려야 할 것입니다. 우리는 숭고한 생각을 우리생활에서 유지·발전시키기 위해 악을 끝까지 미워하고 조국의 모든 파렴치한 및 악인과 싸워야 할 것입니다. 조국은 우리의 이러한 생각을 알게 될 것입니다. 따라서 우리가 지금 취하는 행동은 위의 모든 생각에 대한 대응적 표현일 뿐만 아니라 앞으로 많은 사람들의 사상 및 행위, 그리고 저자에 대한 재판지침도 될 것입니다. 여기서 소각되는 것으로 반독일적 지도자 및 대변자는 속죄 될 것입니다. 조국에 대한 치욕적 저서들을 이렇게 정화죄로 불사르는 것이 정당하다는 것을 독일인들은 곧 알게 될 것입니다. 지

랑(Mistgabel), 헤센의 가발(Hessischer Zopf), 창기병 군복(Ulanen-schnürleib), 오스트리아 분대장 모자(Österreichischer Korporalstock), 신성동맹(die Heilige Alliance)의 결성문서, 할러(K.L.v .Haller)의 '국가학 복고(Restauration der Staatswissenschaft)',[51] 코체부에(August v. Kotzebue)의 '독일 왕국사(Geschichte des deutschen Reiches)', 캄푸츠(H.v. Kamptz)의 '프러시아의 경찰법전(Kodex der Gendarmerie)',[52] 쉬말츠(T. Schmalz)의 저서들[53] 그리고 나폴레옹 법전(code Napoleon)을 들 수 있다.[54] 그리고 이러한 소각행위는[55] 대학생조합 내에서 정치적 견해를 달리하는 집단이 있음을 알려주는 계기가 되었다. 그런데

---

**옥의 불길이 그들의 악계와 비열한 행위를 기술한 모든 저서들을 다 불살라 없어지게 해라!"**

   M.Behnen, 같은 책, p.375; H.Schulze, 같은 책, pp.94-95.

51) 1816년에 출간된 '국가학 복고'에서 스위스 역사가였던 할러는 토지와 주민을 지배하는 영주의 권리가 신이 원하는 강자의 지배 원리라는 명제를 제시했는데 그것은 그로 하여금 귀족적·군주적 이념을 대변하는 인물로 등장하게 했다.

   W.Hardtwig, 같은 책, p.12; H.Schulze, 같은 책, p.95.

52) 캄푸츠는 이 당시 프러시아의 추밀원 고문관 겸 프러시아의 경찰청장이었다.

   W.Hardtwig, 같은 책, p.12; H.Schulze, 같은 책, p.95.

53) 쉬말츠는 프러시아의 추밀원 고문관이었다.

   W.Hardtwig, 같은 책, p.12; H.Schulze, 같은 책, p.95.

54) T.Nipperdey, 같은 책, p.280; R.Koch, 같은 책, p.88; H.Schulze, 같은 책, p.95. 아직까지도 독일의 여러 나라들은 나폴레옹 법전을 그들 국가의 모범으로 간주했다.

   J.Kermann, 같은 책, p.39.

55) 축제 참여자들은 이러한 소각 행위를 '화형재판(Feuergericht)'이라 했다.

   H.Blum, *die deutsche Revolution 1848-1849*(Florenz-Leipzig, 1898), p.16; H.Schulze, 같은 책, p.95; H.Hinze, 같은 책, pp.66-67.

이 집단은 대학생조합의 일반적 견해와는 달리 영국과 프랑스에 도입된 국민대의제를 선호하지 않았을 뿐만 아니라 절대 왕정체제에 대해서도 부정적인 시각을 가지고 있었다.56) 아울러 이러한 입장표명으로 이 집단이 공화정체제를 지향하고 있다는 것도 밝혀졌다.

바르트부르크에서의 소각 행위는 지배 계층의 관심 및 우려를 가지게 하는 직접적 계기가 되었다. 아울러 이들은 학생들의 그러한 행위가 공공질서 및 국가체제를 위협하는 도전적 행위로 간주했다. 메테르니히 역시 바르트부르크 축제가 지식인 계층에게 적지 않은 영향을 주었음을 간파했다. 특히 그는 지금까지 대학생조합운동을 부정적으로 보았던 학생들마저 이 운동에 관심을 가지기 시작한 것에 대해 우려를 표명했는데 그것은 대학생조합운동이 독일 및 유럽 소요에서 핵심적 요소로 작용될 수 있다는 자신의 판단에서 비롯된 것 같다. 실제적으로 메테르니히의 이러한 분석과 우려는 당시 그의 비밀 정보원들이 수집한 자료와도 일치되는 정확성을 보여주었다.57) 빈 정부와 더불어 메테르니히 체제의 근간이었던 베를린 정부도 사태의 심각성을 인식하고 빈 정부와 공동으로 대처하기로 했다.

이에 따라 오스트리아와 프러시아는 공동조사위원회를 구성하여

---

56) G.Mann, *deutsche Geschichte des 19. und 20. Jahrhunderts*(Frankfurt, 1982), p.125; E.Weis, 같은 책, p.160.
57) 이 당시 독일 신문들은 바르트부르크 축제를 자세히 보도했다. E.Weis, 같은 책, p.160.

예나와 바이마르에 파견했다. 하르덴베르크(Hardenberg)와 치히
(Zichy)가 공동 대표로 참여한 이 조사위원회는 예나와 바이마르의
상황을 파악한 후 칼 아우구스트 대공과도 회담을 가졌다.58) 특히
여기서 치히는 칼 아우구스트 대공이 바르트부르크 축제 개최를
허용한 것에 대해 신랄한 질책을 가했으나 그는 그것에 대해 전혀
개의하지 않고 자신의 행위만을 옹호하는 자세를 보였다.59)

칼 아우구스트의 이러한 입장을 접한 후 메테르니히는 자신의
불만을 표출하는데 주저하지 않았다. 따라서 그는 작센-바이마르-아
이젠나흐를 '과격주의자들의 부화장소'라 비하시켰을 뿐만 아니라
칼 아우구스트 대공이 대학생조합과 밀접한 관계를 가지고 있다는
주장도 펼쳤다. 아울러 그는 오스트리아 제국 내에서 대학생조합의
활동을 전면적으로 금지시켰고 자국 학생들이 예나 대학으로 유학
가는 것도 허용하지 않았다. 베를린 정부 역시 메테르니히의 조치
와 유사한 정책을 펼쳤다.60)

이러한 일련의 강압적 조치에도 불구하고 대학생조합원들은 그
들 활동의 당위성을 홍보하는데 게을리 하지 않았다. 그러한 일례
는 당시 하이델베르크 대학의 대학생조합원이었던 가게른(Gagern)이
자신의 부친에게 보내는 서신(1818.6)에서 찾아볼 수 있다.61)

---

58) 메테르니히가 오스트리아 대표로 임명한 치히는 보수주의적 성향이 강한
정치가였다.
　J.Tinzmann, 같은 책, p.24.
59) J.Tinzmann, 같은 책, p.24.
60) T.Nipperdey, 같은 책, pp.280-281;P.Burg, 같은 책, p.112.
61) E.Zechlin, 같은 책, pp.53-54.

　　"우리는 독일 내의 여러 국가들이(필자 註; 여기서는 독일 연
방을 의미하는 것 같다.) 정치적이고 민족적인 측면에서 공통적
이고 단일적인 것들을 추구하기를 바라고 있습니다. 즉 각 국가
의 개별적 이익보다는 독일적 이익이 선행되고, 보장될 수 있는
정책이 펼쳐져야 할 것입니다. (…)우리는 독일이 한 국가로서
그리고 우리 독일 민족이 한 민족으로서 인정되기를 바라며 그
것의 실천을 위해 지속적인 노력을 펼칠 것입니다."


　　칼 아우구스트 대공 역시 메테르니히가 주도하는 외부적 압력에
대해 전혀 개의하지 않았다. 따라서 그는 예나 대학의 학문적 자유
를 계속 보장했을 뿐만 아니라 대학생조합 총회가 1818년 10월 19
일 예나에서 개최되는 것도 허용했다.62)

　　14개 대학의 대표들이 참석한 대학생 조합 총회에서는 '전독일대
학생조합(Allgemeine deutsche Burschenschaft)'을 결성하기로 합의했
다.63) 아울러 여기서는 대학생조합간의 관계도 구체화시켰는데 그
것을 살펴보면 각 대학의 대학생조합은 독자적으로 활동할 수 있
고, 극히 제한된 부분만을 '전독일 대학생조합'에 위임시킨다는 것
이다.64)

---

62) M.Botzenhardt, 같은 책, p.89; P.Burg, 같은 책, p.110; T. Nipperdey, 같은 책,
　　p.281; W. Hardtwig, 같은 책, pp.12-13.
63) 괴팅엔 대학과 그라이프스발트(Greifswald) 대학은 대학생조합 총회에 참석
　　하지 않았다.
　　M.Botzenhardt, 같은 책, p.89; P.Burg, 같은 책, p.110; T. Nipperdey, 같은 책,
　　p.281; W. Hardtwig, 같은 책, p.13.
64) 이러한 것은 연방주의적 성격(föderalistischer Charakter)에서 비롯되었다고 하
　　겠다.

이 회합에서는 또한 대학생조합의 상징이었던 '흑-적-황금색 (Schwarz-Rot-Gold)'을 독일 전체 학생들의 상징색으로 채택했다. 여기서 이러한 색깔들이 옛 제국의 문장색이었다는 주장도 제기되었지만 실제로는 뤼초푸의 자유군단65)이 이러한 색깔의 제복을 처음으로 착용했었다. 이후 예나 대학의 대학생조합원들이 이것을 그들 제복의 색깔로 선택했던 것이다. 이 당시 예나 대학의 대학생조합원들은 흑색 상의(Schwarzer Rock)에 적색 3줄 레이스(roter Vorstoß)와 황색 단추들(goldene Knöpfen)을 달았다.

아울러 이 자리에서는 리만이 바르트부르크 축제 이후부터 준비해온 대학생조합의 기본원칙도 확정되었는데 그러한 원칙은 이미 바르트부르크 축제에서 개괄적으로 거론된 바 있었다. 대학생조합의 기본 원칙에서 강조된 중요한 것들을 살펴보면 다음과 같다.66)

첫째, 독일분열을 정당화시키는 숙명론(Fatalismus)은 극복해야 한

---

65) 프러시아의 육군 소령이었던 뤼초푸는 해방 전쟁 기간 중 학생의용군을 구성하여 혁혁한 공을 세웠다.
  P.Burg, 같은 책, p.110.
66) T.Nipperdey, 같은 책, p.281; R.Koch, 같은 책, p.88;W.Hardtwig, 같은 책, pp.12-13.
  바르트부르크 축제가 끝난 직후 루덴 교수는 리만에게 대학생조합의 기본원칙을 가능한 한 빨리 제정할 것을 요구했다. 이에 따라 리만은 그동안 구상했던 것들을 36개의 항목으로 정리·발표했다.
  W.Schröder, "die Gründung der Jenaer Burschenschaft, das Wartburg-fest und die Turnbewegung 1815-1819", in: H. Asmus (Hrsg.), *studentische Burschenschaften und bürgerliche Umwälzung*(Berlin, 1992), S. 78; Derselbe, *Burschenturner im Kampf um Einheit und Freiheit*(Berlin, 1967), pp.213-214; P.Kranephul, 같은 책, p.91; H. Ehrenteich, "Heinrich Luden und sein Einfluß auf die Burschenschaft", in: *Quelle und Darstellungen* Ⅳ.(München, 1978), pp.123-129; W.Koschwitz, 같은 책, p.88.

다. 그리고 가능한 한 빨리 정치적·경제적 단일화를 실현시켜야
할 것이다.67) 그러나 얀의 통일안은 거부한다.

둘째, 연방주의적－입헌 군주정체제를 국가의 통치방식으로 채택
해야 한다. 특히 국민의 대표들로 구성되는 의회의 권한을 증대시
키기 위해 장관책임제를 반드시 도입시켜야 한다.68)

셋째, 사회성원의 법적 동등화를 실현시켜야 한다.

넷째, 배심원제를 도입시켜야 한다.

다섯째, 사유 재산을 보호하는 조치를 마련해야 한다. 개인적 소
유물은 천부의 권리이며 그러한 것을 보호하는 것이 국가존재의
기본적 이유이기 때문이다.

여섯째, 농노제를 비롯한 봉건적 잔재를 폐지시켜야 한다.

일곱째, 언론 및 출판의 자유를 보장해야 한다.

여덟째, 종교의 자유를 허용해야 한다.

아홉째, 외부침입에 효율적으로 대응할 수 있는 방어력을 구축해

---

67) 리만은 기본원칙에서 이를 다음과 같이 언급했다.
  "독일은 하나요, 앞으로 하나가 되어야 한다. 북부 독일과 남부 독일로 나누
  고, 종교도, 즉 구교 독일과 신교 독일로 구분하려고 하는 것은 분명히 오류
  이며, 잘못된 것이며, 불행한 일이다."
   W.Schröder, 같은 책, p.78; p.Kranephul, 같은 책, p.91; W. Koschwitz, 같은
  책, p.88.
68) 대학생조합의 기본원칙에서는 이 부분이 다음과 같이 거론되었다.
  "어떤 법률이 국민대표자들에 의해 토론·심사된 후 그것이 국가위정자에
  의해 재가 될 때 우리는 그 법률에 대해 절대적으로 복종할 것이다. 그러나
  어떤 사건에 대한 잠정적 입법실시가 국민대표자들로 구성된 의결기구로부
  터 승인 받지 못할 경우 그것에 대한 불복종과 거기서 파생되는 일체형벌에
  대해서 우리는 책임질 필요가 없을 것이다."

야 한다. 아울러 독일 내에서의 전쟁도 종식시켜야 한다.

열째, 그 동안 등한시 한 순결성 및 가정생활에 대한 사회적 외경심을 증대시켜야 한다.

열한번째, 학생들의 기본적 임무라 할 수 있는 학문적 증진에도 관심을 가져야 한다. 아울러 학생들은 진리를 말하고 그것을 강조하는데 주저하지 말아야 할 것이다.[69]

리만의 기본 원칙에서는 그 동안 이 학생조직에 적지 않은 영향력을 행사했던 얀의 통합방식, 즉 프러시아가 독일통합의 주체가 되어야 한다는 것을 정식으로 거부했는데, 그 이유는 리만을 비롯한 대학생조합의 집행부가 프러시아의 정치체제 및 사회적 분위기를 잘 파악했을 뿐만 아니라 베를린 정부가 자신들의 정치적 구도를 수용하지 않으리라는 인식도 했기 때문이다.[70]

바르트부르크 축제 중에 모습을 드러낸 과격적 성향의 조직은 이 축제가 끝난 후 자신들의 세력을 규합하고 증대시키려고 했다. 특히 이러한 시도는 기쎈과 예나 대학에서 집중적으로 이루어졌다.

---

69) 이러한 것들은 당시 인정할 수 없는 혁명적인 것들이었지만 1793년의 프랑스 헌법에서 강조된 과격적-민주주의적 노선과 비교한다면 매우 온건하다 하겠다.

70) 리만이 대학생조합의 기본원칙을 발표한 직후 루덴은 대학생조합의 의무에 대해 언급했는데 그것은 대학생조합이 기존의 질서체제를 위협하는 단체가 아니라는 것을 대외적으로 부각시키려는 의도에서 비롯된 것 같다.
"대학생조합에 가입한 학생들은 모든 사람들에게 그들이 조국통일에 대해 관심을 가졌지 조국을 위태롭게 하는 과격적 방법, 즉 혁명과 같은 방법을 통해 자신들의 목적을 달성하는 단체가 아니라는 것을 밝히는데 주력해야 할 것이다."
C. Dipper, 같은 책, p.76.

이러한 과격적 성향의 조직이 기쎈과 예나의 대학생조합에서 주도권을 장악함에 따라 이들은 스스로를 각기 흑색파(Schwarze) 또는 절대파(Unbedingte), 구독일파(Altdeutschen)라 칭했는데 그러한 것은 다른 대학의 대학생조합들과 차별, 특히 정치적 목표를 차별화 시키려는 의도에서 비롯된 것 같다.71) 그리고 이들 조직들은 법률학자이며 기쎈 대학의 강사였던 폴렌 형제(K. Follen, A .Follen, P.Follen)로부터 영향을 받았다.72) 점차적으로 이들은 루소(Rou-sseau)의 경건주의와 로베스피에르(Robespierre)의 광신주의를 추종했는데 그것은 지식인 주도의 민중혁명에 학생들이 참여해야 한다는 것과 혁명적 프랑스가 미래 독일의 토대(Grundstein)가 되어야 한다는 주

---

71)  하우푸트(J.L.Haupt)는   1820년   '지방학생단체와   대학생조합(Landsmann
    -schaften und Burschenschaft)'이라는 책을 출간했다. 여기서 그는 학문과 교육
    의 중요성을 강조했다. 특히 하우푸트는 정치적 소양교육을 통해 국민적 자
    각을 확산시켜야 한다는 견해를 제시했다. 아울러 그는 정치적 현실을 고려
    할 때 대학생조합이 정치활동에 직접 참여한다는 것은 시기상조라는 입장
    도 밝혔다. 하우푸트의 저서가 출간된 이후 대다수의 대학생조합원들은 그
    의 견해에 대해 긍정적인 반응을 보였다.
     J.L.Haupt,  *Landsmannschaften  und  Burschenschaft*(Altenburg,   1820),  pp.12-18;
    W.Hardtwig, 같은 책, p.13; H.Lutz, *zwischen Habsburg und Preußen*(Berlin, 1985),
    p.41; W.Koschwitz, 같은 책, p.89.
72) 스넬(W.Snell, L.Snell)형제와 벨커(K.Welcker, G.Welcker)형제도 핵심 인물로
    활동했다.
    W.Hardtwig, 같은 책, p.13; H.Lutz, 같은 책, p.41; F.Meinecke, *die deutschen
    Gesellschaften und der Hoffmannsche Bund. ein Beitrag zur Geschichte der politischen
    Bewegungen in Deutschland im Zeitalter der Befreiungskriege*(Stuttgart, 1891), pp.35-36;
    D. Dann, "geheime Organisierung und politisches Engagement im deutschen
    Bürgertum des frühen 19. Jahrhunderts. Der Tugendbundstreit in Preußen", in: C.
    Ludz (Hrsg.), *geheime Gesellschaften*(Heidelberg, 1979), pp.416-417.

장에서 확인할 수 있다.73) 아울러 이들은 민중혁명이 성공을 거두기 위해서는 외부세력인 프랑스, 이탈리아, 그리고 폴란드의 도움이 필요하다는 주장도 펼쳤다.74)

이들 집단이 제시한 내용들을 살펴보면 민주제 및 공화정체제의 도입(Einführung der unitarischen Republik),75) 선거를 통한 종신통치권자의 선출, 보통 선거제(Plebiszite)의 실시, 민족교회(Nationalkirche)의 설립, 토지의 국유화, 일반징집 제도의 도입 및 국민군 창설, 농업 및 수공업의 활성화를 위해 도시의 모든 하급 학교를 지방으로 이전할 것 등이었다. 이러한 것들을 통해 확인할 수 있는 것은 이들 조직이 기존의 질서 체제를 인정하지 않겠다는 것과 사유재산을

---

73) 여기서 흑색파의 주장이 유토피아적 성향을 가졌음을 확인할 수 있는데 그것은 이들이 자신들의 목표가 공공이익을 위한 것이라는 확신을 가졌을 뿐만 아니라 자신들의 목표에 동조하지 않는 집단들을 인정하지도 않았다는 데서 확인할 수 있다. 이러한 사고방식은 정치적인 입장 차이를 흑백의 차이로 규정짓고, 그 사회에 존재하는 다양한 견해를 무시해 버리는 독선적 입장도 유발시킬 수 있다는 것이다.
   Vgl., M.Behnen, 같은 책, p.376.
74) 이 당시 칼 폴렌(K.Follen)은 신민의 주권을 강조했는데 그것은 다음의 문장에서 확인할 수 있다.
   "모든 신민은 국가의 머리라 할 수 있다. 완전한 국가는 공과 같아서 누구나 머리가 되고 또한 될 수 있기 때문에 거기에는 상·하가 있을 수 없다."
   M.Behnen, 같은 책, p.376; W. Hardtwig, 같은 책, p.13; O.Dann, 같은 책, pp.418-420; W.Koschwitz, 같은 책, p.89.
75) 칼 폴렌은 1816년 초 이러한 견해를 제시한 바 있지만 그것에 대해 관심을 보인 학생들은 거의 없었다.
   M.Behnen, 같은 책, p.376; H.Haupt, *Karl Follen und die Gießener Schwarzen. Beiträge zur Geschichte der politischen Geheimbünde und der Verfassungsentwicklung der Burschenschaft in den Jahren 1815-1819*(Gießen, 1907), pp.18-19.

인정하지 않는 사회주의적인 요소도 수용했다는 점이다.76)

특히 폴렌은 자신의 추종자들에게 정치 암살에 적극적으로 동참할 것을 요구했는데 그러한 것은 자연법의 저항권과 기독교의 순교정신에서 기인된 것 같다.77)

예나와 기쎈에서 주도권을 장악한 폴렌의 추종자들은 그들만으로 위의 과제들을 실천시킬 수 없다는 것을 점차적으로 파악하게 되었다. 따라서 이들은 농민들과 노동자들의 지지를 얻고자 했고 그것을 위해 이들 계층을 그들 조직에 참여시키려고도 했다.78)


## 4. 잔트(Sand)의 정치적 암살

기존의 질서체제를 인정하지 않겠다는 성향이 대학생조합 내에서 강조됨에 따라 메테르니히를 비롯한 일련의 위정자들은 두려움과 불안감을 느끼게 되었다. 이에 따라 메테르니히는 1818년 9월 아헨(Aachen)회의를 개최하여 대학생조합 문제를 정식 안건으로 상정하려고 했으나 베를린 정부의 반대로 무산되었다.79)

---

76) 폴렌의 추종자들은 사람들이 때어날 때 부여받은 자신들의 창조적 능력을 충분히 발휘할 경우 그들이 이룩할 수 있는 것에는 한계가 없다는 견해에 대해 동조했다.
　M.Behnen, 같은 책, p.376; H.Haupt, 같은 책, p.19.
77) C. Dipper, 같은 책, p.76.
78) 대학생조합이 결성되었을 때 이 단체는 사회의 다른 계층에 대해 배타적인 입장을 보였는데 그러한 자세는 피히테와 아른트의 비난을 유발시켰다.
　E.Weis, 같은 책, p.360; W.Hardtwig, 같은 책, p.14.
79) 이 당시 베를린 정부의 실세였던 훔볼트(Humboldt)와 하르덴베르크는 대학

아헨 회의가 개최될 당시 대학생조합 문제 이외에도 메테르니히 체제를 위협할 수 있는 일련의 사건들이 유럽에서 전개되고 있었다. 1819년 8월 16일 피털루(Peterloo) 학살사건이 발생했다.[80] 6만 명의 노동자가 맨체스터(Manchester)의 성 피터(St. Peter)성당 앞에서 의회제도의 개혁을 요구하면서 평화적인 시위를 전개했다. 그러나 런던 정부는 이러한 시위를 무력으로 해산시키려 했고 그 과정에서 11 명이 목숨을 잃었고 400 여명이 부상을 당했다. 그러나 런던 정부는 이러한 상황에 개의하지 않고 언론 및 집회의 자유를 엄격히 제한하는 6법(Six Acts)을 발표했다.[81] 거의 같은 시기 프랑스와 이탈리아에서도 기존의 질서체제를 위협하는 사건들이 발생했다. 즉 프랑스에서는 왕당파들이 구제도의 재건을 모색했고, 이탈리아에서는 오스트리아의 지배로부터 벗어나려는 움직임이 있었다.[82]

이러한 국·내외적 상황이 메테르니히에게 불리하게 작용되고 있을 때 최초의 정치적 암살 사건이 독일에서 발생했다. 즉 예나 대학의 대학생조합원이었던 잔트(L.K. Sand)[83]가 1819년 3월 23일

---

자율권을 규제하는 어떠한 조치도 인정하지 않으려고 했다.
  M.Behnen, 같은 책, p.377.
80) 피털루 학살사건은 워털루전투에서 승리한 영국군이 이제 자국민들에게 총구를 겨냥한 사실을 비아냥하여 붙인 이름이다.
81) 이 당시 런던 정부는 급진파의 지도자들을 감옥에 투옥시킬 경우 사태가 수습되리라는 판단을 했지만 그것은 잘못된 판단이었다.
82) 이 당시 이탈리아 북부 지방은 오스트리아 제국의 지배 하에 있었다.
83) 이 당시 예나 대학에서 신학을 전공하던 잔트는 바르트부르크 축제 때 대회기를 들고 행진할 정도로 대학생조합 운동에 적극적이었다.
  T.Nipperdey, 같은 책, pp.281-282; W.Hardtwig, 같은 책, p.15; J. Kermann, 같은 책, p.38; M.Botzenhardt, 같은 책, p.89; J.Bühler, 같은 책, p.16.

극작가였던 코체부에(August v. Kotzebue)[84]를 만하임(Mannheim) 그의
집에서 암살한 것이었다.[85] 바이에른 자유 군단의 일원(Freiwilliger
im bayerischen Herr)으로 해방전쟁에 참여했던 분지델(Wunsidel) 출신
의 잔트는 대학에 돌아온 후 폴렌의 영향을 받기 시작했고 그것은
그로 하여금 기존의 질서체제를 붕괴시키는 작업에 적극적으로 동
참하게 하는 요인도 되었다. 이 당시 잔트는 기독교와 조국을 하나
의 융해된 상태로 보았고, 민족이라는 것 역시 신성하고 거룩하기
때문에 사악한 것을 제거시키는 명령도 내릴 수 있다는 확신을 가
지고 있었다. 따라서 그는 1년 전부터 민족통일을 저해하는 코체부
에를 살해해야 한다는 결심을 하게 되었다. 이후부터 그는 대학에
서 해부학 강의를 들었고 거기서 심장을 쉽게 꿰뚫을 수 있는 방
법도 터득하게 되었다.[86] 잔트는 자신의 목적을 실행하기 전에 부

---

84) 코체부에는 1761년 바이마르에서 태어났다. 1781년 예나 대학을 졸업한 그
   는 러시아로 가서 기대하지도 않았던 경력을 쌓게 되었다. 즉 그는 1785년
   러시아 황제로부터 귀족 작위를 받았을 뿐만 아니라 러시아 귀족 딸과 결혼
   함으로써 막대한 부도 상속받게 되었다.
    W.Hardtwig, 같은 책, p.15; G.Steiger, *Urburschenschaft und Wartburgfest*(Leipzig,
   1991), p.202; W.Funk, *die Verfassungsfrage im Spiegel der Augsburger allgemeine Zeitung
   von 1818-1848*(Berlin, 1977), p.18.
85) 잔트는 코체부에의 가슴에 칼을 꽂으면서 다음과 같이 소리쳤다.
   "당신은 조국의 적이다."
   1308년 파리치다(J.Parricida)가 자신의 삼촌 알브레흐트 1세(Albrecht I)를 살해
   한 후 500년 만에 다시 정치적 암살이 독일에서 자행되었다.
   H.Lutz, 같은 책, p.42.; H.Schulze, 같은 책, p.95; W.Koschwitz, 같은 책, p.90;
   H.Hinze, 같은 책, p.69.
86) W.Siemann, *vom Staatenbund zum Nationalstaat, Deutschland 1806-1871*(München,
   1995), p.332; J.Bühler, 같은 책, pp.16-17; W.Koschwitz, 같은 책, p.90.

모, 스승 그리고 친구들에게 보내는 편지에서 코체부에를 죽여야 한다는 주장을 펼쳤고 그것의 당위성에 대해서도 구체적으로 언급했다.[87] 그렇지만 그는 편지에서 다른 인물이 그에 앞서 코체부에를 암살하기를 바라는 나약성도 보였는데 그러한 성향은 당시 다른 학생들에게서도 발견할 수 있던 일반적인 것이었다.[88]

그러면 잔트는 왜 민족 통합을 저해했던 인물들 중에서 코체부에를 살해 대상으로 선정했을까. 이 당시 극작가로 활동했던 코체부에는 200여 편이 넘을 정도의 많은 작품을 썼다. 그의 대표적 작품으로는 1803년에 발표된 '독일의 작은 도시들(Krähwinkel 무대)'을 들 수 있다.[89] 이렇게 연극 작가로서 활동했던 코체부에는 1818년

---

87) 잔트는 자신의 편지에서 코체부에를 다음과 같이 평가했다.
"코체부에는 평판이 나쁜 유혹자일 뿐만 아니라 우리 민족을 파멸로 인도하는 인물이기도 하다."
잔트에 대한 특별 논고가 슈테른[Stern; pp.103-112, Nr. 20/1994]에 실려 있다.
Vgl., G.Steiger, 같은 책, p.210.
만하임으로 떠나기 전에 잔트는 프리스 교수를 만나 그의 조언을 얻고자 했으나 프리스 교수의 급작스런 와병으로 인해 도움을 받지 못했다. 코체부에에 대한 암살사건이 발생한 이후 프리스는 잔트의 잘못된 상황판단에 대해 언급했다. 즉 그는 잔트가 자신의 행동으로 독일이 혁명적 와중에 빠질 수 있다는 확신에 동의하지 않았던 것이다. 여기서 그는 잔트의 관점에 동조할 수 없었던 이유를 밝혔는데 그것은 그가 혁명이란 과격한 방법을 원하지 않았기 때문이다. 실제적으로 프리스는 혁명보다는 이성적 발전의 행동양식으로 개혁을 지향해야 한다는 관점을 가지고 있었다.
　M.Hasselblatt, *Jakob Friedrich Fries und seine Persönlichkeit*(München, 1920), p.60.
88) W.Lügert, *die Religion des deutschen Idealismus und ihr Ende*, Bd., 3(Berlin, 1926), p.38; W.Hardtwig, 같은 책, p.16.
89) M.Görtemaker, *Deutschland im 19.Jahrhundert*(Opladen, 1989), p.84.
이 당시 코체부에는 이프란트(A.W.Iffland)와 더불어 이 부분에서 두각을 나타내고 있었다.

부터 정치적 문제를 공식적으로 거론하기 시작했다. 그는 1818년부터 '문학 주간지(Literarisches Wochenblatt)'를 독자적으로 발간했는데,90) 거기서 그는 루덴의 민족 운동을 신랄히 비판했다.91) 그의 견해에 따를 경우 독일 민족은 민족 운동을 활발히 전개하더라도 통합 국가를 형성할 수 없다는 것이었다. 아울러 그는 새로운 청소년 운동과 대학생조합의 활동에 대해서도 조롱하는 자세를 보였다.92)

대학생조합은 코체부에의 이러한 태도에 대해 강한 불만을 표시했고 예나와 기쎈 대학의 대학생조합원들의 불만은 다른 대학의 대학생조합원들의 그것보다 훨씬 강경했다. 예나 대학의 대학생조합원이었던 잔트 역시 이러한 범주에서 벗어나지 못했다. 더욱이 코체부에가 독일의 상황을 러시아 황제 알렉산더 1세(Alexander I)에게 전달하는 첩보원93)이라는 사실이 밝혀지면서 그에 대한 대학생

---

90) 이 주간지는 1817년 말부터 간행되기 시작했다.
   G.Steiger, 같은 책, p.203.
91) M.Görtemaker, 같은 책, p.84; T.Schieder, 같은 책, p.29; G. Steiger, 같은 책, p.203.
92) 이러한 비판적 문구는 당시 아우구스부르크에서 간행되던 '일반 신문(Allgemeine Zeitung)'에서도 확인할 수 있다(Allgemeine Zeitung vom 29. April. 1818).
   G.Steiger, 같은 책, p.202.
93) 실제적으로 러시아 정부는 1813년 코체부에를 추밀원 고문관(Staatsrat)로 임명했다. 1816년부터 이 인물은 독일의 여러 도시를 여행하면서 비밀 정보원으로서의 임무를 수행했다. 즉 그는 러시아 정부로부터 적지 않은 봉급을 받으면서 독일의 상황, 특히 독일 여러 대학의 상황을 아주 자세히 보고했는데 그것이 그를 신성 동맹의 중요한 첩자로 간주하게 하는 결정적 요인이 되었다.

조합의 반감은 더욱 격렬해졌고 나아가 제거해야 할 인물(Eiterbeule)
로 부각시켰다.94) 점차적으로 예나와 기쎈 대학의 대학생조합원들
은 코체부에를 암살하는 것이 자신들의 소명이라는 인식을 가지게
되었고 그것을 스스로 실천하고자 했다. 잔트 역시 이러한 분위기
에 동조했던 것이다.

잔트의 사건이 발생된 지 얼마 안 된 7월 1일, 약사 뢰닝(Loening)
이 나사우(Nassau) 공국의 추밀원 고문이었던 이벨(Karl v.Ibell) 추기
경을 살해하려는 사건이 발생했다.95) 그런데 뢰닝의 암살 기도는
잔트의 경우와는 달랐는데, 그것은 폴렌이 뢰닝에게 직접 암살 지
시를 내렸기 때문이다.96)

---

R.Koch, 같은 책, p.84; G.Steiger, 같은 책, p.202; W.Siemann, 같은 책, p.331.
94) M.Görtemaker, 같은 책, p.84;R.Koch, 같은 책, p.103; G.Steiger, 같은 책, p.203.
  잔트는 코체부에를 암살한 직후 자살을 기도했지만 실패했다. 경찰에 인도
  된 후 잔트는 심한 고문을 받았고 그에 대한 재판은 다음 해 5월까지 계속
  되었다. 이 기간 동안 잔트에 대한 구명운동이 독일전역에서 펼쳐졌지만 아
  무런 성과도 거두지 못했다. 따라서 잔트는 5월 20일 만하임에서 공개 처형
  되었다. 그러나 이러한 구체제의 결정은 잔트를 민족 운동의 순교자로 승화
  시키는 계기가 되었는데 그것은 당시 훔볼트(Humboldt) 대학의 드 비테(de
  Witte) 교수가 쓴 전단(Flugblatt)에서 확인할 수 있다.
  "자, 이렇게 행위가 발생되었다/이러한 순수하고 경건한 젊은이를 통해 믿음
  과 확신을 가지고/그것은 시대의 아름다운 상징이다./(So, wie die Tat
  geschehen ist/durch diesem reinen, fromen Jüngling, mit diesem Glauben ,dieser
  Zuversicht/ist sie ein schönes Zeichen der Zeit/)"
  *Aktenauszüge aus dem Untersuchungsprozeß über C.L. Sand*(Leipzig, 1821), p.138.
95) T.Nipperdey, 같은 책, p.282.
  뢰닝은 자신의 계획이 실패함에 따라 유리가루를 먹고 자살했다.
  E.Weis, 같은 책, p.362.
96) 뢰닝의 암살시도와 거의 같은 시기 에어랑겐 대학의 그륀들러(Gründler)가
  바이에른(Bayern) 왕을 살해하려고 했다.

당시의 지식인들은 이러한 정치적 암살 행위에 대해 '동기는 인
정하나 그 행위는 용납할 수 없다'라는 애매모호한 입장을 보였는
데 그러한 것은 메테르니히 체제의 경직성에서 비롯된 것 같다.

잔트와 뢰닝의 정치적 암살 사건은 독일의 정치적 발전을 중단
하게 하는 요인으로 작용했다. 이 부분을 연구한 후버(E. R. Huber)
역시 이러한 정치적 암살들로 인해 20년 내에 형성될 수 있었던
'견제력 있는 정당의 출현'이 무산되었다는 견해를 제시했다.97) 아
울러 그는 이러한 사건들이 수세적 상황에 놓여 있던 메테르니히
에게 역전의 기회를 제공했다는 주장도 펼쳤다.


## 5. 칼스바드(Karlsbad) 협약

메테르니히는 잔트와 뢰닝의 암살 사건 후 자신의 체제를 위협
하던 세력에게 일격을 가하기 위해 프러시아와 긴밀한 협력을 모
색했는데 그러한 방법은 연방 의회의 법규를 무시한 조치였다.98)

---

Götz Freiherr v. Pölnitz, *die deutschen Einheits-und Freiheitsbewegungen in der Münchener
Studentenschaft(1826-1850)*(München, 1930) p.30.
97) 1960년대에 등장한 후버의 견해는 당시 역사학계의 지대한 관심을 끌었다.
그리고 그의 이러한 관점은 여러 학자들에 의해 수용되었을 뿐만 아니라 오
늘날에도 그 영향력을 잃지 않고 있다.
E.Weis, 같은 책, p.362; H.Lutz, 같은 책, p.43; R.Koch, 같은 책, p.104 .
98) 메테르니히는 겐츠에게 보낸 서신에서 잔트와 뢰닝에 의해 자행된 암살사
건을 자신의 체제유지에 적극적으로 활용하겠다는 입장을 밝혔다.
"본인은 살인자들이 단독으로 범행을 모의하고 저지른 것이 아니라 비밀조
직의 명령(대학생조합을 지칭)에 따라 행동한 것으로 보고 있다. 우리는 이
러한 것을 하나의 전화위복의 계기로 삼아야 할 것이다.(…) 그런데 어떻게

왜냐하면 빈 정부와 베를린 정부가 연방 공동의 문제를 독단적으로 처리한 후 그것의 동의를 나머지 국가들에게 일방적으로 강요했기 때문이다.99)

대학의 자율성을 지지하던 하르덴베르크도 잔트의 암살 사건 이후 자신의 정책을 포기하고 기존의 질서체제를 위협할 수 있는 저해 요소들을 제거하는데 동의했다. 이에 따라 하르덴베르크는 1819년 1월 11일에 개최된 내각회의에서 반동적 음모에 대한 신속한 대응조치, 대학과 체조협회에 대한 정부의 감시강화, 그리고 언론에 대한 철저한 검열필요성을 역설했다.100)

잔트 사건이 발생된 직후 베를린의 경시청장 비트겐슈타인(Fürst v. Sayon Wittgenstein)은 베를린 대학을 비롯한 각 대학의 대학생조합 활동을 감시하기 시작했고 이들 조직의 핵심적 인물들도 체포했다. 비트겐슈타인은 학생들을 심문하는 과정에서 그들이 기존의 질서체제를 붕괴시키려는 폭동도 준비했음을 파악하게 되었고 그것을 즉시 정부에 보고했다. 여기서 비트겐슈타인은 대학생조합의

---

하면 여기서 최선의 효과를 거둘 수 있는가가 본인의 관심이라 하겠다. 여기서 한 가지 분명한 것은 본인이 이 사건을 미온적으로 처리하지 않겠다는 것이다. 왜냐하면 본인은 사건의 처리강도가 향후 독일정국에 지대한 영향을 가져다주리라 믿기 때문이다."

Fürst v. Metternich, *Nachgelassene Papiere* Bd., 1., p.216.

Vgl., H.Asmus, *Burschenschaften*, Ebd., p.50.

99) E.Zechlin, 같은 책, p.57; W.Grab, "preußische Demokraten im Zeitalter der französischen Revolution und im Vormärz", in: M.Schlenke(Hrsg.), *Preussen Beiträge zu einer politischen Kultur*(Reinbek b. Hamburg, 1981), p.172.

100) W.Hardtwig, 같은 책, p.18;W.Grab, 같은 책, p.172; H.Branig, *Fürst Wittgenstein-ein preußischer Staatsmann der Restaurationszeit* (Köln-Wien, 1981), p.117.

위해적 활동을 막기 위해서는 그러한 조직을 가능한 한 빨리 해체
시키는 것이 최선의 방법이라는 주장도 펼쳤다.

　　"지금까지의 경찰 조사를 통해 확인할 수 있는 것은 베를린,
예나, 기쎈, 프라이부르크, 그리고 하이델베르크 대학의 대학생
조합이 기존 질서체제를 붕괴시키려는 방법을 구체적으로 모의
했다는 점이다. 본인은 대학생조합의 이러한 모의를 중단시키기
위해서는 이들 단체를 해산시키고 거기서 활동했던 인물들을 구
금하거나 추방시켜야 한다고 생각한다. 만일 그러한 조치가 시
행되지 않을 경우 우리 정부를 비롯한 여러 정부들은 어려운 상
황에 놓이게 될 것이다."[101]

　　뢰닝의 정치적 암살이 실패한 직후인 7월 중순부터 베를린과 본
(Bonn)에서는 대대적인 체포와 수색이 실행되었다. 이러한 과정에서
반정부적 지식인들과 민중운동의 지도자들은 경찰기관의 추적을
받게 되었다. 그 예를 들어보면 그 동안 프러시아에서 체조협회를
주관했던 얀은 자신의 반정부적 활동으로 체포되었다. 스위스 주재
프러시아 대사 그루너(Justus v. Gruner)와 칼스루에(Karlsruhe)주재 변
리공사 엔제(Karl August Vornhagen v. Ense)도 자신들의 반봉건적 태
도로 경찰의 심문을 받게 되었다. 또한 본에서는 유명한 법률학자

---

101) "Konzept des Fürsten Wittgenstein zu einem Promemoria nach juristischen
　　Untersuchungen im Juni 1819", in: *Geheimes Staatsarchiv Preußischer Kulturbessitz,*
　　*Hausarchiv(Berlin)*, Rep.192 W., Nr. VII. B; U.Giese, "Studien zur Geschichte der
　　Pressegesetzgebung, der Zensur und die Zeitungswesen im frühen Vormärz", in:
　　*Archiv für Geschichte des Buchwesens* 6(1966), pp.355-363.

였던 벨커(K.T.Welcker)의 가택이 수색을 당했고 거기서 반정부적 문서들이 압수되기도 했다.[102]

  메테르니히는 8월 1일 테프리츠(Teplitz)에서 프러시아의 수상인 하르덴베르크와 회동을 가졌다. 여기서 메테르니히는 "마치 내가 세계의 정복자(나폴레옹을 지칭: 필자)를 물리친 것처럼 신의 은총으로 독일에서의 소요도 빠른 시일 내에 진압할 수 있기를 바란다."라는 입장을 밝혀 대학생조합에 대한 자신의 조치가 매우 신속·단호하리라는 것을 예측하게 했다.[103] 하르덴베르크 역시 대학생조합 문제를 해결해야 한다는 인식을 가졌기 때문에 메테르니히의 입장을 지지했다. 다음날 이들은 독일 내의 반정부 활동을 규제하기로 의견적 일치를 보았는데, 거기서 중요한 것들을 제시한다면 반정부적 신문의 간행금지와 독일 대학 내의 반항적 요소들을 제거시킨다는 것이었다. 이들의 이러한 합의는 그 동안 신문과 대학들이 반메테르니히 정책을 확산시키는데 주도적 역할을 했다는 인식에서 비롯된 것 같다. 이 자리에서 하르덴베르크는 메테르니히에게 자신의 정부가 국민에게 약속했던 국민대의제의 도입을 철회하고 지역적 대의제만을 허용할 것이라는 것도 언급했다.

  메테르니히는 하르덴베르크와의 합의를 구체화시키기 위해 1819년 8월 6일 보헤미아의 휴양 도시인 칼스바드(Karlsbad)에서 연방의

---

102) 메테르니히는 프러시아의 이러한 조치를 '매우 과감하다(allzu schneidig)'라고 평가했다.
     W.Hardtwig, 같은 책, p.20.
103) E.Zechlin, 같은 책, p.56.

회를 개최했다.104) 여기에는 오스트리아, 프러시아, 바이에른, 작센, 하노버(Hannover), 뷔르템베르크(Würtemberg), 바덴(Baden), 메클렌부르크-슈베린(Mecklenburg-Schwerin), 메클렌부르크-스트레리츠(Mecklenburg-Strelitz), 그리고 나사우의 대표가 참여했는데 이들 모두는 메테르니히의 정책을 지지하던 국가들이었다. 이에 반해 메테르니히의 정책에 부정적 시각을 가졌던 국가들은 초청 대상에서 제외되었는데 작센-바이마르-아이젠나흐가 그 대표적인 예라 하겠다.

메테르니히의 주도하에서 진행된 회담에서는 진보적 시민 계층의 성장에 제동을 거는 방법들이 논의되었다. 그리고 이 과정에서 메테르니히의 총애를 받던 겐츠(Friedrich v. Gentz)가 핵심적인 역할을 담당했다.105)

겐츠는 1764년 브레스라우에서 출생했다. 1793년 베를린 정부는 겐츠를 육군 참사관(Kriegsrat)으로 임명했다. 겐츠는 원래부터 자유주의 이념을 기피한 인물은 아니었다. 그렇지만 이 인물은 부르크(E.Burck)의 영향과 프랑스 혁명기간 중 자행된 자코뱅(Jacobin)파의

---

104) 이 회의는 8월 31일까지 지속되었다.
　　M.Behnen, 같은 책, p.377; K.O.Freiherr v. Aretin, "vom deutschen Reich zum deutschen Bund", in: *deutsche Geschichte* Bd., Ⅱ.(Göttingen, 1989), p.666; W.Siemann, 같은 책, p.333; H.Schulze, 같은 책, p.95.
105) K.O.Freiherr v.Aretin, 같은 책, pp.666-667; R.Koch, 같은 책, p.81.
　　이 당시 겐츠는 독일권의 통합에 대해 부정적인 시각을 가지고 있었다. 그의 관점에 따를 경우 통합은 천년 이상 지속된 경험에 위배될 뿐만 아니라 더 이상 요구되지도 않는 사안에 불과했다.
　　"독일의 통합은 위험한 환영(Chimäre)에 불과하다."
　　Friedrich v.Gentz, "französische Kritik der deutschen Bundesbeschlüsse von 1819", in: G.Schlesier(Hrsg.), *Gentzs Schriften* Bd., Ⅱ (Mannheim, 1838), p.200.

테러행위로 자유주의를 포기하고 보수주의를 선호하게 되었다. 따라서 겐츠는 영국과 오스트리아의 대나폴레옹 정책을 지지하게 되었고 거기서 프러시아의 대프랑스 정책을 의심하기도 했다. 1802년 코벤츨(Cobenzl)백작은 겐츠를 빈으로 초빙하고자 했고 그는 흔쾌히 이러한 제의를 받아들였다. 얼마 안 되어 이 인물은 궁중 고문관(Hofrat)로 임명되었는데 그것은 메테르니히와 자주 접하는 계기가 되었다. 이 당시 켄츠는 '지역적 의회제와 대의적 의회제의 차이점(Über den Unterschied zwischen Landständischen und Repräsenti-verfassung)'을 부각시켰다. 그에 따르면 지역적 의회는 귀족, 도시, 대학 그리고 교회처럼 자연스럽게 형성된 반면 주권재민설에 입각한 대의적 의회는 보편적 동등권이라는 환상 속에서 출발되었기 때문에 종국적으로는 무정부 상태로 빠질 수밖에 없다는 것이었다. 따라서 그는 시민 계층의 입헌 운동을 사회 및 국가의 적으로 간주했고 메테르니히 역시 그의 관점을 전폭적으로 지지했다.106)

따라서 칼스바드 회의에 참석자들은 독일연방의 약관 13조를 군주제와 연계시켜 해석하려고 했다. 이러한 시도는 대의제 헌법이 도입된 일부 국가의 헌법을 무력화시키는 동시에 그것의 도입을 제도적으로 막기 위한 조치로도 볼 수 있을 것이다. 아울러 여기서는 일련의 규제 조항들이 논의되고, 통과되었는데 그것을 살펴보면 다음과 같다.107)

---

106) 프러시아의 대표로 참석한 베른스톨푸(Bernstorff)도 겐츠의 견해에 적극적으로 동조했다.

K.O.Freiherr v.Aretin, 같은 책, p.668.

① 향후 5년간 신문이나 정기간행물에 대해 엄격한 사전 검열을
실시한다. 320쪽(20 Bogen) 미만의 출판물에 대해서도 이러한 검열
방식을 채택한다. 그리고 320쪽을 초과하는 출판물들은 사후 검열
도 실시한다. 아울러 독일 연방에 대한 권위와 연방회원국들의 평
화 및 질서를 저해하는 서적들이 발견될 경우 즉시 그것들을 회수
하여 폐기한다. 그리고 이러한 서적들을 출간한 출판사들의 책임자
들은 5년간 동일 업종에 종사할 수 없다.

② 대학이나 고등학교는 각 국 정부가 지명한 특별 전권 위원
(landesherrlicher Bevollmächtigter)의 엄격한 감독을 받는다. 그렇지만
이 인물은 이들 교육 기관의 학문적 문제나 교육 과정에 대해서는
간섭할 권한을 가지지 않는다. 그리고 기존의 질서체제를 위협하는
강의를 하거나 학생들을 선동하는 교수들은 대학의 교단에서 추방
한다. 이렇게 추방된 교수들은 독일의 다른 대학에서도 강의를 할
수 없다.

③ 대학생조합은 즉시 해산시킨다. 향후 이 대학생조합과 계속하
여 관계를 가지는 학생들은 국가 관료로 임명하지 않는다. 그리고
특별전권 위원이나 대학 평의회의 결정에 따라 제적된 학생들은
독일의 다른 대학에 재입학할 수도 없다.108)

---

107) E.R.Huber(Hrsg.), *Dokumente zur deutschen Verfassungsgeschichte*, Bd., I.(Stuttgart,
    1961), pp.90-93; W.Grab, 같은 책, p.172; E.Ziegler, *literarische Zensur in
    Deutschland 1819-1848*(München-Wien, 1983), pp.8-11; J. Kermann, 같은 책,
    p.31; E. Büssem, *die Karlsbader Beschlüsse von 1819*(Hamburg, 1974), pp.27-30;
    C.Dipper, 같은 책, pp.76-77; M. Botzenhardt, 같은 책, pp.89-90; H.Hinze, 같은
    책, pp.72-81.
108) 칼스바드 협약에 따라 강제로 해산된 대학생조합은 1827년 겨울 다시 전

④ 법률가로 구성된 중앙조사위원회(Centraluntersuchungscommis-sion)를 마인츠(Mainz)에 설치하여 각 지역에서의 혁명적 소요를 조사하고 그것을 연방 의회에 보고하는 임무를 가지게 한다. 그리고 독일의 모든 나라에서 체포권 및 구인권을 가질 이 위원회는 한시적으로 운영한다.

이러한 칼스바드의 조치로 그 동안 대학들이 향유했던 자치권 및 학문적 자유는 대폭 축소되었을 뿐만 아니라 대학생조합의 활동도 금지되었다. 아울러 언론의 자유가 크게 위축되었고 각 국가에 대한 메테르니히의 내정 간섭도 본격적으로 가동되기 시작했다.109)

이어 프러시아의 프리드리히 빌헬름 3세(Friedrich Wilhelm Ⅲ)는 9월 20일 테플리츠(Teplitz)에서 메테르니히와 회동을 가졌고 거기서 그는 메테르니히의 강력한 대응 조치를 지지했다.

같은 날 연방의회를 통과한 칼스바드의 결정은 주요 독일국가의 위정자들에 의해 즉시 인준되었다. 독일의 복고주의를 강화시킨 이 정책은 독일의 각 지역에서 실행되었다. 하노버 왕국에서는 칼스바

---

국적인 조직을 갖추게 되었고, 입헌 군주정 체제를 지향했다. 그러나 이 학생 조합은 얼마 안 되어 아르미니엔(Arminien)파와 게르마넨(Germanen)파로 나눠지게 되었는데 그것은 정치적 관점에서 비롯되었다. 아르미넨은 입헌 군주정 체제를 지향한 반면, 게르마넨은 혁명적 방법으로 독일을 통합시켜야 한다는 입장을 가지고 있었다.
F.Schulze u. p.Ssmank, *das deutsche Studentemtum von den ältesten Zeiten bis zur Gegenwart*(Leipzig, 1910), pp.203-204.
109) 칼스바드 협약은 1824년 5년 더 연장되었다.
H.Schulze, 같은 책, p.95.

드 협약의 내용보다 강도 높은 탄압이 자행되었으며 나사우 공국은 이 협약의 문구들을 보다 강화시켜 국법으로 수용하기도 했다. 바덴 공국, 뷔르템베르크 왕국 그리고 헤센(Hessen) 선제후국에서도 신문, 대학, 그리고 의회에 대한 탄압이 시행되었다.110)

프러시아에서도 반사회적 요소를 제거하는 정책이 펼쳐졌다. 베를린 정부는 1819년 10월 18일 새로운 검열규정을 제시하여 반군주적 이론이나 언론을 탄압했으며 지금까지 허용되었던 학문적 자유마저 유보시켰다. 메테르니히 역시 오스트리아 제국에서 그러한 탄압을 펼치는데 주저하지 않았다. 칼스바드 협약에 반발을 보인 작센-바이마르-아이젠나흐의 칼 아우구스트 대공도 프러시아와 오스트리아의 강압적 자세 때문에 협약의 내용을 준수할 수밖에 없었다.111)

예나 대학의 대학생조합은 1819년 11월 26일 자발적으로 해산했는데 그러한 행위는 정치적으로 어려운 상황에 놓여있던 칼 아우구스트 대공의 부담을 덜어 준다는 취지에서 비롯된 것 같다. 대학생조합의 해산을 공식적으로 선언한 직후 학생들은 '해체의 노래'를 불렀는데 거기서는 대학생조합의 해산이 한시적이라는 것이 은유적으로 부각되었다.

> "세운 집이(대학생조합을 의미) 무너진다 하더라도 서러워 할 필요가 없다. 왜냐하면 우리들의 정신은 늘 살아있고 하느님이

---

110) M.Behnen, 같은 책, p.378.
111) W.Koschwitz, 같은 책, p.91.
　　프리스 교수 역시 일시적으로 교수직을 박탈당했다.

바로 우리들의 성이기 때문이다.”


## 6. 맺음말


1815년 6월 예나 대학에서 결성된 대학생조합은 당시의 독일적 상황에 대해 강한 불만을 토로했지만 그러한 상황을 극복할 수 있는 구체적 방안을 제시하지는 못했다. 그럼에도 불구하고 이들은 확신을 가지고 있었는데 그것은 자신들의 적극적인 활동으로 독일의 상황이 크게 호전되리라는 것이었다.

예나의 예를 따라 독일의 여러 대학에서 대학생조합이 결성되었는데 그것은 대학생조합간의 협력을 모색하게 하는 동기가 되었을 뿐만 아니라 메테르니히 체제에 대한 자신들의 입장정리 역시 필요하다는 것도 부각시켰다. 따라서 각 대학의 대학생조합은 1817년 작센-바이마르-아이젠나흐 공국에 위치한 바르트부르크에 모이게 되었다. 비록 여기에 참여한 인물들의 대다수가 정치적 안목을 가지지는 못했지만, 이 축제에서는 대학생조합 간의 단결 및 실천과제 그리고 독일에서의 정치적 개혁들이 토론되는 등의 성과를 거두었다. 뿐만 아니라 여기서는 기존의 질서체제를 인정하지 않겠다는 과격적 입장도 등장했다.

바르트부르크 축제 이후 정치적 목표를 달리하는 2개의 집단이 대학생조합 내에서 형성되었다. 즉 기존의 질서체제를 인정하면서 정치적 발전과 통일을 지향했던 집단이 그 하나라면 기존의 질서체제를 대신하여 공화정 체제를 도입시켜야 한다는 집단이 다른 하나였다. 특히 수적으로 열세했던 후 집단은 기쎈과 예나 대학을 중심으로 활동했는데 대학생조합에 대한 그들의 영향은 시간이 지날수록 증대되었다. 그리고 이러한 변화는 기존의 질서체제가 대학생조합을 부정적으로 간주하는 계기가 되었을 뿐만 아니라 그들의 활동을 억압시켜야 한다는 인식도 가지게 했다. 이러한 상황에서 잔트와 뢰닝에 의한 정치적 암살이 발생했고 그것은 메테르니히와 그의 체제를 추종하던 계층에게 대학생조합의 활동을 저지시킬 수 있는 좋은 빌미를 제공했다.

메테르니히의 신속한 조치로 칼스바드 회의가 개최되었고 거기서는 메테르니히 체제를 위협하는 요소들을 제거해야 한다는데 의견적 일치를 보게 되었을 뿐만 아니라 그것들의 이행에 필요한 방안들도 구체적으로 논의되었다. 이러한 과정에서 결정된 것들은 첫째, 언론 및 출판의 자유를 제한한다. 둘째, 대학생조합의 활동을 불법화시킨다. 셋째, 지금까지 보장되었던 대학의 자율권을 제한한다. 넷째, 독일 내에서 제기되고 있는 혁명적 요인들에 대하여 공동으로 대응한다 등이었다.

과격적 성향의 대학생조합원들이 자행한 정치적 암살은 결과적으로 대다수 대학생조합원들의 정치적 활동도 중단하게 했다. 그러나 이들은 자신들의 정치적 목적마저 포기하지는 않았는데 그러한 것은 1820년대 말에 재결성된 대학생조합의 활동에서 확인할 수 있다. 아울러 칼스바드 협약은 지식인 계층의 반발을 유발시켰을 뿐만 아니라 그들 간의 단결도 가져다주는 계기가 되었다. 그럼에도 불구하고 칼스바드 협약은 독일의 정치적 발전을 중단시켰고 그것은 '아래로부터의 개혁(Reformen von unten)', 즉 국민 대의기구를 통한 정치적 개혁을 불가능하게 한 것이다. 따라서 이후의 독일사에서 확인되듯이 진정한 의미의 자유주의 체제는 상당기간 뿌리를 내리지 못했다.

# 3장. 대학생조합 토이토니아(Teutonia)

## 1. 머리말

1900년 2월 25일에 간행된 '프라하 대학의 대학사(die Universitäts-geschichte der Prager Universität)'는 대학생조합의 활동을 비중 있게 취급했다. 그러나 여기서는 3월혁명(1848) 이후의 활동만을 확인할 수 있는데 그 이유는 프라하 대학당국이 그 이전에 결성된 대학생조합을 정식대학생단체로 인정하지 않았기 때문이다.1)

따라서 프라하 대학의 대학생조합이 3월혁명 이전에 펼친 활동들은 공공 문서고, 즉 프라하 국립중앙문서고(Státní ustředni archiv)의 '프라하 경찰본부'라는 항목에서 찾을 수 있는데 그것은 빈의

---

1) 프라하 대학 당국의 이러한 입장은 보헤미아 지방이 아직까지 오스트리아 제국의 한 영역이었다는 것과 무관하지 않을 것이다.

M.Kunstat, "die Prager Burschenschaft von 1819", in: H. Asmus(Hrsg.), *studentische Burschenschaften und bürgerliche Umwälzung*(Berlin, 1992), p.101.

중앙정부와 프라하의 지방정부가 대학생조합을 불법단체로 간주하여 관찰 및 조사대상으로 삼았기 때문이다. 아울러 설립 당시부터 비밀 활동으로 일관했던 프라하 대학의 대학생조합 역시 그들 활동에 대한 자료들을 남기지 않으려고 했는데 그러한 태도는 3월혁명 이후 재개된 대학생조합의 활동과 비교된다 하겠다. 왜냐하면 3월혁명 이후 결성된 대학생조합들은 자신들의 조직과 활동에 대한 자료들을 비교적 많이 남겼기 때문이다. 물론 그러한 것은 그들의 활동이 공식적으로 허용되었기 때문에 가능했으리라 본다.2)

그 동안 독일 및 체코의 역사가들은 프라하 대학의 대학생조합이 펼쳤던 활동에 대해 관심을 보였다. 그러다가 1943년 독일의 역사가 볼마(W. W. v. Wolmar)가 자신의 저서인 '프라하와 제국: 독일 학생들의 600년 전투(Prag und das Reich.. 600 Jahre Kampf deutscher Studenten)'에서 프라하 대학의 대학생조합을 비중 있게 취급함으로써 이 부분에 대한 연구가 활성화되기 시작했다.3) 그러나 볼마의 연구가 이러한 의미를 가졌음에도 불구하고 간과할 수 없

---

2) 다만 현존하는 몇몇의 서류가 이들이 작성한 것으로 예견되는데 그것들은 다음과 같다.
  ①1818년 4월 18일의 행사내용 및 참여 학생 명단(일부만이 언급되었다.)
  ②핀카스(A.Pinkas)가 제시한 토이토니아의 행동강령
  ③메테르니히 체제의 문제점은 무엇인가?(작성자는 거론되지 않았다.)
  M.Kunstat, 같은 책, pp.101-102.
3) W.W.v.Wolmar, *Prag und das Reich. 600 Jahre Kampf deutscher Studenten*(Dresden, 1943).
  볼마는 1930년부터 1934년까지 프라하 대학에서 역사학을 공부했다. 그리고 그는 '알바(Alba)'라는 극우적 성향의 대학생조합에 가입하여 적극적인 활동을 펼쳤다.

는 문제점을 내포했는데 그것은 그의 연구가 대학의 문서고나 학생들이 작성한 서류들보다는 프라하 경찰본부의 사료들을 주로 활용했다는 점이다. 그리고 극단적인 민족주의자로 간주되던 그의 관점이 여과 없이 연구의 여러 부분에서 확인되는 것도 또 다른 문제점으로 제기할 수 있을 것이다.4) 즉 그는 민족간의 대립을 인위적으로 부각시켰을 뿐만 아니라 민족감정이 전혀 부각되지 않던 대학생사회마저도 그러한 구도에 인위적으로 대입시켰던 것이다.5)

본 장에서는 1818년 4월 18일 프라하 대학에서 결성된 토이토니아(Teutonia)의 활동을 살펴보면서 이 대학생조합이 당시 최대 관심점으로 부각된 독일통합에 대해 어떠한 시각을 가졌는지를 분석하고 그러한 시각이 독일(독일권에서 오스트리아제국을 배제시킨 지역을 지칭)의 대학생조합들이 지향했던 것과 어떠한 차이점이 있는지에 대해서도 살펴보도록 한다. 이어 토이토니아의 활동에 관심을 보였던 체코 학생들이 이 대학생조합에서 이탈하게 된 동기를 분석하도록 한다. 또한 빈의 중앙정부와 프라하의 지방정부가 토이토니아의 활동에 대해 어떠한 반응을 보였는지에 대해서도 확인하도

---

4) 볼마는 1937년 NSDAP(민족사회 독일노동당)에 가입했다. 이후부터 그는 체코 민족에 대한 독일 민족의 우월성을 강조하고 부각시키는데 적극성을 보이기 시작했다.

M.Kunstat, 같은 책, p.101.

5) 이러한 그의 성향은 1959년에 간행된 '독일사 변혁기의 대학생조합이념(Die Idee der Burschenschaft im Wandel der deutschen Geschichte)'에서 다시금 확인되었다.

W.W.v.Wolmar, *die Idee der Burschenschaft im Wandel der deutschen Geschichte*(Bad Nauheim, 1959), pp.27-30.

록 한다.

그러나 이러한 고찰이나 분석은 한계성을 지닐 수밖에 없는데 그 이유로는 첫째, 현존하는 자료의 대부분이 공공자료公共資料라는 것 둘째, 대학생조합의 활동기간이 독일의 대학생조합들보다 훨씬 짧았다는 것과 그들의 활동을 다룬 자체 기록들이 거의 없다는 것을 들 수 있다.


## 2. 토이토니아의 결성

1817년 10월 18일 바르트부르크 축제에서 제시된 정치적 견해 및 진행 상황, 특히 얀의 추종자들이 반자유주의적인 서적들과 구체제의 상징물들을 소각한 것은 프라하 대학의 학생들에게 커다란 관심을 가져다주었을 뿐만 아니라 그들로 하여금 대학생조합의 결성이 필요하다는 인식도 가지게 했다. 점차적으로 프라하 대학의 학생들은 이 운동으로 메테르니히 체제를 붕괴시킬 수 있다는 확신을 가지게 되었다. 물론 그러한 견해를 가진 학생들이 전체 학생에서 차지하는 비율은 10%에 불과했지만 그들은 대학생조합을 가능한 한 빨리 결성해야 한다는데 인식을 같이 했다. 이후부터 이들은 대학생조합을 결성하는 방법을 구체적으로 논의하는 적극성을 보이기 시작했다.6) 아울러 이들은 대학생조합이 결성될 경우 학생활동에 대한 학생들의 무관심 역시 사라지리라는 예견도 했다.

---

6) M.Kunstat, 같은 책, p.102.

그러나 프라하 대학의 학생들 대다수는 독일 학생들과 마찬가지로 정치적인 현안보다는 음주 및 결투에 대해 더욱 큰 관심을 가지고 있었다. 그리고 학생들의 이러한 태도는 대학생조합결성에 관여했던 학생들이 기대한 것처럼 쉽게 바뀌어 지지도 않았다.

바르트부르크 소식은 프라하에서 멀리 떨어진 지방 대학의 학생들까지 고무시켰는데, 그 이유는 보헤미아 지방의 학생들이 이전부터 대학생운동에 대해 적지 않은 관심을 가졌기 때문이다.[7]

이 당시 프라하 대학의 교수였던 볼자노(B.Bolzano)도 바르트부르크 축제가 끝난 직후 학생들에게 대학생조합의 결성을 강력히 촉구했다. 볼자노 교수는 보헤미아 지방이 발전하기 위해서는 이 지방의 독일 민족과 체코 민족이 결속해야 한다는 주장을 펼쳤는데 그것이 바로 보헤미아주의(*Böhmenismus*)의 핵심적 내용이라 하겠다.[8]

---

7) M.Kunstat, 같은 책, pp.102-103.
8) 볼자노는 자신이 행한 한 연설에서 보헤미아주의의 핵심적 내용을 다음과 같이 언급했다.
"사람들은 우리의 보헤미아 지방이 유럽에서 가장 비옥하고, 풍요로운 지방이라는 것을 인정해야 한다. 그리고 이러한 축복된 지방에서 태어난 사람들은 분명히 신으로부터 선택된 사람들이라 할 수 있다. 보헤미아 사람들(독일인/체코인)은 모든 학문 분야에서 뛰어날 뿐만 아니라 미덕 및 숭고한 행위에서도 충분한 능력을 갖추었다. (…)보헤미아 지방의 풍요로운 토양은 주변 민족들의 관심이 되었고 또한 그들의 탐욕대상이 되기도 했다. 보헤미아 지방을 이러한 관심 및 탐욕으로부터 보호하기 위해서는 즉, 독자성을 지키기 위해서는 지방내의 독일인들과 체코인들의 협력이 절대적으로 필요할 것이다."
그러나 볼자노는 점차적으로 자신의 관점을 포기했는데 그것은 그가 보헤미아 지방에서 언어의 단일화필요성과 거기서 비롯될 수 있는 유용성을 제기한데서 확인할 수 있다.
"한 국가나 지방에서 2개 국어를 쓴다는 것은 생각 및 감정에서 심대한 차이를 유발시키고 하나의 포괄적인 공동정신의 등장도 어렵게 한다. 따라서

그러나 그는 그러한 결속이 메테르니히 체제하에서 불가능하다는
것을 잘 알고 있었다.[9] 따라서 그가 메테르니히 체제를 부정하고
그것의 타파를 공식적으로 밝힌 대학생조합 운동에 대해 관심을
보인 것은 지극히 당연한 일이라 하겠다. 이후 그는 민족주의와 자
유주의 이념으로 구축된 대학생조합의 이상 및 목표를 나름대로
분석·정리했고 거기서 대학생조합의 활동으로 기존의 질서체제가
가지는 문제점을 지적할 수 있을 뿐만 아니라 그것에 대한 구체적

---

기존의 공용어였던 독일어를 단일어로 사용할 경우 모든 상황은 크게 호전
될 것이다.(…)이제 보헤미아 지방의 독일 및 체코 민족은 이러한 격막(2개
국어체제)을 제거해야 할 것이다. 이렇게 할 경우 보헤미아 지방의 위상은
오스트리아 제국에서 크게 격상될 것이다. 이를 위해 체코 민족과 독일 민
족은 상호간 이해하려는 자세를 가져야 할 뿐만 아니라 스스럼없는 접근도
해야 할 것이다. 다른 민족에 대한 자신들의 인식과 개념을 다른 민족에게
솔직히 알린다면 양 민족 사이에 존재했던 불신은 자연스럽게 제거될 수 있
을 것이다." 이 당시 체코의 정치가들은 볼자노의 보헤미아주의에 대해 부
정적인 시각을 가지고 있었는데 그것은 이들이 기존 질서체제의 골격을 유
지하면서 양 민족의 공존 및 결속이 불가능하다는 판단을 했기 때문이다.

 B.Bolzano, *Erbauungsreden an die akademische Jugend*(Prag, 1850), pp.154-155; F.Prinz,
*Geschichte Böhmens 1848-1918*(Frankfurt/M-Berlin, 1991). pp.46-48; Vgl., M.Kunstat,
"die Prager Burschenschaft von 1819", in: H. Asmus(Hrsg.), *studentische
Burschenschaften und bürgerliche Umwälzung*(Berlin, 1992), pp.102-103.I.Seidlerová,
*Politické a sociální názory Bernarda Bolzano*(Praha, 1963), p.27; J.Loužil, *Bernard
Bolzano*(Praha, 1978), pp.11-12; E. Nittner, "Volk, Nation und Vaterland in der
Sozialethik Bolzanos", in: F.Seibt(Hrsg.), *die böhmischen Länder zwischen Ost und West.
Festschrift für Karl Bosl zum 75. Geburtstag*(München-Wien, 1983), pp.152-153.
9) 왜냐하면 이 당시 메테르니히는 독일 민족의 기득권을 보장하는 중앙체제만
   을 지향했기 때문이다.
J.Štaif, "Palackýs Partei der tschechischen Liberalen und die konservative Variante
der böhmischen Politik", in: R.Jaworski u. R.Luft(Hrsg.), 1848/49. *Revolutionen in
Osteuropa*(München, 1996), p.59.

인 해결책도 제시할 수 있다는 주장을 펼쳤던 것이다. 더욱이 그는 대학생조합의 결성으로 학생들의 학문적 수준을 향상시킬 수 있다는 확신도 가졌는데 그러한 자세는 대학생조합의 강령에서 학문증진의 필요성과 그 실천방안이 구체적으로 언급 된데서 비롯된 것 같다. 점차적으로 적지 않은 학생들이 볼자노 교수의 이러한 관점을 지지하게 되었고 그들이 전체 학생에서 차지하는 비율도 바르트부르크 축제직후의 비율보다 높아졌다.10) 그리고 이들 중 일부 학생들은, 즉 핀카스(A.Pinkas), 폴스터(E. Forster), 노바체크 (V. J. Nováček), 그리고 손(K. Schon)은 볼자노 교수와 직접적인 접촉을 모색했다.11) 이후 볼자노 교수는 이들과 더불어 대학생조합결성에 필요한 준비를 했다. 특히 수차례에 걸친 핀카스와의 개별 접촉을 통해 볼자노 교수는 대학생조합의 명칭과 조합정관의 윤곽 및 토대를 마련할 수 있었다.12) 이들은 대학생조합의 명칭을 토이토니아라 정했고 조합정관에서 다음의 것들을 명시하기로 했다.

첫째, 프라하 대학의 재학생들은 토이토니아의 정회원이 될 수 있다.13)

---

10) M. Kunstat, 같은 책, p.103.
11) 프라하 대학 법학부에 재학 중이던 핀카스는 당시 프라하에서 명성을 날리던 변호사의 아들이었다. 그리고 노바체크는 이러한 준비과정에 참여한 유일한 체코 학생이었다.
   W.W. v. Wolmar, *die Idee der Burschenschaft im Wandel der deutschen Geschichte*, p.32.
12) 볼자노는 이 과정에서 학생들의 과제에 대해서도 언급했다. 즉 그는 학생들이 보헤미아인들(체코인을 지칭)과 독일인들이 한 민족을 구성하는데 필요한 방안들을 모색해야 한다는 견해를 제시했던 것이다.
   F.Werner, *Begriffe Bolzanos*(1781-1848)(Berlin, 1981), p.253.
13) 이후 이러한 제한 규정은 크게 완화되었는데 그것은 프라하 소재 대학들의

둘째, 의장은 선거를 통해 선출하되, 그 임기는 1년으로 한다. 그러나 동일인물의 재선은 원칙적으로 불허한다.

셋째, 의장은 정기회의를 진행시킬 수 있는 권한을 가지며 필요에 따라 임시회의도 소집할 수 있다.

넷째, 의장이 정기회의 및 임시회의에 불참할 경우 부의장은 의장을 대신하여 회의를 주제 할 수 있다.

다섯째, 정기회의는 학업에 지장이 되지 않게끔 2주일에 한 번씩 야간시간에 개최한다. 그리고 모든 회원들은 정기회의에 반드시 참석해야 한다.14)

여섯째, 대학생활에서 나타나는 회원들의 문제점들을 공동으로 논의하고 해결하는 기회를 수시로 가진다.

일곱째, 메테르니히 체제에서 부각되는 문제점들과 그것들의 개선책을 구체적으로 논의하는 특별위원회를 구성한다.

여덟째, 독일의 대학생조합과 긴밀한 관계를 구축한다.

아홉째, 조합에 가입한 학생들은 자유롭게 조합을 탈퇴할 수 있는데 그렇게 하기 위해서는 정기 또는 임시회의에서 탈퇴하고자 하는 학생이 탈퇴의사를 공식적으로 밝혀야 한다.

열째, 토이토니아는 당분간 비공식적으로 활동한다.15)

---

학생들도 토이토니아의 정회원이 된 것에서 확인할 수 있다.
W.W.v.Wolmar, 같은 책, pp.32-33.
14) 정기회의를 어디서 개최할 것인가에 대해서는 구체적으로 명시하지 않았다.
W.W.v.Wolmar, 같은 책, p.33.
15) 볼자노 교수와 핀카스 사이의 접촉에서 독일통합은 거론되지 않은 것 같은데 그것은 이 부분이 조합정관에서 전혀 언급되지 않았기 때문이다.
W.W.v.Wolmar, 같은 책, p.33.

1818년 4월 18일부터 활동을 펼치기 시작한 토이토니아에는 약 50여명의 학생들이 참여했다. 그리고 정관에서 밝혔듯이 토이토니아의 활동은 비공식적으로 펼쳐졌는데 그러한 것은 볼자노 교수와 이 대학생조합에 참여한 학생들이 빈의 중앙정부 및 프라하 지방정부가 그들 조합의 존재와 활동을 인정하지 않으리라는 판단을 했기 때문이다. 뿐만 아니라 이들은 자신들의 존재를 제국 내에서 부각시킬 경우 관찰 및 탄압의 대상이 될 뿐이라는 것도 잘 알고 있었기 때문이다.

프라하 대학에서 토이토니아가 결성된 직후 보헤미아 지방을 비롯한 제국의 여러 지방 대학에서도 대학생조합이 비밀리에 결성되었다. 그러나 그 참여인원이 적었기 때문에 본격적인 활동을 펼치지는 못했다. 그 일례로 도르파트(Dorpat) 대학에서 결성된 대학생조합은 9명의 회원만을 가졌을 뿐이었다.16)

1818년 4월 21일 프라하 경찰은 프라하 대학의 학생들이 토이토니아라는 대학생조합을 비밀리에 결성했다는 정보를 입수했다. 이 후부터 이들은 토이토니아와 관련된 학생들을 감시하기 시작했다. 여기서 이들은 적지 않은 보헤미아 지방의 학생들이 예나, 할레, 에어랑겐, 그리고 괴팅엔 등에 머물면서 대학생조합의 이념과 활동을 보다 구체적으로 파악하려는 시도도 펼치고 있음을 확인했다.17)

---

16) 에스토니아(Estonia)에 위치했던 도르파트는 2차 세계대전 이후 타르투(Tartu)로 명칭이 바뀌었다.

　　M.Kunstat, 같은 책, p.103.

17) 프라하 대학의 학생들이 예나, 할레, 에어랑겐, 그리고 괴팅엔 대학을 선택한 것은 이들 대학의 대학생조합이 다른 대학의 대학생조합보다 적극적인

또한 이들은 독일의 여러 도시에 체류 중인 학생들이 그곳 대학의 대학생조합과 접촉하고 있다는 사실도 파악했다. 사태의 심각성을 인식한 프라하 경찰은 4월 25일 빈 중앙정부에 '프라하의 대학생조합과 관련된 최신 대학생운동 보고서(Berichte über die aktuelle Lage der Studentenbewegung in bezug auf die Burschenschaft in Prag)'를 제출했다. 여기서는 독일에 체류했던 보헤미아 학생들이 그들 대학과 고향으로 돌아가 대학생조합의 설립목적 및 활동을 동료학생들에게 전달했다는 것과 이들이 동료학생들과 더불어 이미 결성된 대학생조합의 활성화에도 적극적으로 참여하고 있다는 것 등이 구체적으로 거론되었다. 아울러 이 보고서에서는 학생들이 메테르니히 체제의 문제점을 심도 있게 토론하면서 그러한 체제를 타파시킬 수 있는 대안도 구체적으로 모색했다는 것이 언급되었다.[18]

이 당시 독일 대학의 학생들, 그중에서도 예나, 베를린, 할레 대학의 학생들은 자신들의 목표를 달성하기 위해서는 보헤미아 지방의 학생들과 협력해야 한다는 견해를 가지고 있었다. 따라서 이들은 보헤미아 지방, 특히 프라하를 직접 방문하여 대학생조합의 기본목표와 활동지침을 설명하고 독일과 보헤미아 학생들이 긴밀한 접촉을 가져야 한다고 역설했다. 이들은 프라하 학생들과의 접촉에서 메테르니히 체제가 독일 통합의 저해요소임을 강조했고 그것을

---

활동을 펼쳤기 때문이다.
Státní ústředníi archiv Prahe(=SÚA), Policejní presidium(=PP); Nr.147(1819).
18) 보고서에서는 학생들이 과격한 방법으로 메테르니히 체제를 붕괴시키려 한다는 것이 언급되었지만 그 구체적인 방법에 대해서는 명시되지 않았다. SÚA-PP, Nr. 147.

붕괴시키기 위해서는 학생들 간의 긴밀한 협력 역시 필요하다는 주장도 펼쳤다. 여기서 토이토니아의 독일 회원들은 이러한 주장에 대해 긍정적인 반응을 보인 반면 체코 회원들은 그 일부만을 수용하는 자세를 보였다. 즉 이들은 메테르니히 체제를 붕괴시키는 것에 대해서 찬성을 했지만 독일 민족의 통합에 대해서는 동의하지 않았던 것이다. 특히 체코 회원들은 후자의 이유로 민족문제를 제시했는데 그 이유는 대학생조합이 아직까지 그러한 문제에 대해 구체적으로 언급하지 않았기 때문이다.19) 이러한 의견차이로 토이토니아는 자신들의 행동반경을 조절해야만 했다. 즉 독일 학생과 체코 학생들이 공조하기 위해서는 대학생조합 운동에서 독일의 통

---

19) 이 당시는 체코 민족 운동의 초기 단계라 할 수 있다. 마리아 테레지아 (Maria Theresia; 1740-1780)에 이어 오스트리아의 위정자로 등장한 요제프 2세(Josef II; 1765-1790)시기부터 체코의 민족 운동은 시작되었는데 그것은 이 시기부터 제국의 독일화정책이 본격적으로 추진되었기 때문이다. 보이그트 (N. Voigt), 펠츨(F. M.Pelcl), 도브네르(G.Dobner), 그리고 도브로프스키 (J.Doborowsky) 등이 이 시기의 민족 운동을 주도했는데 체코 민족의 언어, 역사, 그리고 문화가 그들의 연구 및 관심대상이었다. 독일 낭만주의의 영향을 받은 이들은 그들 민족의 과거를 올바르게 재조명해야 한다는 것과 그것을 근거로 그들 민족이 처한 상황도 극복할 수 있다는 확신을 가지고 있었다. 그러나 이들 선각자들은 그들 민족에게 민족 운동을 강조하지는 않았는데 그것은 그들의 학문적 순수성과 부합되지 않았을 뿐만 아니라 당시의 정치적·사회적 여건 역시 허락되지 않았기 때문이다. 그럼에도 불구하고 이들 중의 일부는 이러한 학문적 관심에서 벗어나 민족적인 감정을 그들 민족에게 고취시키려는 노력을 펼쳤고 그것에 대한 체코 학생들의 관심 역시 증대되고 있었다.
J. Kolejka, *Narody habsburské monarchie v revoluci 1848-1849* (Praha, 1991), pp.31-33; F.Prinz, *Geschichte Böhmens*(Frankfurt, 1991), pp.24-26; J.Střítecký, "die tschechische nationale Wiedergeburt. Mythen und Gedenkstösse", in:*Böhmische Zeitschrift* 31-1 (1990), pp.43-44.

합부분을 배제시키거나 또는 이민족에 대한 배려를 독일통합에서 명문화시켜야만 되었다. 이에 따라 토이토니아의 집행부는 피할 수 없는 딜레마에 빠지게 되었다. 그것은 자신들의 활동에서 독일통합을 부각시킬 경우 체코 학생들의 이탈이 필연적이지만 그렇다고 해서 이러한 것을 대학생조합 활동에서 배제시킬 수도 없는 것이었다. 이러한 상황에서 토이토니아는 독일통합의 당위성을 표방하게 되었고 그러한 노선결정은 토이토니아에 대한 체코 학생들의 관심 및 참여를 포기하게 하는 결정적인 요인이 되었다.[20] 이후 체코 학생들은 토이토니아를 탈퇴하기 시작했고 이 대학생조합에 대한 그들의 관심 역시 크게 감소되었다.[21]

토이토니아로부터 체코 학생들이 이탈한 후 이 대학생조합은 순수 독일 학생들의 조직체로 변형되었다.[22] 점차적으로 토이토니아는 독일 민족의 통합필요성을 대외적으로 표방했고 그러한 태도는

---

20) 독일 학생들이 과반수이상을 차지한 집행부의 이러한 결정이면에는 민족문제보다는 독일통합이 선행되어야 한다는 인식이 팽배했기 때문이다.
W.W.v.Wolmar, 같은 책, p.34.

21) 프라하 경찰은 1818년 5월초 토이토니아의 회원명단을 작성했다. 그것에 따르면 전체 회원에서 체코 학생들이 차지하는 비율은 50 %(27 명/52 명)를 상회했다. 이러한 참여율은 대학생조합에 대한 체코 학생들의 높은 관심도를 반영한 것으로 볼 수 있을 것이다. 그러나 체코 학생들의 이러한 참여율은 이후 급속히 낮아졌는데 그 이유는 독일통합에 대한 자신들의 기본적 시각이 독일학생들과 달랐다는데서 비롯된 것 같다.
SÚA-PP, Nr. 148 ; Vgl., W.W.v.Wolmar, 같은 책, p.34.

22) 토이토니아로부터 체코 학생들이 이탈한 후 적지 않은 독일 학생들이 이 대학생조합에 가입했다. 볼마는 이를 체코 학생들에 대한 독일학생들의 미묘한 감정에서 비롯된 것으로 간주했다.
W.W.v.Wolmar, 같은 책, p.34.

독일 대학의 대학생조합 들과 보다 긴밀한 관계를 유지하게 하는 계기도 되었다. 그럼에도 불구하고 이들은 신독일 영역에 대한 자신들의 입장을 명확히 정리하지 못했다.[23]

## 3. 토이토니아의 활동 및 한계성

이 당시 독일 학생들의 프라하 방문은 주로 축제나 방학 때 이루어졌다. 그런데 이들의 방문은 프라하 대학에서 토이토니아가 결성되기 이전부터 있었는데 그것을 살펴보면 1818년 부활절에 13명의 학생이 프라하를 방문했고, 같은 해 여름방학에는 23명의 학생들이 프라하 학생들과 접촉했다. 프라하 대학에서 대학생조합이 결성된 이후에도 독일 학생들의 프라하 방문은 이어졌는데 그러한 것은 25명의 학생들이 1818년 여름방학에 프라하를 방문한 것과 다음해 부활절에 12명의 학생들이 보헤미아의 주도州都를 찾은 것에서 확인할 수 있다. 그런데 이들이 프라하를 방문할 때 그들 특유의 복장을 착용했기 때문에 지역 경찰의 관심과 단속에서 벗어날 수 없었다.[24]

그러면 왜 독일 학생들은 그러한 복장을 착용했을까? 그것은 대다수의 학생들이 공식적으로 허용된 그들 활동을 비밀리에 펼칠 이유가 없다는 판단을 했기 때문이다. 아울러 이들은 일반대중들이 자신들의 지향목표에 대해 관심을 가지고 동조하기를 바라는 부수

---

23) W.W.v.Wolmar, 같은 책. p.35.
24) SÚA-PP, Nr. 307.

적 효과도 기대했기 때문이다.25)

독일 학생들의 프라하 방문은 프라하 대학의 문서고에서도 발견
되었다. 당시 법학부 학장이었던 크르티츠카스(C. Krtičkas) 교수가
1819년 4월 15일 동료교수들에게 보낸 서신에서 그러한 것이 구체
적으로 언급되었다. 여기서 그는 구독일 복장을 한 사람들이 스스
로를 독일 대학생이라 자칭하면서 법학부 학생들과 접촉하고 있음
을 언급했다.26) 다음날 크르티츠카스 교수는 학생들에게 이러한 부
류의 사람들과 접촉하지 말 것을 요구하는 경고성 공고문을 학교
여러 곳에 게시했다.27)


> "여러분들은 독일 대학생이라 자칭하는 인물들과 접촉하면서
> 그들이 제시한 독일의 통합방안에 대해 관심을 표명하고 있습니
> 다. 그러나 우리에게는 오스트리아 제국이라는 통합조국
> (gemeinsames Vaterland)이 있기 때문에 독일통합에 대해 관심을
> 보일 필요가 없다고 생각합니다. 따라서 여러분들은 위에서 언
> 급한 사람들과 접촉하기보다는 학업에 보다 전념해야 할 것입니
> 다. 만일 여러분들이 계속하여 독일 대학생들과 접촉할 경우 학
> 칙 및 국법에 따라 엄중히 처벌될 것입니다."28)

---

25) W.W.v.Wolmar, 같은 책, p.36.
26) Archiv Univerzity Karlovy Praha(=AUK), Bestand Akademický senát (=AS), Nr.26.
27) AUK u. AS, Nr. 76.
  이 당시 한 학생이 메테르니히 체제를 비난하고 그것을 위협하는 행위를 자
  행했을 경우 그는 학교로부터 퇴학통고를 받을 뿐만 아니라 곧 바로 징집대
  상도 되었다.
28) 크로티츠카스 교수의 이러한 언급은 3월혁명(1848)이후 오스트리아 제국에
  서 제시된 오스트리아적 대독일주의(Österreichisches Großdeutschtum)의 핵심
  적 내용과 일치된다 하겠다.

1819년 4월 19일 빈 경찰장관, 세들리트츠키(B.Sedlnitzky)는 프라
하 총독과 프라하 지방장관에게 긴급공문을 보냈다. 거기서 그는
프라하에서 선동을 꾀하는 인물이나 그들과 접촉하는 학생들을 즉
각적으로 체포, 구금할 수 있는 특단의 조치가 필요하다고 역설했

독일권에서 3월혁명(1848)이 발생한 이후 이 지역에 대한 통합이 본격적으
로 거론됨에 따라 오스트리아 제국은 독일권의 다른 국가들보다 어려운 상
황에 놓이게 되었다. 그것을 살펴보면 우선 비독일계 민족인 체코 민족, 슬
로바키아 민족, 슬로베니아 민족, 크로아티아 민족, 세르비아 민족, 헝가리
민족, 폴란드 민족, 그리고 이탈리아 민족이 제기한 정치체제의 변경과 그것
에 따른 제 민족의 법적·사회적 평등을 들 수 있을 것이다. 이어 프랑크푸
르트 국민의회에서 대독일주의(Großdeutschtum)가 독일권의 통합방안으로 채
택될 경우 필연적으로 야기될 오스트리아 제국의 해체를 지적할 수 있을 것
이다. 그러나 이 당시 빈 정부는 이러한 문제들을 원만히 해결할 능력을 갖
추지 못했을 뿐만 아니라 그 해결책 마련에도 소극적인 자세를 보였다. 상
황이 이렇게 전개됨에 따라 제국 내 독일 정치가들은 그들 민족이 그 동안
누려왔던 법적·사회적 특권을 보장받기 위한 방안이 무엇인가를 숙고하게
되었다. 여기서 이들은 오스트리아 제국의 존속이 그들 민족의 우위권과 연
계된다는 사실을 알게 되었다. 이후부터 이들은 오스트리아 제국을 존속시
키기 위한 방안을 모색하게 되었고 거기서 오스트리아적 대독일주의
(Österreichisches Großdeutschtum)를 하나의 대안으로 제시하게 되었던 것이다.
프랑크푸르트적 대독일주의에 대한 보충적 대안으로 등장한 오스트리아적
대독일주의는 메테르니히체제의 재도입을 거부했을 뿐만 아니라 신생독일
에 오스트리아 제국의 일부만을 참여시킨다는 프랑크푸르트의 통합 안에도
반대했다. 또한 오스트리아적 대독일주의는 지금까지 오스트리아제국이 독
일권에서 행사했던 주도권 역시 계속 견지해야 한다는 주장도 펼쳤다. 그렇
지만 오스트리아적 대독일주의는 당시 제국 내의 최대현안이었던 민족문제
의 심각성을 정확히 파악하지 못했기 때문에 그것에 대한 해결책제시에 등
한시하는 실수를 범했다.

  Robert A.Kann, *das Nationaitätenproblem der Habsburgermonarchie* Bd., I(Graz-Köln,
1964), pp.62-68; J.Polisenský, *Revoluce a kontrarevoluce v Rakousku 1848*(Praha, 1975),
pp.276-277.

다.[29]

1819년 4월 23일 독일에서 대학생조합의 활동을 비방했던 독일 출신의 러시아 관리 스토우르드자(A. Stourdza)가 대학생조합의 추적을 피하기 위해 가명으로 프라하에 잠입했다. 이에 따라 세들리트츠키는 당시 빈 정부의 재상이었던 콜로브라트(Kolowrat)의 요청에 따라 그를 보호하는 조치를 취했는데 그것은 러시아 정부의 강력한 요구에서 비롯되었다.[30] 그러나 대학생조합에 가입한 학생들과 그 동조세력을 제외한 나머지 학생들은 정치 분야에 대해 거의 관심이 없었기 때문에 이들은 스토우르드자에 대한 어떠한 위해 조치도 계획하지 않았다.[31] 그럼에도 불구하고 이 인물은 프라하에서 장기간 체류할 수 없었는데 그것은 이 인물이 예나 대학생들의 프라하방문 자체를 자신에 대한 위해 행위로 간주하는 등의 과민반응을 보였기 때문이다.[32] 따라서 스토우르드자는 4월 28일 프라하를 떠났는데 그의 다음 행선지는 밝혀지지 않았다. 다음날 프라하

---

29) M.Kunstat, 같은 책, pp.103-104.

30) C.Brinkmann, "die Entstehung von Stourdzas 'Etat actuel de l'Allemagne'", in: *Historische Zeitschrift* 120(1919), pp.81-83.
콜로브라트는 예나 대학생조합의 일원이었던 잔트가 1819년 3월 23일 러시아의 관리였던 코체부에를 암살한 직후 러시아 황제인 알렉산더 1세(Alexander I)로부터 경고성 서신을 받았다. 알렉산더 1세는 편지에서 오스트리아 제국에 체류 중인 러시아 관리들이 코체부에와 같은 위해를 당할 경우 양국사이의 관계는 어려운 상황에 놓이게 되리라는 위협적인 발언까지 했다.

31) 이 당시 프라하 대학의 대다수 학생들은 정치적 현안에 대해 관심을 보이지 않았다. 그럼에도 불구하고 토이토니아에 대한 이들의 관심은 꾸준히 증대되고 있었다.
C.Brinkmann, 같은 책, pp.82-83; M.Kunstat, 같은 책, p.104.

32) C. Brinkmann, 같은 책, pp.83-84; M.Kunstat, 같은 책, p.104.

경찰은 이러한 사실을 빈 경찰에 다음과 같이 짤막히 보고했다.33)


"스토우르드자가 프라하를 떠났기 때문에 그에 대한 일련의
보호조치를 철회했습니다."


1819년 4월 29일 보헤미아 지방장관은 프라하 시장인 에렌부르
크(v. Ehrenburg) 남작에게 긴급 비밀훈령을 내렸다. 그러한 훈령은
크르티츠카스 교수의 경고성 발언에도 불구하고 프라하 대학의 학
생들과 독일의 대학생조합 사이에 지속적이고 광범위한 접촉이 이
루어지고 있다는 사실에서 비롯된 것 같다. 보헤미아 지방장관은
훈령에서 프라하에 체류 중인 예나, 할레, 그리고 베를린 대학의
학생들이 의무적으로 경찰서에 신고하게 하는 것과 프라하 경찰이
이들의 동태를 철저히 감시할 것을 지시했다. 아울러 그는 프라하
대학의 학생들, 특히 토이토니아의 활동에 대해서도 관찰, 보고할
것을 요구했다. 그리고 지방장관은 프라하에 체류 중인 할레 대학
의 기젠베르크(v. Giesenberg) 백작과 노르만(v. Normann) 남작을 체포
하라는 명령도 내렸는데 그러한 조치는 이들 양인이 프라하 대학
의 학생들과 독일의 대학생조합 간을 연결시키고 있다는 비밀경찰
의 보고에서 비롯된 것 같다. 실제적으로 기젠베르크 백작과 노르
만 백작은 1818년 토이토니아 결성에 크게 기여한 인물들이었다.34)
 이후 프라하 경찰은 프라하 대학 및 중앙역 주변지역에 대한 검

---

33) C.Brinkmann, 같은 책, p.84; W.W. v.Wolmar, *Prag und das Reich*, p.209.
34) M.Kunstat, 같은 책, p.104; W.W.v.Wolmar, 같은 책, pp.209-210.

문, 검색을 강화했고 그러한 압박정책은 프라하에 체류 중인 독일 학생들의 활동을 일시적으로 중단하게 하는 요인도 되었다. 그러나 예나 대학생조합의 일원이었던 펠스터(E.Förster)는 프라하에서 자신들의 활동을 재개시키기 위해서는 무엇인가 돌파구가 필요하다는 생각을 가지게 되었다.[35] 즉 그는 프라하에 체류 중인 학생들에 대한 프라하 경찰의 인식전환이 무엇보다도 필요하다는 판단을 했던 것이다. 따라서 그는 '검은 준마(zum schwarzen Roß)'라는 음식점의 지붕에서 뛰어내리는 어리석은 짓을 자행해 대학생조합의 회원들이 정치적 현안에 대해 관심을 가질 만큼 영리하지 못하다는 것을 인위적으로 부각시키고자 했다.[36] 그러나 펠스터의 이러한 행동에도 불구하고 프라하에 체류 중이던 독일 학생들에 대한 프라하 경찰의 감시는 완화되지 않았다.[37]

1819년 5월 2일 프라하 경찰의 고위참모였던 프라이닌거(A. Preininger)는 보헤미아 지방장관에게 긴급보고를 했는데 거기서는 프라하 대학의 법학과 학생들이 5월 1일 슈트바니체(Štvanice)에서 비밀회합을 가졌다는 것이 집중적으로 거론되었을 뿐만 아니라 토이토니아가 이 비밀회합을 주도했다는 견해도 제시되었다.[38]

---

35) M.Kunstat, 같은 책, pp.104-105.

36) W.W.v.Wolmar, "die Prager Studenten", in: F.Böhm(Hrsg), *Alma mater Pragensis. ein Dank an Prag und seine hohen Schulen*(Erlangen, 1959), p.108.

37) W.W.v.Wolmar, 같은 책, pp.108-109; SÚA-PP, Nr.160.

38) 체코 학생들은 이 비밀회합에 거의 참여하지 않았다.
   SÚA -PP, Nr. 160.

"이들은 어제 개최된 비밀회의에 참석하여 국가안위에 위해
되는 발언을 직접적으로 하지는 않았습니다. 그러나 이들은 할
레 대학에서 구입한 노래책을 신규 가입학생들에게 분배하면서
이들과 더불어 힘차게 노래를 불렀습니다(제가 구입한 노래 책
은 이 보고서의 끝 부분에 첨부했습니다). 저는 이들이 부른 노
래들 중에서 코체부에를 암살한 잔트의 용맹성과 독일 민족통합
을 저해하거나, 방해하는 인물들을 선별·처단해야 한다는 반동
적 가사도 들어 있음을 확인했습니다.(…) 이들은 회의를 마무리
하면서 '하나를 위한 모두와 모두를 위한 하나(Alle für Einen und
Einer für Alle)'라는 구호를 외쳤습니다. 그러한 구호는 대학생조
합이 지향한 정치적 목표와도 일치된다고 사료됩니다. 따라서
보헤미아 지방정부는 가능한 한 빨리 이 회합에 참여한 인물들
을 체포하여 그 전말을 밝혀내어야 할 것입니다. 만일 이러한
조치를 취하지 않을 경우 만하임의 정치적 암살이 프라하나 빈
에서도 발생될 수 있을 것입니다."


프라이닝거는 자신의 보고서에 '동맹의 목적(Zweck des Bundes)'과
'동맹의 법률(Gesetze des Bundes)'이라는 전단도 첨부했다. 그런데 프
라이닝거가 첨부한 전단은 프라하 대학의 철학과 학생, 파스트너(B.
Fastner)가 설립한 '최고목적의 동맹(Bund des höchsten Zwecks)'에서
작성된 것이었다. 여기서는 동맹에 가입한 학생들이 지향한 정치적
목표와 그것을 실천시키는데 필요한 학생들의 자세가 구체적으로
언급되었다. 아울러 이 전단을 분석하면서 프라이닝거는 '최고목적
의 동맹'이 프리메이슨 비밀단체의 영향을 받았다는 특이한 사실도
밝혀냈다.[39]

다음날 보헤미아 지방장관은 프라이닝거로 하여금 비밀회합에 참여한 인물들을 체포하게 했는데 그들 대다수는 프라하 대학의 학생들이었다. 프라이닝거는 이들을 심문하는 과정에서 그들이 토이토니아의 결성에 깊숙이 개입했다는 것과 그들 중의 일부가 '최고목적의 동맹'에 가입한 사실도 밝혀냈다. 따라서 그는 토이토니아와 프리메이슨 비밀단체 간에 관계가 있었음을 예측했던 것이다. 그러나 볼마는 프라이닝거의 이러한 주장에 동의하지 않았는데 그러한 것은 프라이닝거가 지향하는 목표가 각기 다른 프리메이슨 비밀단체인 '최고목적의 동맹'과 대학생조합을 단순히 연계시켰다는데서 비롯된 것 같다.40)

---

39) SUA-PP., Nr. 160(příloha); M.Kunstat, Ebd., p.105.
　　다른 프리메이슨 비밀단체와 마찬가지로 '최고목적의 동맹' 역시 세계 시민적인 성격을 가지고 있었다. 이 동맹은 자유, 동등, 그리고 형제애실천을 주요과제로 채택했고 진실, 선, 그리고 미에 대해서도 관심을 보였다. 그리고 이 동맹은 자유인의 동맹으로서 종족, 민족, 사회적 지위, 그리고 정치적 소신과는 관계없이 인간의 정신적 또는 도덕적 품성을 증대시키려고 했다. 아울러 이 동맹은 청소년의 교육과 계몽을 중시한 반면 교조(Dogma)와 편협(Intoleranz)에 대해서는 부정적인 입장을 취했다. 또한 이 동맹은 국법준수 및 내부적 안정유지의 중요성을 강조했다. 이러한 제 특징을 통해 '최고목적의 동맹'이 메테르니히 체제의 모순성 및 그 개혁방안에 대해서 적극성을 보였지만 독일통합에 대해서는 그리 큰 관심을 표명하지 않았다는 것을 확인할 수 있다.
　　E.Scheithauer, *Geschichte Österreichs* Bd., IV.(Wien, 1976), pp.13-14; SUA-PP., Nr. 160(příloha)
　　독일 내 프리메이슨 비밀단체에 대해서는 다음의 저서들을 참조할 것.
　　H.Biedermann, *das verlorene Meisterwort. Kultur-und Geistesgeschichte des Freimaurertums* (Berlin, 1986)
　　H.Schneider, *deutsche Freimaurer Bibliothek*(München, 1993)
40) 볼마는 자신의 연구에서 프리메이슨 비밀단체원들을 대학생조합으로부터

아울러 프라이닌거는 핀카스가 토이토니아를 주도했다는 것을 파악했고 볼자노 교수 역시 이 조직에 깊숙이 개입한 사실도 밝혀냈다.41)

프라하 수비대장 슈바르첸베르크(H. v. Schwarzenberg)도 핀카스에 대한 정보를 가지고 있었는데 그것에 따르면 예나에 머물렀던 핀카스가 얼마 전에 프라하로 돌아왔다는 것이다. 아울러 그는 핀카스가 예나 체류 중 그곳 대학생조합의 핵심적 인물들과 자주 접촉한 것과 거기서 그들과의 협력도 약속했다는 물증도 확보했다.42)

프라이닌거의 명령에 따라 프라하 경찰은 슈트바니체 비밀회합에 참여했던 인물들의 목록을 작성했다. 여기에는 핀카스, 마스부르크(W.v. Maasburg), 쿠트쉬크(K. Kutschik), 클로츠(H.v. Klotz), 그리고 외르팅겐(F.H. v.Oertingen) 등의 이름이 언급되었다.43) 특히 클로츠와 외르팅겐은 1818년 오순절 때 드레스덴(Dresden)을 방문하여 예나, 할레, 베를린, 그리고 브레스라우 대학의 대학생조합원들과 더불어 독일의 정치적 현안을 공개적으로 논의하는 등의 적극성도 보였다.44)

---

배제시켰다.

　W.W.v.Volmar, *Prag und das Reich*, pp.210-213.

41) 볼마도 핀카스가 주도적인 역할을 담당했다는데 동의했다. 쿤스타트(Kunstat) 역시 그러한 관점에 대해서 이의를 제기하지 않았다.

　W.W.v.Volmar, 같은 책, p.213; M.Kunstat, 같은 책, p.105.

42) M.Kunstat, 같은 책, p.105.

43) 이들 학생들은 법학부 학생들이었다.

　SUA-PP., Nr. 160(příloha)

44) SUA-PP., Nr. 160(příloha).

1819년 5월 26일 프라하 수비대장은 수사종결서류를 보헤미아 지방장관에게 제출했다. 그런데 수사에 직접 참여했던 한 관리는 대학생조합에 대한 법률적용이 쉽지 않았음을 솔직히 토로했다.[45]

> "일반적인 도덕 및 결사법규에 의거할 때 대학생조합의 활동은 오스트리아 제국에서 인정할 수 없다. 그러나 우리는 제국에서 이러한 학생단체의 활동을 금지시키는 법률 역시 찾을 수 없다는 사실도 확인했다."

프라하 수비대장은 자신의 보고서에서 핀카스와 그의 동료들을 정학시킬 것을 제안했다.[46] 특히 그는 핀카스를 군대에 입대시키되 보헤미아 지방에서 멀리 떨어진 곳에서 복무하는 제한도 첨부시켜야 한다는 주장도 펼쳤다. 프라하 수비대장의 이러한 제의가 수용된다면 핀카스는 14년 동안 군복무를 해야만 했다.[47] 슈바르첸베르크의 제안을 면밀히 검토한 보헤미아 지방장관은 핀카스에게 입영통지서를 보냈다.[48] 이에 앞서 프라하 대학당국은 핀카스에게 2주

---

45) AUK u. AS, Nr. 26 u. 76(1819)

46) 슈바르첸베르크의 제안서에서는 볼자노 교수의 파면도 요청되었다. 그러나 그의 파면은 수용되지 않았다.

　　AUK u. AS, Nr. 76(1819)

47) 이 당시 일반복무 기간은 14년이었다.

　　M.Kunstat, 같은 책., p.105.

　　Vgl., S.Z.Pech, "Studenten in der böhmischen Revolution von 1848", in: H.Stuke u. W.Forstmann(Hrsg.), *die europäischen Revolutionen von 1848*(Königstein/Ts, 1983), p.195.

48) 보헤미아 지방장관은 사안의 중대성을 인식했기 때문에 빈 중앙정부의 자문과 승인을 요구했다. 빈 중앙정부로부터 동의를 얻은 보헤미아 지방장관

간의 지하금고형(Karzerstrafe)이란 징계를 내렸고 그러한 징계는 2개월까지 연장되었다. 대학당국의 이러한 조치는 핀카스로 하여금 자신의 학업을 중단하게 하는 요인이 되었다.

이 당시 프라하 대학의 책임자들도 대학생조합의 이념 및 활동에 대해 부정적인 시각을 가지고 있었다. 그럼에도 불구하고 이들은 사건을 더 이상 확대시켜서는 안 된다는 인식을 했기 때문에 1819년 4월 27일 대학평의회를 개최하여 문제를 조기에 수습하기로 했다. 이에 따라 대학평의회의 참석자들은 지방총독에게 청원서를 제출하는데 동의했다. 특히 이들은 제국에 대한 학생들의 충성심을 부각시켜 학생들에 대한 빈 정부의 처벌을 완화시키고자 했다. 그것에 대한 증거로 이들은 1800년 600명에 달하는 프라하 대학의 학생들이 자발적으로 칼 대공의 친위대(Leibbataillon)에 등록했던 것을 제시했다.49)

"자발적으로 칼 대공의 친위대에 등록하는 등의 애국적 행위를 한 젊은이들은 유괴되는 경우는 있지만 스스로 사악한 행위를 주도하지는 않습니다.(…) 따라서 대학평의회는 공손하게 지방총독께 부탁드립니다. 체포된 본 대학 학생들의 판결(Bestimmung ihres künftigen Schicksals; 운명결정)에서 이들을 유괴의 주범으로 간주하지 마시고 사악한 외지학생들의 사주에 빠져

---

은 핀카스에게 입영통지서를 보냈다.
    M.Kunstat, 같은 책, p.105.
49) 대학평의회에 참석한 교수들은 프라하 대학의 학생들이 반정부 활동에서 행위의 주체가 아니라는 것을 특히 강조했다.
    AUK u. AS, Nr.26.

그들과 접촉한 것으로 판단해 주시기 바랍니다."

지방 정부에 선처를 부탁한 대학평의회의 이러한 입장표명은 토이토니아 활동에 직접적 또는 간접적으로 관여했던 학생들의 반발을 야기 시켰는데 그것은 대학평의회가 토이토니아의 활동에서 부각된 것이 바로 독일인들이 해결해야 할 선결과제라는 사실을 도외시한데서 비롯된 것 같다. 이에 따라 이들은 강의참여를 거부했고 토이토니아에 가입하지 않은 학생들까지 그러한 움직임에 동조하는 자세를 보였다. 특히 법학부 학생들은 토이토니아를 전폭적으로 지지한다는 성명까지 발표했다.50) 만일 프라하 대학 학생들의 이러한 수업거부가 장기간 지속되었다면 그것은 분명히 보헤미아 지방이외에서도 관심을 보였을 것이다. 빈 정부 역시 이러한 상황을 인지했기 때문에 수업거부에 참여한 학생 모두를 징집한다는 경고적 성명을 서둘러 발표했고, 그러한 강경 입장은 학생들로 하여금 수업거부를 포기하게 하는 결정적 계기가 되었다. 실제적으로 예나, 할레, 베를린, 괴텡엔, 그리고 하이델베르크 대학의 학생들은 프라하 대학에서 전개되던 수업거부에 대해 깊은 관심을 보였고 그들 역시 수업거부에 동참하기 위한 준비를 하고 있었다.51)

---

50) AUK u. AS., Nr. 27.
51) M.Kunstat, 같은 책, p.105.

## 4. 맺음말

1819년 8월 6일 칼스바드 협약이 공고된 이후 토이토니아의 활동도 금지되었다. 그렇지만 이 대학생조합은 독일의 대학생조합들과 마찬가지로 자신들의 활동을 완전히 포기하지는 않았다. 왜냐하면 이들은 그들 조합의 기본적 이념이 언젠가는 실현되리라는 확신을 가지고 있었기 때문이다. 따라서 이들은 경찰에 신고하지 않아도 되는 사교적 모임을 자주 개최하여 자신들의 정치적 견해를 교환했다. 특히 이들은 프라하의 총책임자가 거주하던 슈테른(Stern: Karlštejn)성에서 멀리 떨어지지 않은 '비어돌프(Bierdorf)' 주점을 자신들의 회합장소로 선택하여 프라하 및 빈의 위정자들을 자극시켰다.52)

1819년 10월 7일 빈 정부의 경찰장관 세들리트츠키는 프랑크푸르트로부터 긴급전문을 받았는데 거기서는 프라하 대학의 적지 않은 학생 및 교수들이 뉘른베르크 근처에서 개최된 대학생조합의 비밀회의에 참석했다는 것이 언급되었다. 그러나 토이토니아의 활동은 1820년대에 접어들면서 급속히 위축되었는데 그러한 것은 프라하 경찰문서고에서 이들의 활동을 취급한 문서들이 거의 발견되지 않았기 때문이다.53) 그럼에도 불구하고 토이토니아의 활동은 중

---

52) M.Kunstat, 같은 책. p.105.

53) 1823년 토이토니아의 회원들이 오덴발트(Odenwald)에서 개최된 비밀회합에 참여했다는 보고가 이 시기의 유일한 문서라 하겠다.

   AUK u. As, Nr. 76-77.

단되지 않았는데 그 구체적 사례는 7월혁명(1830) 이후 이 대학생조합에 관여했던 쿠트쉬크(K. Kutschik)의 회고력에서 확인할 수 있다. 쿠트쉬크는 토이토니아의 회원 및 그 동조세력들이 메테르니히 체제의 붕괴를 확신했기 때문에 토이토니아의 해체에 대해서 전혀 거론하지 않았음을 자신의 회고력에서 밝혔다.54)

비록 토이토니아가 비공식적으로 결성되고, 그 활동 역시 미미했지만 이 대학생단체가 오스트리아 제국에서 최초로 메테르니히 체제의 문제점을 지적했다는데서 그 역사적 의미를 찾을 수 있을 것이다. 활동을 펼친 지 얼마 되지 않아 토이토니아는 독일의 대학생조합과는 달리 민족문제라는 딜레마에 빠지게 되었고 그것 때문에 대학생조합에 적극성을 보였던 체코 학생들의 이탈도 있게 되었다. 이후 토이토니아는 순수 독일학생단체로 변형되었고 민족문제보다는 독일통합에 관심을 보였지만 그들의 활동은 체코 학생들의 무관심으로 제한 될 수밖에 없었다.

---

54) M.Kunstat, 같은 책, p.106.
　아울러 토이토니아의 회원들은 프랑스에서 발생한 7월혁명으로 메테르니히 체제가 큰 타격을 받게 되리라는 예견도 했다.

# 4장. 남부 독일의 통합운동

## 1. 머리말

칼스바드 협약으로 휴면기에 접어들었던 독일의 통합 및 개혁운동은 프랑스에서 발생한 7월 혁명(1830)과 폴란드인들의 독립 운동을 계기로 다시 점화되었다.1) 즉 두 사건은 독일의 민족주의자 및

---

1) 1824년 9월 16일 샤를 10세(Charles X.:Altoi 伯, 루이 16세의 막내 동생; 1824-1830)는 루이 18세에 이어 67세의 나이로 프랑스왕위를 계승했는데 이 인물의 정치적 성향은 반동적·복고적이었다. 따라서 이 인물은 즉위 즉시 몰수토지에 대한 배상을 실시하고자 했다. 즉 그는 망명귀족들에게 연간 3000만 프랑에 달하는 배상금을 영구적 연부금의 형태로 지불하려고 했다. 여기서 그는 국채이자를 5%에서 3%로 인하하여 배상재원을 마련하려고 했는데 그것은 자본가 및 중산계층에게 경제적인 타격을 가져다주는 계기가 되었다. 아울러 그는 교회의 영향력을 확대시키려 하였고 거기서 성직자들을 공립학교의 교장 및 행정책임자로 임명했다. 이러한 반동적이고 복고적인 샤를 10세의 정책에 대해 티에르(A. Thiers)와 기조(F. Guizot)는 부정적이었다. 이 당시 이들은 프랑스 혁명을 긍정적으로 평가했을 뿐만 아니라 의회를 통한 헌법 제정의 필요성도 강력히 요구했다. 1827년에 실시된 선거에

자유주의자들에게 메테르니히 체제를 붕괴시켜야 할 당위성을 부여했을 뿐만 아니라 독일통합을 실현시킬 수 있다는 확신도 가져

---

서 자유주의자들은 180석의 의석을 차지했다. 이에 따라 샤를 10세는 1828년 1월 5일 중도파 정치가였던 마르티냐크(Martignac)을 내각 책임자로 임명하여 의회와의 타협 및 협력을 모색했으나 가시적인 성과를 거두지는 못했다. 이후 샤를 10세는 의회와의 협조시도를 포기했고 그것에 따라 1829년 8월 8일 정치에 대해 문외한이고 보수적 성향의 폴리냐크(Polignac)를 내각책임자로 임명했다. 상황이 이렇게 전개됨에 따라 의회는 1830년 3월 18일 "정부가 국민의 희망을 고려하지 않았다"라는 선언문을 작성하여 자신들의 불편한 심기를 표출하는데 주저하지 않았다. 이러한 의회의 반발에 대해 왕은 의회해산으로 대응했고 국민들의 관심을 대외적으로 돌리기 위해 1830년 5월 16일 알지에(Algier) 원정을 단행했다. 알지에 원정이 성공을 거둔 후 왕은 1830년 7월 5일 다시 의회 선거를 실시했지만 그 결과는 왕이 기대한 것이 아니었다. 새로 실시된 의회선거에서 자유주의자들의 의석은 이전보다 53석 많은, 즉 221석에서 274석으로 늘어났다. 1830년 7월 5일에 실시된 의회선거에서 라파예트(La Fayette)와 콩스탕(B. Constant)주도하의 자유주의자들이 득세함에 따라 샤를 10세는 7월 25일 의회를 해산하고 칙령도 발표했는데 그것의 중요한 내용들을 언급한다면 다음과 같다: ①출판의 자유를 엄격히 제한한다. 그리고 정부는 향후 신문발간의 승인권을 가진다. ②투표권을 제한한다. ③향후 왕만이 신헌법을 제정할 수 있다. ④의회구성을 위한 선거를 새로이 실시한다.
샤를 10세의 이러한 조치는 파리 시민들, 특히 소시민 계층과 학생들을 격분하게 했고 그것은 샤를 10세의 퇴위를 요구하는 시가전(7.27-7.29: 영광의 3일:Trois glorieuses)을 펼치게 했다. 이에 따라 샤를 10세는 자신이 취했던 조치들을 철회하여 사태를 수습하고자 했으나 아무런 성과도 거두지를 못했다. 따라서 그는 영국으로 망명을 갈 수 밖에 없었다. 곧 의회는 당시 57세였던 루이 필립(Louis-Philippe: Orleans; Bourbon왕조의 방계)을 시민 왕으로 추대했다. 1830년 8월 7일 의회는 1814년의 헌장을 충실히 준수한다는 조건으로 루이 필립의 왕위계승을 승인했다. 이러한 파리에서의 혁명, 즉 7월혁명은 메테르니히체제에도 적지 않은 영향을 가져다주었는데 그것은 정통성의 원칙 및 그것을 뒷받침하던 5강체제가 붕괴시켰다는 점이다.
H.Brandt, *Europa 1815-1850*(Stuttgart, 2002), pp.156-157; C.H. Church, *Europe in 1830. Revolution and Political Change*(London, 1983), pp.21-24.

다주었던 것이다.2) 그리고 이들의 이러한 확신은 그들로 하여금 폴란드 지원을 적극적으로 펼치게 하는 요인이 되었다. 즉 이들은 전쟁터로 달려가 부상자들을 치료했을 뿐만 아니라 시와 산문 등을 통해 폴란드인들의 승리도 기원했다.3) 그런데 폴란드인들의 승리를 기원하는 기사들은 주로 비르트(Wirth)의 '독일연단(Deutsche Tribüne)'에 게재되었다.4) 이 당시 라인팔츠(Rheinpfalz) 지방에서 언론활동을 펼쳤던 비르트는 메테르니히 체제가 존속되는 한 독일의 통합이 불가능하다는 견해를 가지고 있었다. 따라서 그는 메테르니히 체제를 붕괴시켜야 한다는 주장을 지속적으로 펼쳤다.5)

폴란드의 민족봉기는 1831년 9월 8일 러시아에 의해 진압되었고 그것은 독일 및 유럽의 지식인들에게 커다란 충격을 주었다.6) 비록

---

2) 러시아 지배에 대항하여 1830년 11월 29일 바르샤바에서 발생한 폴란드인들의 봉기는 독일의 지식인 계층, 즉 자유주의와 민족주의를 추종했던 계층의 관심을 불러 일으켰다. 1831년 폴란드 제국의회는 러시아의 로마노프(Romanov) 왕조를 더 이상 인정하지 않겠다는 성명을 발표했을 뿐만 아니라 러시아-폴란드 지방을 폴란드 왕국에 병합시키겠다는 선언도 했다. 이러한 정치적 횡보를 주도했던 인물은 츠자토리스키(A. Czatoryski)와 미츠키에비치(A. Mickiewicz)를 들 수 있다.

  M.Salewski, *Deutschland: eine politische Geschichte*, Bd., 2 (München, 1993), pp.25-26; J.Kermann(Hrsg.), Hambacher Fest 1832 (Mainz, 1990), p.46; P.Burg, *der Wiener Kongreß*(München, 1984), pp.30-31; H.Schulze, kleine deutsche *Geschichte*(München, 1996), p.98; I.Geiss, *die deutsche Frage 1806-1990*(Mannheim-Leipzig-Wien-Zürich, 1992), p.36; W. Hard-twig u. H.Hinze, *vom Deutschen Bund zum Kaiserreich*(Stuttgart, 1997), p.94.

3) J.Kermann, 같은 책, p.46; P.Burg, 같은 책, p.31.

4) J.Kermann, 같은 책, p.47; P.Burg, 같은 책, p.31.

5) J.Kermann, 같은 책, p.47.

6) 러시아는 폴란드의 민족봉기를 진압한 이후 일련의 반동적 조치를 취했는데

폴란드의 민족봉기가 진압되었지만, 독일인들은 폴란드인들을 위해 무엇을 해야 하는지를 잘 알고 있었다. 그것은 폴란드에서 독일을 거쳐 프랑스로 망명하려는 수 천 명의 피난민들을 지원하는 것이었다. 그러나 독일연방은 피난민의 대다수가 독립투쟁에 적극적으로 참여했던 인물들이었다는 점을 주목하여 그러한 지원을 용납하지 않으려고 했다. 이 당시 메테르니히를 비롯한 독일의 위정자들은 독일의 자유주의자들과 민족주의자들이 폴란드인 들을 지원하면서 그들과 연계를 모색하지나 않을까에 깊은 우려를 가지고 있었다.7) 따라서 독일 보수 세력의 핵심역할을 담당했던 베를린과 빈 정부는 자국민이 폴란드 피난민들을 지원하는 것을 법적으로 금지시켰을 뿐만 아니라 독일 내 다른 정부들에게도 동일한 조치를 요구했다. 그러나 이러한 요구는 오히려 지식인 계층의 반발만 유발시켰다. 특히 파리에 머무르고 있었던 하이네(H.Heine)와 뵈르네(L.Börne)는 이러한 조치를 강력히 비난했을 뿐만 아니라 메테르니히 체제를 붕괴시키는 방법까지도 구체적으로 제시하는 적극성을 보였다. 즉 이들은 독일에서 프랑스 7월 혁명과 같은 무력시위를 펼쳐진다면 메테르니히 체제 역시 붕괴될 수 있다는 확신을 가지고 있었던 것이다.8)

---

그것은 첫째, 폴란드의 헌법기능을 정지시킨다 둘째, 폴란드의 국가위상을 러시아의 한 지방으로 격하시킨다. 셋째, 혁명에 참여한 인물들을 코카서스와 시베리아로 유형보낸다 넷째, 폴란드 자치군을 해산시킨다 등으로 요약할 수 있다.
7) J.Kermann, 같은 책, p.47.
8) J.Kermann, 같은 책, p.47.

"자유를 가지려는 민족은 그것을 스스로 쟁취해야 할 것이다. 인내를 통해서는 아무 것도 얻지 못한다. 위협을 통해서는 그 일부만을 쟁취할 수 있지만 무력으로는 원하는 모든 것을 얻을 수 있을 것이다."

베를린과 빈 정부의 금지 조치에도 불구하고 남부 독일의 시민 계층과 노동자 계층은 폴란드 피난민들을 위한 환영회, 시위 및 모금 운동에 적극적으로 참여했다. 이러한 분위기는 바이에른, 작센, 바덴, 그리고 대다수 남부 국가들로 하여금 메테르니히의 조치를 충실히 이행하지 못하게 하는 요인이 되었다.

본 장에서는 프랑스에서 발생한 7월 혁명이후 남부 독일에서 추진된 입법화 과정 및 통합 운동을 살펴보도록 한다. 아울러 다시 활동을 재개한 대학생조합의 움직임과 이 시기의 주도적 인물로 부각된 비르트와 지벤파이퍼(Siebenpfeiffer)의 정치적 성향과 그들의 언론활동에 대해서도 조명하도록 한다. 또한 이들이 주도했던 '독일신문과 조국연맹'이라는 단체가 지향한 정치 목적과 이 단체에 대해 관심을 표방한 계층의 특성에 대해서도 살펴보도록 하겠다. 끝으로 1832년 5월 개최된 함바흐 축제와 거기서 제시된 독일의 통합 방안 등을 다루도록 하겠다. 비록 당시의 독일 통합 및 개혁 운동이 실패했지만 자유주의자들의 주장은 3월혁명(1848)이 발발한 이후 대부분 수용되었다. 따라서 남부 독일의 통합운동이 독일통합사에서 차지하는 비중은 매우 높다 하겠다.

## 2. 대학생조합의 활동재개

독일에서는 폴란드인들을 지원하는 과정에서 폴란드 연맹 (Polenverein)이라는 단체가 결성되었다. 이 단체는 폴란드 인들을 위해 숙소를 마련하고 생활필수품과 교통수단제공을 중요한 실천 과제로 설정했다. 그러나 이 단체는 순수한 지원단체에서 벗어나 점차적으로 국내의 정치 문제에 대해서도 관심을 표방하게 되었고 거기서 메테르니히 체제의 문제점을 지적하는 적극성도 보였다.[9] 아울러 이 연맹은 폴란드에서 유입되는 피난민 대열을 주축으로 한 유럽 제 민족간의 결속도 도모했다.

독일인들의 폴란드 지원은 지금까지 지역적으로 분산되었던 진보적 세력을 규합시키는 계기가 되었는데, 그러한 것은 폴란드 지원에 참여했던 세력들이 행동통일을 모색한데서 확인할 수 있다. 그리고 그러한 과정에서 당시 대학생들의 역할이 의외로 활발했다는 것도 입증되고 있다.[10]

칼스바드 협약으로 불법화된 대학생조합은 강압적 시기인 1820년대에도 몇 몇 대학에서 비합법적이나마 그 명맥을 유지하고 있었다.[11] 이 시기의 독일 대학생들은 칼스바드 협약이 발표되기 이

---

9) M. Salewski, 같은 책, p.27; J.Kermann, 같은 책, pp.47-48; H.Asmus, "das Hambacher Fest-Höhepunkt der antifeudalen Oppositionsbewegung von 1832", in: *Wissenschaftliche Zeitschrift der Pädagogischen Hochschule Magdeburg*, Jg. 20 (1983), pp.559-563; P.Burg, 같은 책, p.31.

10) M. Salewski, 같은 책, p.27.

11) 1825년 가을 루트비히 1세는 대학생조합에 대한 제재조치를 부분적으로 완

전보다 훨씬 진지해졌는데 그것은 학생들 사이에 자주 있었던 결
투횟수가 크게 감소 된데서 확인할 수 있다. 아울러 이들은 옛 독
일식으로 머리와 수염을 길렀으며, 프랑스어를 사용하지 않으려 했
고, 기독교적 중세 독일, 즉 신성로마제국(Heiliges Römisches Reich)에
대해 향수도 가지고 있었다.12) 그러나 1830년 유럽에서 진행된 일
련의 상황은 와해상태 하에 있었던 대학생조합에게 용기 및 활동
의 기회를 제공했다.13) 즉 대학생조합은 프랑스의 7월 혁명과 그것
의 영향을 받아 발생한 벨기에 및 폴란드 인들의 독립 운동을 계
기로 다시금 활동을 펼치게 되었던 것이다. 물론 이러한 활동재개
가 공식적으로 시작된 것은 아니었는데 그 이유는 대학생조합에
대한 기존질서체제의 기본적 입장이 전혀 바뀌지 않았기 때문이
다.14) 이렇게 시작된 대학생조합의 활동은 이전처럼 독일의 중·남

---

화시켰다. 이에 따라 콘코르디아(Concordia)라는 대학생조합이 뷔르츠부르크
대학에서 결성되었다.

M.Bellerstedt, "vom Bamberger zum Frankfurter Burschentag-politische Aktivierung
und Differenzierung der Burschenschaften zwischen 1826/27 und 1831", in: H.
Asmus(Hrsg.), *studentische Burschenschaften und bürgerliche Umwälzung*(Berlin, 1992),
pp.168-169; H.Haupt, *die alte Würzburger Burschenschaft 1817-1833. ein Beitrag zur
Universitätsgeschichte der Reaktionszeit*(Würzburg, 1898), p.15;P.Chr.Ludz, "Ideologie,
Intelligenz und Organisation. Bemerkungen über ihren Zusammenhang in der früh-
burgerlichen Gesellschaft", in: *Jahrbuch für Sozialwissenschaft* 15(1964), p.83.

12) 962년 오토(Otto)대제에 의해 창건된 신성로마제국은 1806년 이 제국의 마
지막 황제였던 프란츠 2세(Franz II)에 의해 해체됨으로써 역사의 뒤안길로
사라지게 되었다.

13) 이 당시 독일 대학생은 총 16,000명이었는데 이는 1817년의 그것과 비교할
때 2배 이상 증가된 숫자라 하겠다.

G.Steiger, *Aufbruch. Urburschenschaft und Wartburgfest*(Leipzig-Berlin-Jena, 1967), p.89;
M.Bellstedt, 같은 책, p.168.

부 지역을 중심으로 전개되었는데 예나, 튀빙엔, 뷔르츠부르크, 하이델베르크, 프라이부르크, 에어랑겐, 마르부르크(Marburg) 대학이 그 중심지로 부각되었다.15)

　　그런데 대학생조합은 시간이 지남에 따라 정치활동에 대한 참여문제로 아르미넨(Arminen)과 게르마넨(Germanen)파로 나눠지게 되었다. 군주들의 개혁을 지지한 아르미넨파는 학문연구 및 도덕교육에 대해 관심을 가지고 있었다. 물론 이들도 정치활동 참여에 대해 긍정적이었지만 그것을 위해서는 정치적 경험이 축적되어야 한다는 입장을 보였다. 즉 이들은 즉각적인 정치 참여에 대해 유보적인 자세를 보였던 것이다. 이에 반해 게르마넨파는 가능한 한 빨리 정치활동에 참여해야 한다는 주장을 펼쳤다.16) 이 당시 게르마넨파를 주도한 인물은 브뤼게만(K.H.Brüggemann)이었는데 그는 민족주의 원칙(Prinzip der Nationalitäten)에 따라 독일이 통합되어야 한다는 주장을 펼치고 있었다. 따라서 브뤼게만은 독일인들이 많이 살고 있던 엘자스-로트링겐(Elsaß-Lothringen)지방도 통합독일의 한 지역이 되어야 한다는 입장을 표명했던 것이다.17) 이러한 그의 주장에서

---

14) 이 당시 독일권의 위정자들은 대학생조합이 기존의 질서체제를 붕괴시키고 새로운 질서체제의 도입도 모색한다는 우려를 가지고 있었다.
　　M.Bellerstedt, 같은 책, p.168.

15) H.Meyer, *Geschichte der Universität Freiburg in Baden in der ersten Hälfte der XXIX. Jahrhunderts 2. Teil; 1818-1830*(Bonn, 1893), p.85.

16) G.Heer, *Geschichte der Deutschen Burschenschaft, Bd., 2: die Demagogenzeit. von den Karlsbader Beschlüssen bis zum Frankfurter Wachensturm(1820-1833)* (Heidelberg, 1965), p.196.

17) 뷔르츠부르크 대학의 대학생조합원이었던 도미니쿠스(F.Dominicus)와 그라스호프(H.Grashoff)도 브뤼게만과 같은 견해를 가지고 있었다. 그러나 이들은

확인되는 것은 브뤼게만을 비롯한 게르마넨파의 핵심세력이 신생 독일의 영역을 독일 연방에 국한시키지 않았다는 것과 거기서 발생될 수 있는 민족문제(Nationalitätenproblem)의 심각성도 전혀 파악하지 못했다는 것이다. 그리고 이러한 것은 당시 이들이 작성한 서류들에서도 확인되고 있다.[18] 1831년 9월 26일 프랑크푸르트(Frankfurt)에서 전대학생조합총회가 개최되었다. 물론 이러한 집회를 프랑크푸르트시가 공식적으로 허용한 것은 아니었다. 그렇지만 프랑크푸르트 시 정부는 7월 혁명 이후 변화되기 시작한 독일 내 상황을 고려하여 대학생들의 집회를 강제로 막지는 않았다. 이 대학생총회에는 에어랑겐, 예나, 라이프치히, 마르부르크, 뮌헨, 튀빙엔, 기쎈, 킬(Kiel), 본(Bonn), 하이델베르크, 그리고 뷔르츠부르크 대학의 대학생조합원들이 참여했다.

그렇다면 이 총회에서는 어떠한 문제들이 논의되었을까. 당시의 상황을 고려할 때 총회는 프랑스의 7월 혁명과 폴란드의 민족 봉기 이후 대두되기 시작한 민중운동을 분석하고 그러한 상황에 자신들이 적응할 수 있는 행동 강령마련에 총력을 기울였을 것이다.

---

브뤼게만과는 달리 혁명을 통해 독일을 통합시켜야 한다는 생각을 가지고 있었다.

 M.Bellerstedt, 같은 책, p.183

 브뤼게만은 함바흐 축제에서 자신의 이러한 주장을 다시금 거론했다.

 J.Kermann, 같은 책, p.144.

18) 이 당시 게르마넨파는 자신들의 방식에 따라 통합이 이루어 질 경우 오스트리아 제국에서 야기될 수 있는 민족문제의 심각성을 제대로 인지하지 못한 것 같다.

M.Bellerstedt, 같은 책, pp.184-186; M.Tullner, *Studien der antifeudalen bürgerlichen Oppositionsbewegung im Großherzogtum Baden 1830-1848/49*(Magdeburg, 1984), p.78.

그리고 이러한 예측은 총회 폐회식 때 대학생조합 대표들이 '대학
생조합을 정치 단체로 변형'시켜 모든 독재, 즉 모든 반동에 적극
적으로 대처하고, 투쟁한다라는 입장을 제시한 것에서 확인할 수
있다.

같은 날 제정된 비밀 규정의 제 1조에서 대학생조합은 독일 민
족의 통합자유 국가 탄생에 기여한다라는 것이 언급되었다. 여기서
는 자신들이 설정한 목표를 어떻게 관철시켜야 하는가에 대해서도
거론되었는데 그것은 대학생조합이 회원들의 이념적 교육을 전담
한다는 것과 민족대표기구에 자신들도 참여하여 통일실현에 일조
를 하겠다는 내용으로 요약할 수 있을 것이다. 아울러 프랑크푸르
트 전 대학생조합 총회에서는 다음의 것들을 실천과제로 채택했다.
그것을 살펴보면 첫째, 각 대학의 대학생조합은 자신들의 활동을
홍보할 수 있는 신문을 정기적으로 간행하여 교환한다. 둘째, 메테
르니히 체제하에서 개최허가를 받지 않아도 되는 무도회를 자주
개최하여 정치적 관점을 구체화시킨다. 셋째, 대학졸업생협회
(Philisterverein)를 구성하여 과거의 대학생조합원들과 관계를 정립하
도록 한다.19) 넷째, 현질서체제에 대해 불만을 가진 시민계층과의
연계도 모색한다 등이었다.20)

---

19) 실제로 이 당시 독일의 지식인들은 무도회를 정치 활동의 장으로 활용했다.
   G.Heer, "die ältesten Urkunden zur Geschichte der allgemeinen deutschen
   Burschenschaft", in: H.Haupt(Hrsg.), *Quellen und Darstellungen zur Geschichte der
   Burschenschaft bzw. und der deutschen Einheitsbewegung*(Heidelberg, 1910 ff.), p.327.
20) 시민 계층과의 연계는 대학생조합원들이 '신문과 조국연맹'에 대거 참여함
   으로써 가능하게 되었다.
   C.Foerster, *der Press-und Vaterlandsverein von 1832/33. Sozialstruktur und*

대학생조합 총회에서 결정된 사항은 게르마넨파의 기본적 입장과 일치되었고 그것은 아르미넨파의 반발과 전대학생조합으로부터 그들이 이탈하게 하는 요인도 되었다. 이후부터 게르마넨파는 대학생조합을 주도하기 시작했다.21) 따라서 1832년 슈투트가르트에서 개최된 대학생조합 총회에서는 게르마넨파가 지향한 것들이 수용되었는데 그것은 대학생조합의 목적을 달성시키기 위해서는 혁명이란 과격한 방법도 동원될 수 있다는 것을 시사한다 하겠다.

## 3. 7월혁명 이후의 독일 상황

대학생조합이 활동을 재개하는 시기에 작센-안할트(Sachsennhalt), 브라운슈바이크(Braunschweig), 헤센-카셀(Hessen-Kassel), 하노버(Hannover) 등의 북부 독일 국가에서는 헌법이 제정되거나 또는 마련 중이었는데 그러한 것은 7월 혁명 이후 이 지역 신민들이 펼친 정치적 투쟁의 산물이라 하겠다.22) 특히 브라운슈바이크 대공국(Herzogtum)에서 진행된 정치적 투쟁은 다른 지역보다 그 강도가 훨씬 심했다.23) 이 대공국의 위정자 칼 2세(Karl Ⅱ)는 절대군주처럼 국가를

---

*Organisationsverhalten der bürgerlichen Bewegung in der Zeit des Hambacher Festes*(Trier, 1982), pp.46-48.

21) M.Ballerstedet, 같은 책, p.183; H.Haupt, 같은 책, p.328.

22) T.Schieder, "vom Deutschen Bund zum Deutschen Reich", in; *Handbuch der deutschen Geschichte* Bd., 15(München, 1981), p.47; E.Weis, *der Durchbruch des Bürgertums 1776-1847*(Frankfurt/M-Berlin-Wien, 1975), p.391.

23) T.Schieder, 같은 책, pp.47-48; T.Nipperdey, 같은 책, p.366; A .J.P.Taylor, *the course of German History*(London, 1978), p.54; E.Weis, 같은 책, p.391; E.Fehrenbach,

통치해 왔다. 트라이취케(Treitschke)는 칼 2세의 이러한 통치행위를 '군주의 완전한 무책임감(in voller fürstliche Unverantwortlichkeit)'에서 비롯되었다고 분석했다.24) 실제적으로 칼 2세는 1827년 지방 신분제 의회의 소집을 거부했을 뿐만 아니라 개인적 향락을 위해 국고도 임의로 탕진했다.25)

브라운슈바이크 대공국의 이러한 상황에 대해 보수적 성향의 연방의회마저 우려를 표명했다. 이후 연방의회는 그것의 시정을 칼 2세에게 강력히 요구했지만 그는 이를 받아들이지 않았다.26) 이에 따라 하노버 왕국의 게오르그 4세(Georg IV)는 연방의회가 브라운슈바이크 대공국 문제에 즉시 개입해야 한다는 입장을 밝혔고 그것을 정식안건으로 연방의회에 상정했다. 그러나 이러한 제의는 연방의회에서 통과되지 못했는데 그것은 메테르니히를 비롯한 일련의 핵심 정치가들이 반대했기 때문이다. 그러나 브라운슈바이크 대공국의 상황은 프랑스에서 발생한 7월 혁명으로 급변하게 되었다. 즉이 대공국에서는 9월 9일 대규모 폭동이 발생했고 거기에는 노동자, 수공업자, 그리고 시민 계층들이 대거 참여했다. 아울러 이 폭동

---

Verfassungsstaat und Nationsbildung 1815-1871(München, 1992),p.12; W. Hardtwig u. H.Hinze, 같은 책., p.94.

24) H.v.Treitschke, *deutsche Geschichte im 19. Jahrhundert* Bd. IV. (Leipzig, 1927), p.210; T. Nipperdey, *deutsche Geschichte 1800-1866*(München, 1982), p.366.

25) 칼 2세는 그 동안 귀족계층이 가지고 있던 법률제정권을 더 이상 인정하지 않으려고 했다.
H.Brandt, 같은 책, p.146; T.Nipperdey, 같은 책, p.366; E.Weis, 같은 책, p.391; E. Fehrenbach, 같은 책, p.12.

26) J.Kermann, 같은 책, p.60; T.Nipperdey, 같은 책, p.366; F. Fehrenbach, 같은 책, p.12.

에서는 사회주의적인 요소들도 부각되었는데 그러한 것들은 주로 노동권과 연계되었다. 그리고 실업자보조정책(Arbeitslosenunterstützung) 실시요구가 그 일례가 된다 하겠다.27) 9월 폭동으로 브라운슈바이크의 칼 2세는 왕좌를 자신의 동생인 빌헬름(Wilhelm)에게 양위해야만 했다.28) 이렇게 독일 내에서 정통군주가 혁명으로 제거된 것은 메테르니히체제의 보루라 할 수 있는 이 지역에서도 동요가 시작된 것으로 볼 수 있을 것이다. 브라운슈바이크 대공국의 새로운 위정자로 등장한 빌헬름은 자유주의 요소가 내포된 헌법제정을 승인했다. 아울러 시민과 농민 계층이 대거 참여한 지방의회도 활동을 펼치기 시작했다.29) 브라운슈바이크 대공국에 이어 헤센-카셀, 작센-안할트, 하노버에서도 헌법이 제정되었다.

프랑스에서 발생된 7월 혁명은 남부 독일에도 변화를 가져다주었다. 이미 헌법이 제정되었던 바이에른, 뷔르템베르크, 바덴의 시민들은 헌법의 개정 및 의회의 활성화를 통해 자신들의 권익을 증대시키려고 노력했다.30) 그 일례로 바이에른 왕국의 루트비히 1세

---

27) T.Nipperdey, 같은 책, p.366; H.Lutz, 같은 책, p.171; H.Schulze, 같은 책, pp.263-264.
28) 칼 2세는 용병을 동원하여 폭동을 진압하려 했으나 자신의 계획은 실패로 돌아갔다.
　　E.Weis, 같은 책, p.391.
29) T. Nipperdey, 같은 책, p.366; A.J.P.Taylor, 같은 책, p.54.
　　단일제로 바뀐 의회는 이제 법률안 발의권(Gesetzeinitiative)을 가지게 되었다. 뿐만 아니라 신헌법은 의회에서 통과된 법률안에 대한 왕의 거부권도 인정하지 않았다.
　　H.Brandt, 같은 책, p.146; E.Weis, 같은 책, p.391.
30) T.Nipperdey, 같은 책, p.368.

(Ludwig I)가 의회결의에 따라 1831년 5월 26일 내무장관 센크 (Eduard v. Schenk)를 파면한 것과 의회의 요구였던 법률안 제출권을 인정한 것을 들 수 있을 것이다.

그렇다면 바이에른의 위정자는 왜 그러한 조치를 취했을까. 7월 혁명 이후 독일의 여타 지방과 마찬가지로 바이에른에서도 정부정책을 비난하는 움직임이 나타나기 시작했다. 그 대표적인 일례로 1830년 12월 10일 뮌헨에서 개최된 폴란드 축제를 들 수 있을 것이다. 많은 사람들이 참여한 이 축제에서는 프랑스 혁명 기간 중 국가로 불려졌던 마르세유(Marseillaise)가 합창되었을 뿐만 아니라 정치적인 개혁도 요구되었다. 그러나 정부는 이러한 요구에 대해 관심을 표명하지 않았을 뿐만 아니라 군대를 동원하여 축제도 해산시켰다. 정부의 이러한 조치에도 불구하고 자유주의적 움직임은 더욱 확산되었다.[31] 이에 따라 바이에른의 자유주의자들은 1831년 1월에 실시된 지방의회선거에서 대승을 거두었다. 그러나 내무장관이었던 센크는 정부에 대해 비판적이었던 인물들이 의정 활동을 펼쳐서는 안 된다는 생각을 가졌기 때문에 그는 의원들의 의사당 출입을 제한했을 뿐만 아니라 공무원 신분을 겸직했던 의원들에게 공무원직 사임도 요구했다. 특히 후자의 조치는 당시 의원들이 받던 월급과 연계시킬 수 있는데 그것은 의원들이 봉급만으로는 자신들의 생계

---

바이에른, 바덴, 그리고 뷔르템베르크에서 헌법이 효력을 발휘하기 시작한 시점은 1818년 5월 26일, 1818년 8월 22일, 그리고 1819년 9월 25일이었다. E.Huber, *deutsche Verfassungsgeschichte seit 1789.*, Bd., I.(Stuttgart, 1986),pp.656-657.
31) T.Nipperdey, 같은 책, p.369; Götz Freiherr v. Pölnitz, *die deutschen Einheit und Freiheitsbewegungen in der Münchener Studentenschaft(1826-1850)*(München, 1930), p.38.

를 유지 할 수 없었기 때문이다.32)

바이에른 지방의회 의원들은 센크의 이러한 조치에 대해 강한 불만을 표시했다. 아울러 이들은 센크가 1831년 1월 28일에 발표한 '언론검열법'에 대해서도 강한 반발을 했는데 그것은 정치적 문건들(politische Schriften)을 인쇄 전에 검열 관료에게 반드시 제출하여 허가를 받아야 한다는 내용을 담고 있었다. 따라서 이들은 국왕에게 그의 파면을 요구했다.33) 파면요구를 접한 루트비히 1세는 그들의 요구를 수렴할 수밖에 없었는데 그것은 그 자신이 프랑스를 비롯한 일부 국가에서 진행되던 상황에 대해 깊은 우려를 했기 때문이다.34)

## 4. 비르트(Wirth)와 지벤파이퍼(Siebenpfeifer)의 활동

북부 독일의 시민들과는 달리 남부 독일의 시민들은 신문, 잡지, 그리고 전단 등을 통해 자신들의 비판적 입장을 밝혀왔다. 이들은

---

32) 이 당시 유럽에서 의정활동을 펼치던 정치가들은 국가로부터 직책수당을 거의 받지 못했다.

M.Görtemaker, *Deutschland im 19. Jahrhundert*(Opladen, 1988), pp.93-94.

33) 센크의 파면과 동시에 언론검열법도 자동적으로 폐기되었다.

J.Kermann, 같은 책, p.106.

34) M.Görtemaker, 같은 책, p.94; T.Nipperdey, 같은 책, p.369; G. Freiherr v. Pölnitz, 같은 책, pp.45-47; M.Spindler, "die Regierungszeit Ludwigs I.(1825-1848)", in: Derselbe(Hrsg.), *Bayerische Geschichte im 19. und 20. Jahrhundert 1800 bis 1970*(München,1978), pp.149-155; W.Schieder, "der Rheinpfalzische Liberalismus von 1832 als politische Protestbewegung", in: H. Berding(Hrsg.), *vom Staat des Ancien Régime zum modernen Parteienstaat, Festschrift für Th. Schieder*(Wien, 1978), pp.174-177; E.Fehrenbach, 같은 책, pp.12-13.

칼스바드 협약을 수용하지 않으려 했고 정부 역시 그러한 것을 억압하려는 정책을 적극적으로 펼치지도 않았다. 따라서 이 지역의 언론 활동은 북부 독일의 그것에 비해 비교적 자유로웠고 그중에서도 바이에른 왕국, 특히 1815년 이 왕국에 새로이 편입된 라인팔츠 지방의 언론 활동은 메테르니히가 우려할 정도로 활발했다. 그리고 그러한 것은 비르트(1798-1848)[35]의 '독일연단(deutsche Tribüne)'과 지벤파이퍼(1789–1848)[36]의 '서부사자(Westbote)'가 이 지방에서 간행된 것을 통해 확인할 수 있다.[37]

독일연단을 간행했던 비르트는 1798년 11월 20일 호프(Hof;Franken)에서 태어났다. 1816년 인문계 고등학교(Gymnasium)를 졸업한 비르트는 같은 해 에어랑겐 대학의 법학부에 입학했다. 이후 그는 알레마니아라는 대학생조합에 가입했고 그것은 그로 하여금 정치적 사안, 특히 기존 질서체제의 문제점에 대해 관심을 가지게 하는 요인이 되었다. 1820년 학업을 수료한 비르트는 브레스라우 대학에서 강사로 활동했지만 그 기간은 그리 길지 않았다. 이후 그는 슈바르첸바흐(Schwarzenbach; Saale)에 위치한 쇤부르크(Schönburg)

---

35) J.Kermann, 같은 책, p.109; H.Schröter, *Johann Georg August Wirth*(Speyer, 1985), p.10.

36) J. Kermann, Ebd., S. 107; H.Schröter, Ebd., S. 12-14.

37) 비르트의 '독일연단'은 원래 뮌헨에서 간행되었으나 뮌헨 정부의 간섭 및 박해로 1831년 12월 6일 홈부르크(Rheinpfalz)로 간행장소를 옮겼다.
    M.Gortemaker, 같은 책, p.96; T.Nipperdey, 같은 책, p.371; W.Herzberg, *das Hambacher Fest- Geschichte der revolutionären Bestrebungen in Rheinbayern vom das Jahr 1832*(Reprint, Köln, 1982), p.32; H.v. Treitschke, 같은 책, pp.227-230; A.Becker, *Deutschlands Wiedergeburt*(Saarbrücken, 1932), p.26.

공작의 기사재판소(Patrimonialgericht)와 바이로이트(Bayreuth)의 카임(Keim) 변호사 사무실에서 근무했다. 여기서 그는 바이에른 왕국의 재판과정에 적지 않은 문제점들이 있다는 것을 알게 되었다. 이 당시 바이에른 왕국에서는 고의적으로 재판을 지연(verschleppung)시키는 경우와 시민들이 공정한 판결을 받기 위해 사건을 재판에 회부시키는 행위에 대해 일정한 기준 없이 법률적 위반(Rechtsbruch)행위로 간주하는 경우가 허다했다. 뿐만 아니라 시민들은 고액의 재판료 때문에 법정해결을 기피하기도 했다. 비르트는 이러한 문제점을 해결하기 위해 1823년 '민사소송법 개혁안'을 뮌헨 정부에 제출했지만 아무런 답변도 얻지를 못했다. 1830년 프랑스에서 7월혁명이 발생한 이후, 비르트는 정치적 문제에 대해서도 깊은 관심을 보였는데 그것은 그로 하여금 신문간행의 필요성을 인식하게 했다. 이에 따라 비르트는 1831년 1월 1일부터 바이로이트에서 '코스모폴리트(Kosmopolit)'라는 신문을 주 2회씩 간행했는데 준비부족 및 정부의 간섭으로 1월 28일 그 간행을 중단해야만 했다. 이후 비르트는 뮌헨으로 자신의 활동장소를 옮겼다. 여기서 그는 정부정책에 대한 자신의 반론과 반정부 의원이었던 슐러(F. Schüler)의 견해를 홍보하는데 주력했고 그것은 뮌헨 정부가 그를 반정부적 인물로 간주하게 하는 결정적 요인이 되었다.

서부사자의 주간으로 활동했던 지벤파이퍼는 1789년 11월 12일 라르(Lahr; Schwarzwald)에서 태어났다. 인문계 고등학교를 졸업한 그는 경제적 어려움으로 인해 서기로 활동하다가 1810년, 당시로는 만학의 나이라 할 수 있는 21세에 프라이부르크 대학의 법학부에 입학했다. 비르트와 마찬가지로 이 인물 역시 대학생조합의 활동에 대해 관심을 표명했는데 그것은 그의 이름이 대학생조합 토이토니아(Teutonia)의 회원명부에서 확인되었기 때문이다. 1813년 대학을 졸업한 지벤파이퍼는 대학에 남기를 원했지만 생활고는 그것을 허락하지 않았다. 이후 그는 여러 지역에서, 즉 크로이츠나흐(Kreuznach), 트리어(Trier), 라우터(Lauter), 그리고 크바이흐(Queich)에서 관료생활을 하다가 1818년 홈부르크(Homburg) 지방전권대사(Landkommissariats)로 임명되었다. 이 도시에서 그는 엄격한 통치를 펼쳤지만 신민들에 대한 배려를 등한시하지는 않았다.

지벤파이퍼는 1829년 루트비히 1세가 라인 지방을 방문했을 때 그에게 충성을 서약하는 즉흥시를 썼는데 그것은 그의 정치적 성향을 가늠하게 하는 일례가 된다 하겠다. 그러나 그의 이러한 친정부적 입장은 1830년대에 접어들면서부터 변했는데 그것은 그가 1830년 항소심법원 고문관(Appellationsgerichtsrat)인 호프만(Hoffmann)과 더불어 츠바이브뤼켄(Zweibrücken)에서 '라인바이에른(Rheinbayern)'이란 잡지를 간행한 데서 확인할 수 있다. 여기서 지벤파이퍼는 라인 지방의 정치적 상황을 집중적으로 거론했는데 그것은 뮌헨 정부의 우려를 불러일으키는 요인도 되었다.38) 이에 따라 뮌헨 정부는 1830년 11월 29일 그를 상도나우의 한 형무소 소장으로 좌천시켰지만 지벤파이퍼는 정부의 이러한 조치에 응하지 않았다.

---

38) 지벤파이퍼는 '바이에른 왕국이 라인지방을 통치하는 것이 합당한 가'라는 제목의 사설을 라인바이에른에 게재했는데 그것이 그 일례가 될 수 있을 것이다.

이 당시 남부독일에서는 언론과 의회반대파 의원들이 공조체제를 유지하는 경우가 허다했다. 즉 신문은 재정적 지원을 받는 대신 의회 반대파 의원들의 의견을 대중에게 전달하는 기능을 수행했고, 반대파 의원들은 검열로 삭제된 기사들을 의회속기록이란 매체를 통해 대중에게 알리는 역할을 담당했다. 그러나 이들 간의 이러한 공조체제는 정부의 검열과 그것에 따른 벌과금 부과 등으로 와해되는 경우가 많았다. '독일연단' 역시 정부의 이러한 간섭에서 벗어나지 못했기 때문에 비르트는 지역 주민들로부터 신문 간행에 필요한 재정적 지원을 얻고자 했다. 이에 따라 비르트는 신문사의 주식을 주민들에게 판매하여 필요한 자금을 충당 받고자 했다.[39] 그러나 그의 이러한 시도는 정부의 즉각적 개입으로 중단할 수밖에 없었다. 1832년 3월 16일 비르트는 체포되었고 란드스후트(Landshut)의 상고법정에서 6주간의 요새내금고형(Festungshaft)을 선고받았다.[40] 그러나 비르트는 형량을 채우지 않고 4월 15일에 석방되었다.

지벤파이퍼의 '서부사자'는 '독일연단' 보다 약간 늦은 1832년 1월 1일 오거스하임(Oggersheim)에서 그 창간호를 발행했다.[41] 그러

---

39) 당시 홈부르크의 지방전권대사였던 지벤파이퍼는 비르트의 이러한 시도를 적극적으로 지지했다.

   A.Becker, 같은 책, p.26; W.Herzberg, 같은 책, p.32.

40) 그러나 비르트의 '독일연단'은 3월 21일(제 71 호)이후 더 이상 간행되지 못했는데 그것은 뮌헨 정부가 취한 조치에서 비롯되었다. 아울러 신문간행에 적극적으로 관여했던 파인(G.Fein)과 존타크(F.Sonntag)는 국외로 추방되었는데 그 이유는 이들이 바이에른 왕국의 신민이 아니었기 때문이다.

   A.Becker, 같은 책, p.26; W.Herzberg, 같은 책, pp.32-33.

41)지벤파이퍼는 이미 1830년부터 '라인바이에른'이라는 잡지간행에 참여했다. 그는 매호 300부 이상 인쇄된 이 잡지에서 팔츠 지방의 진보적 정치사상을

나 이 신문이 후에 결성된 '독일신문과 조국연맹'과 관계를 가짐에
따라 이 신문 역시 독일연단과 마찬가지로 바이에른 정부로부터
탄압을 받았다. 이 당시 독일 각 정부가 사용했던 언론탄압수단으
로는 검열, 압류, 그리고 언론봉인(Presseversieglung)등을 들 수 있
다.42)

그러면 왜 언론활성화가 라인팔츠 지방에서 가능했을까. 그것에
대한 해답으로는 첫째, 이 지방의 사람들이 프랑스 법률에 대해 긍
정적인 경험을 했다는 것.43) 둘째, 프랑스가 도입한 영업 활동의
자유로 야기된 사회적 질서체제의 근본적 변화 및 그것에 따른 수
공업자 및 포도재배자 들의 사회적 위상이 크게 증대되었다는 것.
셋째, 이 지방이 뮌헨 중앙 정부로부터 멀리 떨어져 있었기 때문에
엄격한 경찰 조직의 운영이 어려웠다는 것.44) 넷째, 이 지방이 프
랑스 국경과 인접했기 때문에 정치적 박해자들의 국외 탈출이 다
른 지역보다 훨씬 용이했다는 것. 다섯째, 이 지방의 민족주의자들

---

피력하는데 주력했다. 뮌헨 정부는 지벤파이퍼의 이러한 활동에 대해 경고
를 했고 관료로서의 의무도 충실히 수행할 것을 요구했다. 그러나 지벤파이
퍼는 뮌헨 정부의 이러한 경고에도 불구하고 자신의 활동을 중단하지 않았
을 뿐만 아니라 관료로서의 활동도 자발적으로 포기했다.

J.Bühler, *das Hambacher Fest. Deutsche Sehnsucht vor hundert Jahren*(Ludwigshafen, 1932), p.46; Götz Freiherr v. Pölnitz, 같은 책, p.39.

42) 정부의 계속된 억압으로 지벤파이퍼는 1832년 3월 17일 '서부사자'의 간행을 포기했다.

J.Kermann, 같은 책, p.107; J.Bühler, 같은 책, pp.46-47.

43) 1831년 라인팔츠 지방을 여행했던 비르트도 이점을 거론했다.

A.Becker, 같은 책, p.26; W.Herzberg, 같은 책, p.35.

44) 뮌헨 정부의 열악한 재정 역시 이를 허용하지 않았다.

H. Schröter, 같은 책, p.10.

과 알자스 지방의 민주주의자들이 밀접한 관계를 맺고 있었다는
것. 여섯째, 이 지방의 개인적 조세부담이 다른 지방보다 훨씬 높
았다는 것을 들 수 있을 것이다.45)

이 당시 비르트와 지벤파이퍼는 대학생조합의 이념, 목적, 그리
고 당시 지식인들의 통일 및 정치적 관점을 지지했을 뿐만 아니라
그러한 것들을 자신들의 잡지와 신문을 통해 홍보하는 데도 주력
했다.

1831년 10월 15일 비르트는 독일의 정치 개혁을 요구했는데 그
것은 그 동안 자신이 접촉한 지식인 계층의 요구를 집약시킨 것이
라 하겠다. 비르트가 요구한 것들은 ①인간의 기본법을 명시한 독
일의 공동헌법을 제정할 것, ②독일 민족을 대표하는 의회를 구성
하여 기존의 질서체제를 대체할 수 있는 정치체제의 근간을 마련
할 것,46) ③입법화과정에서 삼권분립을 시도할 것, ④내국 관세의
조속한 철폐 및 합리적인 관세체계를 구축할 것, ⑤언론의 자유를
보장할 것, ⑥봉건제도의 잔재를 무상으로 철폐할 것 등이었다. 이
러한 요구에서 확인되는 것은 지식인 계층이 기존의 질서체제를

---

45) 이 당시 부과된 세금으로는 지조(地租:Grundsteuer), 인두세, 그리고 영업세
   등을 들 수 있다. 라인팔츠 지방에 부과된 지조는 바이에른 왕국의 다른 지
   방보다 2배 이상이나 높았고 인두세 및 영업세 역시 4배나 되었다.
   E.Zechlin, *die deutsche Einheitsbewegung*(Frankfurt-Berlin-Wien, 1979), p.101; J.Kermann,
   같은 책, p.108.
46) 비르트는 정치적으로 선진화된 영국이나 프랑스에서도 입법화과정에 대한
   왕권개입이 완전히 배제되지 못했다는 것과 그것으로 인해 야기되는 문제
   점들의 심각성을 직시하고 있었다.
   W.Schröter, 같은 책, p.10.

점진적으로 변경시키는 것 보다는 새로운 질서체제의 수립, 즉 공화정 체제의 도입에 보다 많은 관심을 가졌다는 것이다.47)

1832년 1월 29일 팔츠의 부벤하우젠(Bubenhausen)에서는 바이에른 의회의 야당 지도자였던 슐러를 위한 축제가 개최되었다.48) 팔츠 출신의 슐러는 뮌헨 정부와 협상을 펼치기보다는 그것에 대응하려는 자세를 보였다. 그는 지방의회의 의원으로 선출된 후 왕의 신민이 되는 것과 국민군이 아닌 왕군의 예산을 승인하는 것에 대해 부정적이었는데 그것은 자신의 지명도 및 영향력을 바이에른 지방의회에서 높이는 계기가 되었다. 이 축제에서는 비르트가 제안한 '독일신문과 조국연맹(Deutscher Preß-und Vaterlandsverein)'의 설립이 구체화되었고 그것을 위한 임시 기구도 결성되었다.49) 임시기구에는 비르트 이외에도 슐러, 자보에(J. Savoye) 그리고 가이브(F.Geib) 등이 핵심 인물로 참여했다. 슐러는 1789년 베르그자베른(Bergzabern)에서 태어났다. 그는 슈트라스부르크와 괴팅엔에서 법학을 공부했다. 이후 그는 변호사로서 츠바이브뤼켄의 항소법원(Appellationsgericht)에서 근무했다. 슐러는 프랑스의 정치가였던 라파에트(Lafayette)의 친척과 결혼한 후 경제적인 여유를 가지게 되었고 그것은 그로 하여금 바이에른 지방의회로 진출하게 하는 계기도

---

47) 비르트가 접촉한 인사들은 공화정체제를 지향했던 인물들이었다.
　　J.Kermann, 같은 책, p.108.
48) 이 축제를 지칭하여 제 1차 슐러축제라하는데 그것은 1832년 5월 6일 동일한 성격의 축제가 다시 한번 츠바이브류켄에서 개최되었기 때문이다.
49) 브란트는 '독일신문과 조국연맹'을 정당의 초기적 유형이라 간주했다.
　　H.Brandt, 같은 책, p.150.

되었다.50) 자보에는 1802년 12월 13일 츠바이브뤼켄에서 태어났다. 하이델베르크와 뷔르츠부르크에서 법학을 공부한 후 그는 고향인 츠바이브뤼켄에서 항소법원의 검사로서 활동했다. 1830년대 초부터 자보에는 관세문제 및 언론의 자유에 대해 깊은 관심을 표방했을 뿐만 아니라 그러한 것들을 가시화 시킬 수 있는 작업에도 적극적 으로 참여했다.51) 가이브는 1804년 1월 15일 람브스하임(Lambsheim) 에서 태어났다. 하이델베르크와 에어랑겐에서 공부 한 이 인물은 츠바이브뤼켄 지방재판소에서 국선변호사로서 활동했다.52) 이들 모 두는 대학생조합에 가입하여 적극적으로 활동을 펼친바 있었다.53)

다음 해 2월 21일 츠바이브뤼켄에서 '독일신문과 조국연맹'이 정 식으로 발족했다.54) 비르트는 이 연맹이 정식으로 발족하기 이전인 2월 3일 이 연맹의 당위성과 목적을 홍보하기 위해 '독일의 제 의 무(Deutschlands Pflichten)'란 제목의 전단을 5만부 인쇄하여 전국 각

---

50) J.Kermann, 같은 책, p.110.

51) J.Kermann, 같은 책, p.110.

52) 이 시기에 슐러와 자보에를 알게 되었다.
  J.Kermann, 같은 책, p.110.

53) H.Bock, "bürgerlicher Liberalismus und revolutionäre Demokratie. zur Dialektik der sozialen und nationalen Frage in den deutschen Klassenkämpfen von 1831-1834", in: *Jahrbuch für Geschichte* Bd., 13 (1975), p.17.

54) H.Schulze, *der Weg zum Nationalstaat*(München, 1985), p.78; S. Kopf, "Studenten im deutschen Press-und Vaterlandsverein- zum Verhältnis von Burschenschaften und nichtstudentischer bürgerlicher Opposition 1832/33", in:H.Asmus(Hrsg.), *studentische Burschenschaften und bürgerliche Umwälzung*(Berlin, 1992), p.186; Vgl., Erklärung Schülers, Savoyes und Geibs in der "Deutschen Tribüne" vom 21. 2. 1832(Nr. 47); C.Dipper, "Nationalstaat und Klassengesellschaft im 19. Jahrhundert", in:G.Niemetz (Hrsg.), Epochen der modernen Geschichte(Würzburg, 1988), p.77.

지에 배포했다.55) 비르트는 전단에서 독일인들이 언론 자유의 중요성을 인식해야 한다는 주장을 펼쳤다. 그것은 언론을 통해 기존질서체제의 문제점을 부각시키고 그것에 대한 해결책도 제시할 수 있다는 확신에서 비롯된 것 같다. 따라서 비르트는 독일인들이 독일신문과 조국연맹에 가입하여 자유언론을 적극적으로 지원해야 한다는 입장을 밝혔던 것이다. 이어 그는 전단에서 독일연방의 폐해 및 독일통합의 역사적 당위성을 강조했다. 그에 따르면 독일 군주들이 독일연방을 결성하여 자신들의 신민들을 조직적으로 탄압했기 때문에 독일인들의 생활은 이전보다 훨씬 열악해 졌고 그들의 인간적 존엄성마저 무시당하는 상황에 놓이게 되었다는 것이다. 비르트는 신성동맹에 대해서도 거론했는데 여기서 그는 이 동맹을 즉시 해체시켜야 한다는 입장을 밝혔다.56) 아울러 그는 국민주권의 이름으로 프랑스의 7월왕정체제를 붕괴시켜야 한다는 견해도 피력했는데 그것은 그 자신이 입헌군주정체제를 지지하지 않았기 때문이다. 이어 비르트는 프랑스, 독일, 그리고 폴란드 민족이 협력하여 '유럽국가 연합체'를 구성해야 한다는 견해를 제시했다.57) 또한 그

---

55) D.Langewiesche, *Liberalismus in Deutschland*(Frankfurt, 1988),p.35; H.Freilinger, "die vorletzte Weisheit des Volkes, die politische Aktionismus der Hambacher Bewegung und seine Grenzen", in: A. Gerlich (Hrsg.), *Hambacher 1832. Anstösse und Folgen*(Wiesbaden, 1984), p.44; K.Obermann (Hrsg.), *Einheit und Freiheit. Die deutsche Geschichte von 1815 bis 1849 in zeitgenössischen Dokumenten*(Berlin, 1950), pp.109-111.
56) 이 당시 비르트는 1815년 9월 26일에 창설된 신성동맹을 국제적 반동 조직으로 간주했다. 신성동맹은 러시아의 황제 알렉산드르 1세가 창설을 제의했는데 유럽의 군주들이 정의, 기독교의 자선심, 그리고 평화의 정신으로 국제관계 및 대내통치를 해야 한다는 것을 기본적인 노선으로 책정했다.
57) 비르트는 여기서 '국민저항권'을 의식한 것 같다.

는 오스트리아와 프러시아에 대한 러시아의 월권적 행위는 민주적 폴란드를 수립함으로써 제거시킬 수 있다고 언급했다. 끝으로 비르트는 독일통일에 대해서도 거론했다. 그것은 프러시아와 오스트리아가 독일의 통일을 저해해서는 안 된다는 것과 통일은 반드시 민주적이고 공화적인 방식에 따라 이루어져야 한다는 것이었다.58)

또한 비르트는 '독일의 제 의무'에서 독일의 통합방식에 대해서도 거론했는데 거기서 확인할 수 있는 것은 그 자신이 기존의 질서체제를 인정하지 않겠다는 것이었다. 이 당시 비르트는 헌법이 보장된 통일국가를 건설하기 전에 독일민족의 의식이 함양되어야 하며 언론이 그것의 활성화를 위한 매개체역할을 담당해야 한다는 관점도 가지고 있었다.

비르트의 주도로 결성된 '독일신문과 조국연맹'의 활동과 그것의 영향은 전국적으로 파급되었다. 그 일례로 연맹이 정식으로 발족한 지 한 달도 안 되어 67개의 지부가 라인지방에서 결성되었고 이중에서 100명 이상의 회원을 가졌던 지부만도 8개에 달했다.; 츠바이브류켄(244 명), 노이슈타트(Neustadt; 190 명), 홈부르크(Homburg;150 명), 카이저스라우테른(Kaiserslautern; 142 명), 프란켄탈(Frankenthal;134 명), 킬히하임보란덴(Kirchheimbolanden; 133 명), 란다우(Landau;126 명), 피르마센스(Pirmaasens; 104 명).59)

이후 이 연맹의 지부는 남부 및 중부 독일까지 설치되었는데 그

---

J.Bühler, 같은 책, p.45.
58) J.Kermann, 같은 책, p.19.
59) J.Kermann, 같은 책, p.121.

수는 116개에 달했고 참여 인원 역시 5,000 명을 돌파했다.[60] 이 당시 연맹에 가입한 사람들의 과제로 부각된 것은 연맹이 원활히 유지될 수 있게끔 재정적 지원을 하는 것과 연맹의 입장을 대변하던 '독일연단'과 '서부사자'의 기사내용을 대중에게 알려 그들로 하여금 독일 상황에 대해 관심을 가지게끔 유도하는 것이었다.[61] 이들이 대중과 접촉을 모색한 장소로는 커피전문점을 들 수 있다. 여기서 이들은 '독일연단' 또는 '서부사자'를 사람들 앞에서 읽고 그들과 더불어 내용에 대한 활발한 토론도 펼쳤다. 특히 '독일연단'은 신문의 중요한 기사들을 요약한 호외를 매일 간행했는데 그 간행 부수는 무려 만부에 달했다.

그렇다면 어떠한 계층의 인물들이 이 연맹에 참여했을까? 이 부분을 취급한 당시 자료들은 참여자들의 사회적 신분을 다음과 같이 알려주고 있다. 가장 상위를 차지한 계층은 수공업자였는데 이들이 전체 참여자에서 차지하는 비율은 45%였다. 이들 계층에 이어 지식인 계층이 2위를 차지했는데 그 비율 역시 27%에 달했다. 그런데 지식인 계층에서 대학생조합원들이 차지하는 비율은 절대적이었다. 그 일례로 하이델베르크 지부와 튜빙엔 지부의 회원 들

---

60) 20,000 명 이상이 이 연맹에 가입한 사실을 고려할 때 이름을 밝히고 연맹에 가입한 사람들은 전체 가입자의 25%에 불과했다. 그리고 이러한 것은 메테르니히체제 하에서 반정부 활동을 펼칠 경우 어떠한 불이익이 뒤따르지는 지를 고려한다면 쉽게 이해할 수 있을 것이다.
C.Dipper, 같은 책, p.77; P.Burg, 같은 책, p.32.

61) J.Kermann, 같은 책, p.111;S.Kopf, 같은 책, p.190; G.Frhr. v. Pöllnitz, *die deutsche Einheits-und Freiheitsbewegung in der Münchener Studentenschaft*(1826-1830)(München, 1930), p.57.

중에서 대학생들이 차지하는 비율이 60% 이상이었다는 것을 들 수 있을 것이다.62) '독일신문과 조국연맹'에 대한 대학생조합의 이러한 관심은 그 동안 자신들이 견지했던 태도를 포기한 것으로 볼 수 있는데 그것은 이 조합에 가입한 회원들이 자신들의 습관, 태도, 그리고 사회적 특수성을 포기하지 않고서는 시민계층이 주도한 단체에 가입할 수 없었다는데서 확인할 수 있을 것이다.63) 지식인 계층을 이은 계층은 상인들이었는데 그 비율은 16%였다.64) 농민과 관료 계층 역시 신문과 조국연맹에 대해 관심을 표방했지만 그 비율은 각기 6.8%와 2.43%에 불과했다.65) 위의 분석에서 수공업자와 상인 계층을 포함한 시민 계층의 참여율이 63%인 반면 지식인 계층의 참여율은 27%에 불과했다는 것이 확인되었다. 물론 이러한 비율은 라인 지방의 모든 곳에서 동일하게 나타나지는 않았는데, 특히 지식인 계층의 참여율에서 그러한 현상이 확인되었다. 팔츠 지방을 포함한 라인 지방에서 이 연맹에 참여한 지식인 계층의 비

---

62) '독일신문과 조국연맹'에 가입한 대학생 조합원들의 대다수는 게르마넨 파였다.

　　S.Kopf, 같은 책, p.188.

63) 대학시절 대학생조합에 관여했던 인물들은 이 조직을 통해 그들 간의 재결속을 도모했다. 특히 이러한 시도는 뮌헨, 뷔르츠부르크, 그리고 튀빙엔 대학의 졸업생들 사이에서 집중적으로 이루어졌다.

　　S.Kopf, 같은 책, p.188; C.Foerster, 같은 책, pp.44-45.

64) 여기서는 여관주인(Wirte)과 맥주양조자(Bierbrauer)도 상인 계층에 포함시켰다.

　　J.Kermann, 같은 책, p.112.

65) 시장, 부목사(Adjunkten), 참사회원(Gemeinderäte), 경감(Polizeikommissar), 산림관(Förster)이 관료 계층으로 간주되었다.

　　J.Kermann, 같은 책, p.112.

율은 27%였지만 팔츠 지방 한 지역만을 논할 때 그 비율은 6.5%로 크게 낮아졌다는 것이다.66)

이 연맹에 대한 관심과 지원은 독일 이외의 지역에서도 있었는데 그 대표적 예로는 파리(Paris)에서 결성된 독일협회(Deutsche Gesellschaft)를 들 수 있다. 1832년 2월에 결성된 이 협회는 반정부 활동가였던 뵈르네, 하이네, 구츠코프(K.Gutzkow), 뷔히너(G.Büchner)에 의해 주도되었다.67) 그런데 이 협회에서 노동자 계층의 참여율, 즉 직인(Handwerkgesellen)과 점원의 비율이 비교적 높았다는 것과 이 협회가 당시 프랑스에서 과격적 조직으로 간주되었던 '민주 우호 협회(Societe des amis de peuple)'68)와 긴밀한 관계를 유지했다는 것을 통해 공화주의적인 이념이 이 조직을 지배했음을 파악할 수 있다.69)

---

66) D.Langewiesche, 같은 책, p.35; C.Foerster, *der Press-u. Vaterlandsverein von 1832/ 1833*(Trier, 1982), pp.26-28.

67) 하이네와 더불어 독일협회를 주도한 뷔히너는 극작가였다. 그의 대표적 작품으로는 '당통의 죽음(1835)'을 들 수 있다. 이 작품에서 뷔히너는 역사나 역사적 인물, 다시 말해 혁명이나 혁명가를 이상화시키지 않았다. 그것을 대신하여 그는 역사적 모순을 직시하면서 그러한 역사적 힘 앞에서 개체로서의 인간은 '파도의 포말'에 불과하다는 것을 입증시키려 했다. 뷔히너는 개체로서의 인간이 역사의 거대한 힘에 대항하려고 할 때 그에게 주어지는 것은 죽음밖에 없다는 것을 인지했기 때문에 자신의 작품에서 당통이 자신의 죽음을 수동적이고 냉소적으로 받아들이게 했다.

68) 이 협회는 1830년 7월 30일 파리에서 결성되었다.
   E.Weis, 같은 책, p.393.

69) 독일협회의 공화주의적 성향은 이 협회가 비정기적으로 간행하던 주보〔괴팅엔 대학의 강사였던 슈스터(T.Schuster)와 베네다이(J.Venedey)가 주보간행에 깊숙이 관여했다〕에서 종종 확인되었다. 주보는 의회적대의제 대신에 시민 계층이 주도하는 국민위원회의 구성을 강력히 요구했을 뿐만 아니라 국가

'독일신문과 조국연맹'이 전국적인 조직을 갖추게 됨에 따라 빈 정부를 비롯한 독일의 각국 정부는 그것에 대해 우려를 표명하기 시작했다. 특히 메테르니히는 이 조직을 대학생조합보다 더 위험한 조직으로 간주했기 때문에 그것에 대한 단호한 조치의 필요성을 부각시켰다. 이에 따라 그는 연방 의회의 소집을 요구했다. 1832년 3월 2일에 개원된 연방의회는 '독일연단'과 '서부사자'의 간행을 중단시켰다. 아울러 여기서는 '독일신문과 조국연맹'을 불법화시키는 결정도 내려졌다.70)

또한 연방 의회는 바이에른 정부로 하여금 비르트를 소요책동죄로 체포하게 했다. 그러나 비르트는 1832년 4월 14일 공판에서 무죄선고를 받았고 그러한 사실은 전단(Flugschrift)을 통해 독일 전역에 알려졌다.71) 자유주의적 성향의 판사들이 바이에른 법정을 주도했다는 것을 고려한다면 이러한 판결은 놀랄만한 일은 아니었다.72) 이러한 석방 조치는 비르트를 비롯한 당시 민족 운동가들이 펼쳤던 통일 운동을 합법적으로 인정하는 계기가 되었을 뿐만 아니라 연방의회 정책에 정면으로 도전하는 의미도 내포했다고 볼 수 있

---

차원의 노동권 보장, 즉 사회주의적인 요구도 거론했다.

H.Brandt, 같은 책, p.150; D.Langewiesche, 같은 책, p.36; Derselbe, *Europa zwischen Restauration und Revolution 1815-1848*(München, 1985), S.66; E.Weis, 같은 책, p.393.

70) H.Freilinger, 같은 책, p.35.

71) H.Freilinger, 같은 책, p.35.

72) 루트비히 1세가 센크를 파면한 이후부터 자유주의적 성향의 판사들이 바이에른 법정을 주도했다.

　H.Schulze, 같은 책, p.78.

다.

연방의회가 진보적 성향의 신문들을 정간했음에도 불구하고 진보적 이념들은 유인물이나 축제를 통해 계속 확산되었다. 특히 후자를 통해 참여자들은 자유롭게 자신들의 정치적 견해를 제시하거나 조율할 수 있었다. 이러한 일반적인 상황은 비르트와 더불어 당시 민족운동을 주도했던 지벤파이퍼로 하여금 대규모 정치축제를 구상하게 했는데 그것은 이 인물이 정치축제를 통해 정치개혁도 가능하다는 확신을 가졌기 때문이다. 이에 따라 그는 1832년 4월 25일 함바흐에서의 축제개최를 제안했다.73)

지벤파이퍼의 이러한 확신은 '독일신문과 조국연맹'의 기본적 입장과도 맥을 같이 한다고 볼 수 있을 것이다.74) 그러나 지벤파이퍼의 의도가 알려짐에 따라 라인 지방의 책임자 안드리안-베어붕 (Ferdinand v. Andrian-Werbung)은 정치적 색채가 강한 축제개최를 불허한다는 입장을 밝혔을 뿐만 아니라 라인 지방에 비상사태까지 선포했다. 보수적 성향의 안드리안-베어붕은 1776년 괴르츠 (Görz;Friaul)에서 태어났다. 1797년부터 그는 바이에른 왕국에서 공무원으로 활동했다. 1805년 그는 아우구스부르크 경찰서장으로 임명되었고, 1817년에는 파사우(Passau)의 내무국장으로 승진했다. 1832

---

73) 비르트와 지벤파이퍼는 5월 2일 노이슈타트(Neustadt)에 나타났다. 이들은 서적상이었던 크리스트만(Christmann)의 성명축일(Namenstagsfeier)에 참가하기 위해 노이슈타트에 왔지만 이 도시의 자유주의자들과 더불어 축제 문제를 구체적으로 논의하기 위한 것이 방문의 실제적 목적이라 하겠다.
  H.Schulze, 같은 책, p.78; J.Bühler, 같은 책, p.86.
74) H.Schulze, 같은 책, p.78.

년 바이에른 정부는 스티하너(Joseph v. Stichaner)의 후임으로 안드리안-베어붕을 라인 지방 책임자로 임명했는데 그것은 이 인물이 라인 지방의 소요를 진압시킬 수 있다는 확신을 정부가 가지고 있었기 때문이다. 라인 지방에 비상사태를 선포하기 전에 안드리안-베어붕은 1832년 4월 25일 루트비히 1세에게 보내는 서신에서 군사력 증강배치가 라인지방에서 절대적으로 필요하다고 역설했다.[75] 안드리안-베어붕의 서신을 접한 루트비히 1세는 라인 지방의 상황이 매우 심각하다는 것을 인지하게 되었고 그것은 안드리안-베어붕으로 하여금 5월 8일 라인 지방에 비상사태를 선포케 했다. 안드리안-베어붕은 비상사태를 선포하면서 6 가지의 부수적 조항도 첨가시켰는데 그 중요한 것들을 언급한다면 첫째, 5인 이상의 공개집회를 금지한다. 둘째, 외지인들의 함바흐 체류를 금지한다 등을 들 수 있을 것이다.

그러나 정부의 이러한 강경 조치는 오히려 소시민과 농민 계층의 반발만 유발시켰다. 1832년 5월 10일 '신슈파이어 신문(Neue Speyerer Zeitung)'은 안드리안-베어붕의 조치가 위법이라는 입장을 밝힘으로써 반발의 포문을 열었다.[76]

"현재의 모순된 정치체제는 개편되어져야 할 것이다. 그리고

---

75) H. Freilinger, 같은 책, p.35;W.Schineller, 같은 책, p.36.
　　J.Kermann, 같은 책, p.125; Derselbe, das Hambacher Fest (Speyer, 1981), p.37.
76) W.Schineller, 같은 책, pp.36-37; W.Herzberg, *das Hambacher Fest. Geschichte der revolutionären Bestrebungen in Rheinbayern um das Jahre 1832*(Ludwigshafen, 1908), pp.92-93.

그것을 위한 정치축제개최는 독일 민족장래에 유익한 일이라 하
겠다. 그러나 메테르니히의 사주를 받은 뮌헨 중앙정부와 라인
지방정부는 이러한 축제를 무력으로 저지시키려고 하는데 그것
은 시대를 역행하는 행위일 뿐만 아니라 독일 민족의 저항을 유
발시키는 계기도 될 것이다."

이후 이 지방의 신문들은 안드리안-베어붕의 조치가 가지는 부당
성을 부각시키는데 주력했다.77) 아울러 안드리안-베어붕의 조치는
포도 수확의 부진에도 불구하고 부과된 중과세에 대해 불만을 가
지고 있던 농민 계층과 정치적 변혁을 요구하던 소시민 계층의 연
계도 가능하게 했다. 즉 농민 계층과 소시민 계층은 안드리안-베어
붕의 조치에서 기존 질서체제에 대한 불만이라는 공통 인자를 찾
아낸 것이다. 이후 이들은 시위를 통해 안드리안-베어붕의 조치를
철회시키고자 했다. 아울러 프란켄탈, 카이저스라우테른, 란다우,
슈파이어, 그리고 츠바이브뤼켄의 지역의회 의원들도 정부 조치에
강력히 항의했다. 이에 따라 안드리안-베어붕은 사태의 심각성을
파악하게 되었고 바이에른 중앙정부의 권유로 5월 17일 비상사태
를 철회했다.78) 실제적으로 안드리안-베어붕은 당시 뮌헨 내무성의
훈령보다 훨씬 강도 높은 조치를 취했다. 이제 독일 통일을 염원하
던 지식인들은 연설과 토론을 통해 자신들의 주장을 명확히 천명
할 수 있게 되었을 뿐만 아니라 그들의 주장을 실현시킬 수 있는
방법도 모색할 수 있게 되었다.

---

77) W.Herzberg, 같은 책, p.93.
78) W.Schineller, 같은 책, pp.38-39; W.Herzberg, 같은 책, pp.94-96.

## 5. 함바흐(Hambacher) 축제

1832년 5월 27일 라인 지방의 노이슈타트(Neustadt an der Haardt)에서 대규모 집회가 열렸다. 여기에는 독일의 전 지역에서 2만 명에 달하는 사람들이 참여했다.[79] 그런데 당시 축제 참여자들의 대다수는 노이슈타드의 숙박시설을 고려할 때 이 도시와 인접한 지역, 즉 당일 왕복이 가능한 지역인 칼스루에(Karlsruhe), 하이델베르크, 트리어(Trier), 프라이부르크, 슈트라스부르크에서 왔다고 볼 수 있다.[80]

이 축제를 주관한 지벤파이퍼는 독일 역사상 처음으로 여성들의 참여도 허용했다.[81] 이 축제참석자들의 사회적 신분은 바르트부르

---

79) 집회가 개최된 5월 27일이 일요일이었기 때문에 예상보다 많은 사람들이 참여했다.

H.Brandt, 같은 책, p.150; W.Herzberg, 같은 책, p.95; W.Schineller, 같은 책, p.39.

80) 이 당시 노이슈타트에는 총 566채의 건물이 있었다.

J.G.A.Wirth, *das Nationalfest der Deutschen zu Hambach*(Neustadt,(1832),p.10; M.Botzenhart, *Reform, Restauration, Krise Deuschland 1789-1847*(Franfurt, 1985), p.122; E. Weis, *der Durchbruch des Bürgertums* 1776-1847(Frankfurt-Berlin-Wien, 1982), p.394.

81) 지벤파이퍼는 1832년 4월 20일자의 초청장에서 다음을 언급했다.

"정치적·사회적으로 경시되는 독일의 여성들과 처녀들(Frauen und Jung frauen)이여, 당신들의 참여로 집회를 장식하고 당신들의 지위 역시 소생시켜야 할 것입니다."

P.Burg, *der Wiener Kongreß*(München, 1984), p.36; C.Dipper, 같은 책, p.77.

이 당시 지벤파이퍼는 여자들에게 평등권을 분배하는 것 자체를 자연권의 일부로 간주했다. 아울러 그는 결혼한 여자가 인간의 욕구를 덮어둔 채 가사 및 아이양육에 전념하는 것을 억압요인으로 보았다.

크 축제와는 달리 다양했는데 그것을 살펴보면 다음과 같다. 우선 농민과 노동자 계층의 참여율이 다른 계층의 그것보다 훨씬 높았는데 그 비율은 전체의 50% 이상을 상회했다. 수공업자를 비롯한 소시민 계층이 이들 계층의 뒤를 이었는데 그 비율 역시 20%에 달했다. 그리고 이 축제에는 300명에 달하는 대학생조합원들이 참여했다.82) 물론 이러한 숫자가 전체에서 차지하는 비율은 미미했지만 이들이 축제 기간 중에 펼쳤던 역할은 간과의 대상이 아니었다. 아울러 이 집회에는 폴란드, 영국, 그리고 프랑스의 민족주의자들도 참여했다.83)

노이슈타트에 모인 사람들은 옛 성터인 함바흐로 행진하면서 축제행사를 펼치기 시작했다.84) 참가자들의 흑·적·황의 3색기에는 '독일의 재생(Deutschlands Wiedergeburt)'이라는 문구가 새겨져 있었다. 그런데 이 색깔과 문구는 바르트부르크 축제 이후부터 시민적 자 및 민족 통일을 위한 투쟁적 의미를 내포했다. 아울러 이 축제에 참석한 사람들은 자신들의 모자에 흑·적·황의 모표도 달았다. 이러한 함바흐 상황은 즉시 연방의회에 보고되었는데 거기서 언급

---

82) 이들의 과반수이상이 하이델베르크 대학에서 왔다.
   J.Bühler, 같은 책, p.100; H.Schulze, 같은 책, p.98.
83) 슈바이겐(Schweigen)국경세관청은 프랑스로부터 참여하려는 사람들의 여권을 철저히 조사하여 상당수를 프랑스로 돌려보냈다.
   P.Burg, 같은 책, p.36; E.Weis, 같은 책, p.394;Geheimes Hausarchiv München (=GHM) 23(6월 13일 보고서).
84) 이 성에 밤나무(Kastanien)가 많았기 때문에 카스타니엔베르크(Kastanien-berg)라는 명칭이 사용되기도 했다.
   J.Bühler, 같은 책, p.101.

된 것들을 요약하면 다음과 같다. 축제에 참석한 사람들의 대다수는 3색, 즉 흑·적·황색의 휘장(Kokarden)을 걸쳤다. 이들은 대학생 조합이 사용한 이 3색으로 현질서체제를 붕괴시키고 독일을 통합시키려 한다.[85]

함바흐 축제에서는 독일의 개혁 및 통일, 폴란드의 독립지원문제, 프랑스의 자유주의자들과의 연계 문제가 중요한 안건으로 부각되었다. 따라서 이 고성의 성벽 위에는 백·적색의 폴란드기가 3색기와 더불어 게양되었고 폴란드 망명 정치가들은 폴란드 민족의 대표로서 환영받았다. 그런데 축제가 진행되면서 참여자들 사이에는 의견적 대립이 있었는데 그것은 독일연방과 신성동맹에 대한 투쟁방식에서 비롯되었다. 그리고 사회적 불만을 가지고 있던 노동자 계층의 대거 참여는 회의의 흐름을 과격화시키는데 일조했다. 물론 대회 집행부는 이들 계층의 참여를 막기 위해 계획에도 없던 참가비와 음식값을 참가자들에게 부담시켰지만 별다른 효과를 거두지 못했다. 그것은 집회에 참석한 기독교 단체가 이들 계층에게 무료로 음식을 제공했기 때문이다.[86] 실제적으로 축제 집행부는 노동자 계층의 돌발적 행동으로 함바흐 축제가 중도에서 중단될 수도 있다는 우려를 가지고 있었는데 그것은 바이에른 정부군 8,000명이 5월 26일부터 노이슈타트 근처의 란다우에 주둔하고 있었다

---

85) E.Zechlin, 같은 책, p.101.
86) 이 축제에서 일회 음식값은 1굴덴(Gulden) 45코로이쩌(Kreuzer)였는데 그것은 부유한 시민 계층만이 감당할 수 있는 금액이었다.
   J.Kermann, 같은 책, p.144.

는 데서 비롯된 것 같다.[87]

축제 집행부를 대표하여 개회사를 한 노이슈타트의 개업의사 헤프(Hepp)는 귀족뿐만 아니라 투쟁과 위험을 두려워하고 모든 행동을 이기적 목적에 따라 저울질하는 거짓 자유주의자들까지도 성토했다.[88] 개회사에 이어 개인적으로 의사를 밝히고자 했던 인물은 무려 24명에 달했다.[89] 이들 중에 가장 먼저 등장한 지벤파이퍼는 민족을 자연과 동일시했는데 그것은 자연의 섭리와 같이 민족도 번영하고 결실을 맺을 수 있다는 것을 강조하기 위해서였다. 이어 그는 독일통합에 대해 무관심한 군주들에게 동물 이름을 붙여 비하시켰다. 그리고 그는 독일연방의 활동에 대해서도 신랄히 비판했

---

87) P.Burg, 같은 책, p.36;F.Prinz, *Geschichte Bayerns*(München, 2001), p.349.

88) '독일신문과 조국연맹'의 노이슈타트 지부장이었던 헤프는 와병중인 쇼프만(Schoppmann)을 대신하여 함바흐 축제에서 개회선언을 했다. 축제가 개최되기 이전 헤프는 라인지방의 행정책임자였던 안드리안-베어붕의 우려, 즉 함바흐축제가 정치적 토론장으로 변모되지 않을까를 불식시키는데 주력했는데 그것은 안드리안-베어붕의 우려가 해소되지 않을 경우 축제개최가 무산될 수 도 있다 라는 판단에서 비롯된 것 같다. 실제적으로 안드리안-베어붕은 축제에서 기존의 질서체제를 붕괴시키는 방법이 구체적으로 논의될 것이고 그것을 구체화시키는 방법도 모색되리라는 예상을 했다.
J.Buhler, 같은 책, p.102;G.Wunder, "Dr.P.Hepp", in: *Jahrbuch der Hambach-Gesellschaft* 3(1990/1991), p.146.

89) 개인적 의사를 밝히고자 했던 인물들은 다음과 같다.
1) P.J.Siebenpfeifer 2) J.G.A. Wirth 3) F.Funck 4) L. Rey 5) N .Hallauer 6) J. Fitz 7) C. Schapff 8) Oranski 9) C.T.Barth 10) K.H. Brüggemann 11)F.Deidesheimer 12) J.P.Becker 13) E. Müller 14) J.H.Hochdorfer 15) R.Lohbauer 16) G. Widmann 17) F. Strohmeyer 18) F. Grzymala 19) B.Zatwarnicki 20) F. Schüler 21) D.Pistor 22) E. Grosse 23) M. Müller 24) J.J.Schoppmann.
J.Kermann, 같은 책, p.144; P.Burg, 같은 책, p.37.

는데 그것은 독일에서 자유주의 사상이 확산되는 것을 막는 것과 통합 시도를 분쇄하는 것이 독일연방의 과제라는 자신의 판단에서 비롯된 것 같다. 즉 독일 민족을 위해 결성되었다는 독일연방이 독일 민족을 불행으로 이끌고 있다는 것이 그의 견해였던 것이다. 아울러 그는 부유한 계층을 비판했고 군주와 자유주의자들 사이의 타협도 조소했다. 여기서 그의 비판은 기득계층에 국한된 것이 아니었는데 그것은 그가 애국심이 결여된 독일인 모두를 비난한 것에서 찾을 수 있을 것이다. 그는 이러한 비난을 통해 독일인들이 애국적 감정을 가지기를 기대했다. 또한 그는 독일인들이 역사 속에서 민족적 영광을 찾아야하고 또 그것을 근거로 현재적 상황을 타파해야 한다는 입장도 밝혔다.

이어 지벤파이퍼는 자유주의적 통일국가건설이 독일 민족의 최대 과제라는 주장을 펼쳤다. 그리고 그것을 위해서는 첫째, 민족의 대의기구를 즉시 구성할 것. 둘째, 주권재민설을 인정할 것. 셋째, 남여 평등권을 인정할 것.[90] 넷째, 자유로운 상업 및 교역활동을 통해 독일의 경제적 위상을 증대할 것. 다섯째, 일상생활, 교육, 학문, 예술 등에서 애국심을 고양시킬 것 등을 제시했다. 아울러 그는 독일 민족이 프랑스, 폴란드 민족과 더불어 협력체제를 구축해야 한다는 입장을 밝혔다. 지벤파이퍼는 자신이 제시한 것들이 단시일 내에 실현될 수 없다는 것을 인지했기 때문에 지속적이고 장

---

90) 여기서 지벤파이퍼는 여성의 과제를 언급했는데 그것은 자녀들에게 정치적 책임의식(politisches Verantwortungsbewußtsein)을 일깨워 주는 것이었다. J.Kermann, 같은 책, p.144; A.Becker, 같은 책, p.65.

기적 노력이 필요하다는 것도 역설했다. 끝으로 그는 자유 독일 만세! 폴란드 만세! 프랑스 만세! 속박을 무너뜨리고 독일인과 자유동맹을 결성하는 모든 민족 만세! 를 외치면서 자신의 연설을 끝냈다.91)

개회식의 정점은 자유, 계몽, 민족을 강조한 비르트의 연설에서 찾을 수 있을 것이다. 그는 절대왕정체제를 제거하지 않고서는 독일을 구원할 수 없다는 입장을 밝혔다. 아울러 그는 기존의 질서체제로 국민의 주권을 보장할 수 없기 때문에 혁명을 통해 그것을 구현시켜야 한다는 견해도 제시했다.92) 이어 그는 폴란드와 프랑스에서 야기되는 상황에 대해 유럽인 들이 관심을 가져야 한다는 주장을 펼쳤다. 여기서 그는 독일인들뿐만 아니라 스페인, 포르투갈, 헝가리 그리고 이탈리아인들도 신성 동맹에 대항하는 동반자로 간주하려고 했다. 비르트는 세계무역의 자유화를 옹호하면서 영국의 비합법적인 우위를 비난했다. 이어 그는 독일의 개혁이 유럽을 재

---

91) 지벤파이퍼는 독일 민족을 규정하면서 문화적 측면을 강조했다. 즉 그는 공동의 언어와 역사를 가진 집단을 동일 민족으로 간주했는데 그것은 통합독일의 영역을 확장시키는 계기가 되었다. 그런데 지벤파이퍼의 이러한 관점은 이미 상당수의 학자들로부터도 제기되었는데 그 대표적인 인물로는 아른트(E.M.Arndt)를 들 수 있을 것이다.

 H.Holborn, *deutsche Geschichte in der Neuzeit* Bd., Ⅱ.(Frankfurt, 1981),pp.250-251; P.Burg, 같은 책, p.36.

92) 이 당시 비르트는 기존 질서체제와의 협력을 통해 정치체제를 개혁할 수 없다는 판단을 했는데 그것은 기존의 질서체제가 절대왕정체제의 근간을 고수한데서 비롯된 것 같다. 따라서 그는 혁명이라는 방법, 즉 기존의 질서체제와의 협력내지는 조율이 불가능할 때 동원되는 과격한 방법을 채택했던 것이다.

구성하는 기초로서 모든 민족의 공통 관심사가 되어야 한다는 입장도 밝혔다. 즉 그는 독일 민족의 장래가 주변 민족들이나 세계평화를 좌우할 수 있다는 주장을 펼쳤던 것이다. 비르트는 자신의 연설에서 지벤파이퍼가 언급한 프랑스와의 협력을 거부했는데 그것은 프랑스의 지원으로 독일이 통합될 경우 파리정부가 반대급부를 요구할 수도 있다는 우려에서, 즉 라인 지방을 상실할 수 있다는 가능성에서 비롯되었다고 볼 수 있다. 비르트는 자신의 연설을 다음의 문장으로 마무리했다.93)

> "자유롭고, 통합된 독일에 축복이 있기를! 쇠사슬을 끊고 우리와 더불어 자유동맹을 구축하려는 모든 민족들에게도 축복이 있기를!"

이어 등장한 연사들 역시 독일의 통합이 메테르니히체제 때문에 실현되지 못하고 있음을 지적했다. 브뤼그만(Brüggmann), 사프(Scharff), 피스토르(Pistor), 호흐돌퍼(Hochdorffer), 그리고 베커(Becker)의 연설은 내용 면에서 비르트나 지벤파이퍼보다 훨씬 과격했다. 브뤼그만은 주권재민설을 현실화시켜야 한다는 주장을 펼쳤다. 그는 특권, 우선권, 그리고 신분제적 대혼란(Wirrwar)를 제거해야만 자유, 평등, 그리고 정의구현이 가능하다는 견해를 제시했다. 그리고 경우에 따라서는 폭력행사도 감행해야 한다는 강경한 입장도 표방했다. 사프는 신의 은총을 받았다는 제후들이 실제로는 인간사회의

---

93) H.Holborn, 같은 책, p.251; E.Weis, 같은 책, p.394.

반역자에 불과하다라는 주장을 펼쳤다.94) 피스토르는 독일의 경제
적 상황을 언급했다. 특히 그는 대중적빈곤(Pauperismus)이 무엇에서
비롯되었는가를 구체적으로 거론했다.95) 여기서 피스토르는 제후들
의 경제정책을 맹렬히 비난했다. 그는 제후들이 자신들의 궁전을
호화롭게 꾸미는 것, 호화소비품을 생산하는 것, 그리고 호화소비
품 교류에 대해서만 관심을 가졌음을 강조했고 그것이 결국 신민
다수의 희생을 강요하고 있다는 사실도 지적했다. 즉 그는 제후들
이 신민들의 세금을 국가경제 활성화에 사용하지 않기 때문에 신
민들의 경제적 상황은 날이 갈수록 더욱 열악해지고 있다는 것을
언급했던 것이다.96) 솔 만드는 장인(Bürstenmacher)이었던 베커는 현
재적 상황을 극복하기 위해서는 시민무장(Bürgerbewaffnung)이 필요
하다고 역설했다. 그리고 그는 그것의 전제조건이 바로 왕군폐지라
했다.97) 이에 반해 다이데스하이머(Deidesheimer), 슐러(Schüler), 비드

---

94) J.Bühler, 같은 책, p.106.
95) 대중적빈곤은 산업혁명의 초기에 나타나는 일반적 현상이라 하겠다. 산업
    혁명의 초기과정에서 수요 및 공급의 균형(노동시장)이 일시적으로 무너지
    게 되었고 거기서 임금의 급격한 하락현상이 나타나게 되었다. 이러한 과정
    에서 일부계층에 의한 부의 편중현상이 극도로 심화되었고 사회성원의 대
    다수를 차지하고 있던 노동자 계층(=생산수단을 가지지 못한 계층)의 생활
    수준은 이전보다 훨씬 열악해졌고 그들로 인해, 사회적 빈곤현상, 즉 대중적
    빈곤현상이 나타나게 되었던 것이다.
96) A. Becker, 같은 책, p.66.
97) 1886년 10월 8일 엥겔스(F.Engels)는 베벨(A.Bebel)에게 편지를 보냈는데 여기
    서 그는 베커를 다음과 같이 평했다.
    "베커는 민중 속에서 성장한 유일한 지도자라 할 수 있다. 그는 함바흐 축제
    에서 현재적 상황을 극복할 수 있는 최선의 방안을 제시했지만 당시의 참석
    자들은 그것을 무시하고, 등한시하는 누를 저질렀다."

만(Widmann), 그리고 빌리히(Willich)를 비롯한 상당수의 인물들은 기존질서체제와의 협력을 통해 통합을 모색해야 한다라는 입장을 밝혔다. 다이데스하이머는 자신의 연설에서 다음을 강조하였다.[98]

"우리는 혁명을 원하지 않는다. 단지 우리는 우리의 권리만을 요구할 뿐이다. 우리는 법적으로 보장되고, 제후들이 자의적으로 맹세한 우리의 자유를 보존하고 확대시켜야 할 것이다. 만일 제후들이 이러한 자유의 극히 일부라도 해치려 한다면 그들은 거짓맹세를 한 것이고 사회의 적으로 부각될 것이다."

기존 질서체제와의 협력은 음식점 '선상에서(Zum Schiff)'에서 진행된 토론에서도 확인되었다. 북부 독일에서 온 대학생 페터(Peter)는 피스토르가 자신의 연설에서 언급한 무력적 방법의 효율성을 다시 한 번 상기시켰다. 즉 그는 독일 통일을 비롯한 정치적 과제는 토론이나 협상으로 실천시킬 수 없기 때문에 무력적 방법을 동원해야 한다는 입장을 밝혔지만 그것에 동조하는 사람들은 거의 없었다.[99] 하이델베르크 대학의 대학생조합원들도 같은 맥락의 주장을 소프만(Schoppmann)의 집에서 진행된 전략회의에서 펼쳤지만

---

H.Fenske(Hrsg.), *der Rhein-Neckar-Raum und die Revolution von 1848/ 49: Revolutionäre und ihre Gegenspieler*(Ubstadt-Weiher, 1998), p.75.

98) A.J.Kermann, 같은 책, p.146.
　　이들은 비르트나 지벤파이퍼가 제안한 개혁연맹(Reformverein)의 창설을 거부했다. 그런데 개혁동맹은 임시국민대표기구의 성격을 가졌다 할 수 있다. C.Foerster, 같은 책, p.32; E.Fehrenbach, 같은 책, p.22.
99) 킬 대학의 학생이었던 페터는 이 대학에서 결성된 대학생조합의 일원이었다.

큰 호응을 얻지를 못했다.100)

독일연방의회는 함바흐 축제가 개최 된 것에 대해 불만을 표출했다. 나아가 연방의회는 바이에른 왕국의 조치를 비난했는데 그것은 뮌헨 정부가 축제 금지를 포기한 것과 축제기간 중 제시된 혁명적 언급들에 대해 시의적절한 조치를 취하지 않은데서 비롯된 것 같다. 이 당시 독일의 위정자들은 독일이 통합되지 않았다는 것과 프랑스처럼 중앙도시가 없었기 때문에 7월 혁명과 같은 대규모 소요가 발생되지 않았다는데 인식을 같이했다.101) 1832년 6월 28일 연방의회는 새로운 반동적 조치를 취했는데 거기에는 1820년 5월 15일 빈 협약에서 체결되었던 군주제 원리에 따라 각국 의회의 권한을 제한시킨다는 내용을 담고 있었는데 각국 의회가 가지고 있던 청원권 및 조세승인권을 제한한 것을 그 일례로 제시할 수 있을 것이다. 이어 연방의회는 7월 5일 일련의 추가조치들을 공포했는데 그것을 살펴보면,

첫째, 향후 정치단체의 결성 또는 민중집회를 개최할 경우 반드시 해당 정부의 승인을 받아야 한다.

둘째, 흑·적·황색의 옷이나 그것과 유관된 띠를 착용해서는 안 된다.

셋째, 독일 각 정부는 혁명운동을 효율적으로 차단하기 위해 상호간 군사협력체제를 더욱 확고히 유지한다.

넷째, 대학에 대한 연방의회의 감시를 부활시킨다.

---

100) E.Fehrenbach, 같은 책, p.21; A.Becker, 같은 책, pp.67-68.
101) E.Weis, 같은 책, pp.394-395.

다섯째, 바덴(Baden) 지방의 신문법을 폐지한다.102)

아울러 연방의회는 함바흐 축제를 주도한 비르트, 지벤파이퍼, 푼크(Funck)를 경찰 감시 하에 놓이게 했다. 거의 같은 시기 뮌헨 주재 프러시아 외교관은 뮌헨 정부에게 공개질의서를 보냈는데 거기서 거론된 것은 함바흐 축제에 참여한 인물들에 대한 정부의 의법조치가 무엇인가를 알아보기 위한 것이었다. 사태의 심각성을 파악하고 있던 뮌헨 정부는 프러시아 외교관에게 적절한 조치를 즉시 취할 것이라는 답변을 했다. 얼마 후 루트비히 1세는 팔츠지방에 위수령을 선포했고 저항 운동의 중심지에 베르데(K.P.Fürst v. Werde) 장군이 이끄는 군대를 파견했다. 노이슈타트에 도착한 베르데 장군은 함바흐 축제에 적극적으로 참여했던 인물들을 체포하여 재판에 회부했다.103) 그러나 이러한 조치에도 불구하고 이 지역에서의 저항 운동은 근절되지 않았고 그러한 것은 1830년대 이 지역에서 펼쳐졌던 정치활동을 통해 확인할 수 있다.

---

102) H.Brandt, 같은 책, p.151.

103) 이에 앞서 헤프를 비롯한 일련의 인물들은 1832년 6월 10일 반박문 (Protestation)을 발표했다. 여기서 이들은 뮌헨 정부가 자의적인 방법으로 라인-팔츠 지방을 통치하려는 것에 비난을 가했다. 아울러 이들은 뮌헨 정부의 그러한 의도를 저지시키기 위해 모든 수단과 방법을 동원하겠다는 의지도 밝혔다.

H.Fenske, 같은 책, p.163.

## 6. 맺음말

지금까지 프랑스의 7월 혁명이후 대두된 독일의 통합운동과 그것을 실천시키기 위해 제시된 방안들을 살펴보았다. 프랑스의 7월 혁명과 그것이 계기가 되어 발생한 폴란드인들의 독립운동은 대학생조합원을 비롯한 독일의 지식인들에게 적지 않은 자극을 가져다 주었다. 즉 이들은 민족통합의 필요성을 인식하게 되었고 그것을 위해 그들이 무엇을 해야 하는가도 인지했던 것이다. 이에 따라 이들은 기존질서 체제의 문제점들을 지적했고 그것들의 타파가 필요하다는 것도 역설했다. 아울러 이들은 기존의 질서체제를 대체할 새로운 정치체제의 도입을 모색하게 되었고 거기서 신문이란 매개체를 활용했다. 물론 이러한 시도가 독일의 전 지역에서 이루어진 것은 아니었다. 그러나 국지적 성격의 이러한 시도는 점차 독일 전역에 지대한 영향을 가져다주었는데 그 일례는 '독일신문과 조국연맹'이라는 단체의 활동에서 확인할 수 있다. 독일의 상황을 일반 대중에게 전달하여 독일에 대한 그들의 관심을 증대시키겠다는 취지 하에 결성된 이 단체는 전국적 조직망을 갖추게 되었고 그것은 메테르니히를 비롯한 당시 독일 위정자들이 두려움을 가지게 하는 요인으로 작용했다. '독일신문과 조국연맹'은 당시 반메테르니히주의자로 인식되었던 비르트와 지벤파이퍼에 의해 운영되었다.

1832년 4월 지벤파이퍼는 함바흐에서 (정치적)축제개최를 제안했다. 그런데 이러한 축제는 당시 정부의 간섭 없이 참여자들이 자유롭게 자신들의 정치적 견해를 제시하거나 조율할 수 있는 유일한 방법이었다. 당시 독일의 지식인 계층은 지벤파이퍼의 이러한 제의에 전폭적인 지지를 보였을 뿐만 아니라 축제가 원만히 개최될 수 있게끔 협조도 펼쳤다. 메테르니히를 비롯한 독일의 위정자들은 지식인 계층의 이러한 움직임에 대해 우려를 표명하였다. 특히 라인 지방의 책임자였던 안드리안-베어붕은 뮌헨 정부의 조치에 따라 함바흐축제의 개최를 저지하려고 했지만 그것은 오히려 이 지역 지식인들의 반발만 유발시켰다. 이에 안드리안-베어붕은 자신이 취했던 조치들을 철회하고 함바흐 축제의 개최를 승인했다.

함바흐 축제에는 약 2만 명에 달하는 사람들이 참여했고 거기서는 독일의 개혁과 통합, 폴란드의 독립 문제 등이 중요한 안건들로 부상되었다.

함바흐 축제개최에 주도적 역할을 담당했던 지벤파이퍼와 비르트는 메테르니히체제의 문제점을 다시 한번 지적했을 뿐만 아니라 통합 독일의 선결과제에 대해서도 언급했는데 그것을 살펴보면,

첫째, 민족을 대표하는 기구, 즉 민족의 대의기구를 설립할 것.

둘째, 프랑스에서 인정된 주권재민설을 인정할 것.

셋째, 교역활동의 자유화를 보장하여 경제적 활성화를 기할 것 등을 들 수 있다.

물론 이들 양 정치가들의 의견이 완전히 일치되지는 않았는데 그것은 독일과 프랑스와의 관계, 특히 독일통합에 대한 프랑스의 지원문제에서 의견을 달리한 것에서 찾아볼 수 있다.

함바흐 축제에 참여한 인사들의 대부분이 메테르니히체제의 붕

괴를 독일 통합의 선행조건으로 제시함에 따라 연방의회는 새로운 반동 정치를 펼쳤는데 이것은 바르트부르크 축제 이후 펼쳐진 상황과 비슷하다 하겠다. 즉 연방의회는 각국 의회의 정치적 권한의 일부를 유보시켰을 뿐만 아니라 정치단체의 결성과 민중집회의 개최를 정부의 승인사안으로 채택하기도 했다. 아울러 연방의회는 독일 내에서 제기되던 혁명적 움직임을 감시하는 체제도 더욱 강화시켰다. 그러나 연방의회의 이러한 조치에도 불구하고 독일을 통합시켜야 된다는 견해는 저변으로 확산되었고 그러한 것은 3월 혁명(1848)이후 가시화되기 시작했다.

# 5장. 프라하(Praha)대학의 대학생조합 '마르코만니아(Markomannia)'

## 1. 머리말

1848년 12월 1일부터 활동을 펼치기 시작한 프라하 대학의 대학생조합(buršacký spolek) 마르코만니아(Markomannia)는 다음해 5월 12일 빈 정부에 의해 강제적으로 해산되었다. 그렇지만 몇몇 학자들은 이렇게 단명으로 끝난 마르코만니아의 활동 및 역할에 대해 관심을 표명했고 그러한 것을 자신들의 연구에서 보다 구체화시켰다. 특히 여기서는 대학생조합이 지향한 민족통일국가의 형성과 시민권의 확대가 다민족국가인 오스트리아제국에서도 가능했는가가 밀도 있게 취급되었다.[1]

---

1) A.Werner, *die Studenten-Legionen der Prager Universität 1648-1848*(Prag, 1934); M.Doblinger, die burschenschaftliche Gedanke auf Österreichs Hochschulen vor 1859(Heidelberg, 1925); J. Englova, die Burschenschaft 'Markomannia' in Prag und Maiaufstand 1849(Berlin, 1992).

　대학생조합의 활동재개를 요구하는 프라하 대학생들의 움직임은 3월혁명(1848)이 발생한 직후 감지되었다. 빈에서 혁명이 발발한 같은 주, 즉 3월 15일 프라하 대학의 학생들은 임시집회를 소집했고 거기서 그들의 요구사항을 집약한 청원서(Petition)를 페르디난트 [Ferdinand Ⅱ;1835-1848] 황제에게 제출하기로 했다. 모두 8개항으로 구성된 청원서에서 학생들은 대학생조합의 결성 및 활동을 다시 허용해야 한다는 입장을 강력히 피력했다.2) 학생들의 이러한 입장표명은 뮌헨 정부가 대학생조합의 활동을 다시 허용한 것과 무관하지 않을 것이다.3)

　이 당시 학생청원서를 작성하는데 주도적 역할을 담당했던 인물은 호른(U. Horn)이었다. 그는 남부독일에 머물면서 대학생조합의 결성목적을 정확히 인지했을 뿐만 아니라 그것을 오스트리아제국에 적용시킬 수 있는 가에 대해서도 나름대로 면밀히 분석했다. 여기서 그는 대학생조합운동이 독일권의 통합에 적지 않은 기여를 하리라는 확신을 가지게 되었고 그것을 가시화하기 위해 1848년 2월 23일 프라하로 돌아왔다. 호른의 탁월한 정세판단력은 프라하 대학 학생들의 관심을 불러 일으켰고 그것은 학생들로 하여금 그를 자신들의 대표로 간주하게 하는 결정적 요인이 되었다.4)

---

2) 여기서 프라하 대학의 학생들은 3월혁명 이후 부각된 민족문제(národnostní problém)에 대해 큰 관심을 표명하지 않았다. 그러나 학생들의 이러한 무관심은 곧 사라지게 되었다.
　A.Werner, 같은 책, p.106.

3) G.Heer, *Geschichte der Deutschen Burschenschaft, Bd., 2: die Demagogenzeit. von den Karlsbader Beschlüssen bis zum Frankfurter Wachensturm*(1820-1833),(Heidelberg, 1965), p.196; A. Werner, 같은 책, p.106.

빈 정부는 3월 31일 프라하 대학생들의 요구를 수렴했는데 그러한 자세는 3월 혁명이후 이 정부가 취한 수세적 정책에서 비롯된 것이라 하겠다. 이에 따라 프라하에서는 많은 대학생조합들이 결성되었고, 이들 중의 일부는 대학생조합의 결성이 금지되었던 기간, 즉 비밀활동을 펼쳤던 1820년대와 30년대의 조직을 토대로 결성되기도 했다.[5] 1848년 말에 이르러 프라하 대학의 대학생조합 수는 20여 개에 달했고 이들은 민족적 관점에 따라 체코적, 독일적, 그리고 혼합적으로 분류되었다.

체코의 대표적 대학생조합으로는 슬라비아(Slavia), 몰다비아(Moldavia), 그리고 후에 결성된 체스코-모라브스케 브라트르스트보(Česko-moravské bratrstvo;보헤미아와 모라비아의 형제애)를 들 수 있다. 이러한 대학생조합이 결성되기 이전부터 프라하 대학의 체코학생들은 정치적 조직들과 연계를 모색했는데 그러한 것은 이들이 '리파 슬로반스카(Lipa Slovanska;슬라브의 보리수)'와 '스보르노스트

---

4) 호른은 독일민족의 통일만 생각했지 비독일계 민족을 배려한 대책을 제시하지 못했다. 아울러 그는 독일의 통합과정에서 야기될 수 있는 오스트리아 제국의 해체에 대해서도 관심을 보이지 않았다.

   H.Traub, *Pameti J.V.Frice*(Prag, 1939), pp.108-109;J. *Englova, die Burschenschaft 'Markomannia' in Prag und Maiaufstand 1849*(Berlin, 1992), p.243.

5) 프라하 경찰의 서류에서 이 당시 학생들이 펼쳤던 활동을 확인할 수 있다. 프라하 대학의 학생들이 1823년 오덴발트에서 비밀리 개최된 대학생조합총회에 참여했던 것을 그 일례로 제시할 수 있을 것이다.

   K.Friedrich, Die *deutsche Karl-Ferdinand Universität in Prag unter der Regierung S. M. des Kaisers Franz Josef I.*(Prag, 1899), p.7.; M. Kunstat, "die Prager Burschenschaft von 1819", in:H. Asmus(Hrsg.), *studentische Burschenschaften und bürgerliche Umwälzung*(Berlin, 1992), p.105.

(Svornost;조화)'에 가입한데서 확인할 수 있다.6) 대학생조합에 가입한 체코 학생들은 그들 민족이 오스트리아 제국으로부터 독립(nezávislost)해야 한다는 주장을 펼쳤지만 점차적으로 그것의 현실화가 불가능하다는 판단도 하게 되었다. 이후부터 이들은 정치체제의 변경과 그것에 따른 자치권(samospráva)확대에 관심을 보이기 시작했다.7)

---

6) 콘코르디아(Concordia)는 프라하의 역사적 유물들과 문화적 자료들을 보호하기 위해 결성된 순수학술단체였다. 그러나 일부 회원들은 콘코르디아를 민족운동을 지향하는 단체로 변형시켜야 한다는 주장을 펼쳤지만 그들의 견해는 수용되지 않았다. 이에 이들은 자신들의 주장을 관철시키기 위해 스보르노스트를 결성했고 스보르노스트의 관점에 동조하는 리파 슬로반스카도 활동을 펼치기 시작했다. 점차적으로 이들 단체는 체코 민족의 독립을 지향하는 정치단체(politický spolek)로 변모되었다.
P.Deurez, *Prag in Schwarz und Gold*(München-Zürich,2000), p.430; J.L. Hromádka, *Palackeho osobnost a význam v národnim probuzení* (Praha, 1926), pp.34-35.
7) A.Werner, 같은 책, p.116(각주 9); W.W.v.Wolmar, *Prag und das Reich. 600 Jahre Kampf deutscher Studenten*(Dresden, 1943), pp.237-239.
체코 대학생조합의 이러한 견해는 팔라츠키(F.Palacký)의 친오스트리아슬라브주의(Austroslawismus)와 맥을 같이한다고 볼 수 있다. 팔라츠키는 1848년 4월 11일 프랑크푸르트 예비의회(Vorparlament)로부터의 제의, 즉 체코 민족의 대표로 독일통합간담회에 참석해 달라는 요청을 공식적으로 거절하면서 자신의 친오스트리아슬라브주의적인 관점을 공식적으로 표명했다. 팔라츠키는 자신의 거절편지에서 체코 민족이 신생독일에 참여할 경우 오스트리아 제국 내에서 그들이 누렸던 법적·사회적 지위마저 잃게 되리라는 것을 언급했다. 이러한 그의 판단은 보헤미아 지방에서 체코 민족이 독일 민족보다 수적으로 우세하다는 것과 제국 내 다른 슬라브 민족과의 유대관계가 신생독일에서는 불가능하다는 사실에서 비롯된 것 같다. 따라서 그는 자신의 거절편지에서 빈 정부의 중앙체제에 대해 불만을 가진 제국의 슬라브 민족들이 독일 민족처럼 독립을 지향할 경우, 그것은 불가능하고, 무모한 행위에 불과하다라는 견해를 제시했던 것이다. 이 당시 팔라츠키는 러시아가 유럽의 북부 지역에서 시도했던 것과 마찬가지로 유럽의 남부 지역에서도 세력

민족혼거지역 출신의 독일 학생들은 리베라리아(Liberalia)라는 대
학생조합을 결성했다. 기존 질서체제와의 타협을 강조한 이들은 자

<hr>

확장을 모색하고 있다는 사실을 잘 알고 있었다. 그리고 그는 러시아가 이
러한 시도를 통해 보편왕조(universalmonarchie; univerzální monarchie)를 건설하
려 한다는 것과 그러한 왕조가 많은 재앙만을 가져다주리라는 것도 예측했
다. 여기서 그는 이러한 표명으로 자신이 러시아에서 반 러시아적 인물로
부각될 수 있다는 점을 잘 알고 있었지만 그러한 것에 대해서는 별로 개의
치 않았다. 팔라츠키는 러시아의 이러한 야욕에도 불구하고 슬라브 민족들
이 민족주의 원칙에 따라 오스트리아 제국을 이탈하여 독립 국가를 형성할
경우 과연 그러한 국가들이 얼마나 오랫동안 지속될 수 있을 지에 대해 강
한 의구심도 제기했는데 그것은 그가 러시아의 범슬라브주의와 그것에 따
른 슬라브 세계의 통합시도를 의식했기 때문이다. 즉 팔라츠키는 니콜라이
1세(Nicolaus I: 1825-1855)를 비롯한 러시아의 핵심세력들이 즉시 이들 국가
들을 러시아에 병합시키려 할 것이고, 병합된 이후 이들은 더욱 열악한 상
황 하에서 살아나가야 한다는 것을 인지했던 것이다. 이 당시 팔라츠키는
러시아의 경직된 지배구조와 거기서 파생될 수 있는 문제점들을 잘 알고 있
었다. 아울러 그는 슬라브 세계의 통합이 이루어진다 하더라도 러시아의 경
제적 낙후성으로 인해 비러시아계통의 슬라브인들의 생활수준이 이전보다
훨씬 낮아지리라는 사실도 파악하고 있었다. 따라서 팔라츠키는 자신의 편
지에서 제국 내 슬라브 민족들이 주어진 체제를 인정하고 거기서 그들의 민
족성을 보존하면서 권익 향상을 점차적으로 도모하는 것이 최선의 방법이
라는 견해를 제시했던 것이다. 아울러 그는 슬라브 민족들이 기존의 통치방
식 대신에 제국 내 제 민족의 법적·사회적 평등을 가져다 줄 수 있는 연방
체제의 도입을 빈 정부에 강력히 촉구해야 한다는 주장도 펼쳤다.
팔라츠키의 친오스트리아슬라브주의의 보다 자세한 내용은 호스티치카
(V.Hostička), 흐로마티카(J.L. H romádka), 코치(J. Kočí), 크레이치(F. V. Krejčí),
그리고 노바크(M. Novák) 의 논문이나 저서에서 확인할 수 있다.
V.Hostička, "Od všeslovanství k austroslavismu v českém prostředí", in: V. Štastný
(Hrsg.), *Slovanství v národním životě Čechů a Slováků*(Praha, 1968); J.L.Hromádka,
*Palackeho osobnost a význam v národnim probuzení* (Praha, 1926); J.Kočí, *České národní
obrození*(Braunschweig, 1967); F.V.Krejči, *František Palacký, jeho význam v českém
probuzení*(Praha, 1912);M.Novák, "Austroslawismus, přispévek k jehoprajetív době
předbřeznové", in: *Sborník archivních prací* 6(1956)

신들의 조합정관에 '조국 내 두 민족의 친목(die Verbrüderung beider Nationalitäten unseres Vaterlandes)'이라는 문구를 삽입했다. 프라가(Praga), 히라리아(Hilaria), 보헤미아(Bohemia) 역시 민족 혼거지역 출신의 학생들이 결성한 대학생조합들이었다. 그러나 체코 학생들은 이러한 조합들에 대해 관심을 보이지 않았는데 그 이유는 이들이 현 질서체제의 근간, 즉 중앙체제(ústřední správa)가 존속되는 한 양 민족의 화해(sbratření)는 불가능(nemožny) 내지는 허상(iluze)에 불과하다는 판단을 했기 때문이다.

오스트리아 제국 내에서 독일의 순수성과 기득권을 지향한 학생들은 피데리아(Fidelia), 빈골푸(Wingolf), 아르미니아(Arminia), 게르마니아, 알레마니아, 몬타니아(Montania), 토이토니아(Teutonia), 그리고 마르코만니아(Markomannia)를 결성했다. 그런데 이들 조합 중에서 토이토니아와 마르코만니아는 독일 학생들에게 커다란 영향을 주었다.

토이토니아는 1848년 5월에 결성되었지만 동일한 이름의 대학생조합은 이미 1818/19년에 활동을 펼친바 있다.8) 그러나 이들 조합 간의 연계성은 구체적으로 확인되지 않고 있는 실정이다.

1848년 5월 7일 프라하 대학의 대학평의회 의원이었던 볼크만(W. Volkmann)이 토이토니아의 초대회장으로 선출되었다. 이후 이 대학

---

8) 김장수, "대학생조합 토이토니아(Teutonia): 결성 및 활동을 중심으로", 『슬라브 학보』 제14권 2호(1999), p.172; I.Seidlerová, Politické a sociální názorny Bernarda Bolzano(Praha, 1963), pp.23-25; A. Werner, 같은 책, pp.116-117; W.W.v.Wolmar, *die Idee der Burschenschaft im Wandel der deutschen Geschichte*(Bad Nauheim, 1959), pp.27-29.

생조합은 독일적 요소를 강조하는데 주력했고 그러한 방향에 동조하는 학생들 역시 증대되어 회원 수가 일시적으로 100명을 초과하기도 했다. 이 당시 토이토니아의 설립목적으로는 첫째, 회원들의 학문적 발전을 가시화 시킬 수 있는 방안을 구체적으로 마련한다. 둘째, 독일 민족의 미래를 보장할 수 있는 정치체제를 구상한다.[9] 셋째, 독일 민족의 동질성회복에 주력한다는 것 등이 제시되었다.

토이토니아의 회원들은 클라인자이테(Kleinseite)에 위치한 '녹색화환주점(Gasthaus zum grünen Kranz)'을 자신들의 정례회합장소로 정했다.[10] 그리고 토이토니아는 1848년 11월 9일 자신들의 독서실과 토론실을 마련했다. 특히 토론실을 마련함으로써 학생들은 자신들의 정치적 관점을 자유롭게 제시할 수 있게 되었을 뿐만 아니라 그것을 집약시킬 수 있는 기회도 가지게 되었다.[11]

독일 학생들의 구심점으로 활약한 토이토니아는 11월 초에 활동을 중지했는데 그 구체적인 이유는 밝혀지지 않고 있다.[12] 그러나 토이토니아의 주요 활동과 이념은 12월 1일에 결성된 마르코만니아에 의해 계승되었다.[13] 비록 마르코만니아가 토이토니아보다 적

---

9) 이러한 것은 당시 독일권, 특히 프랑크푸르트국민의회에서 제기된 대독일주의와 무관하지 않을 것이다.
   W.W.v.Wolmar, Prag und das Reich, p.250.
10) M.Doblinger, 같은 책, pp.107-111.
11) P.Molisch, *politische Geschichte der deutschen Hochschulen in Österreich von 1848 bis 1918*(Wien-Leipzig, 1939), p.13; A. Werner, 같은 책, p.117; A.Slavicek, Z dejin spolku "Lese-und Redehalle der deutschen Stdenten in Prag v obdobi 1848-1892", in: *Acta Univ. Carolinae-Historia Univ. Carolinae Pragensis* 17-2(1977), pp.47-50.
12) P.Molisch, 같은 책, p.127.
13) 토이토니아 회원들 중의 일부가 마르코만니아에 가입했다.

은 회원을 가졌지만 이 대학생조합은 정치적 문제에 보다 많은 관심을 보였고 그것은 이 대학생조합에 대한 독일 학생들의 관심 및 가입을 증대시키는 요인이 되었다.

본 장에서는 우선 마르코만니아의 결성목표와 정치적 성향을 구체적으로 살펴보고 그러한 것들이 무엇을 계기로 바뀌게 되었는지도 다루도록 한다. 이어 이 대학생조합이 5월 폭동 준비에 적극적으로 참여하게 된 동기를 고찰하도록 한다. 아울러 5월 폭동 모의가 발각된 후 이 대학생조합의 회원들이 놓이게 된 상황과 그것이 향후 독일 및 오스트리아 제국에서 전개된 대학생운동에 어떠한 영향을 가져다주었는지에 대해서도 언급하도록 한다.


## 2. 마르코만니아의 결성과 활동

대학생조합의 설립자유화는 프라하의 거리 분위기도 바꿔 놓았다. 그것은 각 대학생조합이 각기 특유의 복장을 채택했기 때문이다. 특히 각 대학생조합은 모자와 리본으로 그들 조합의 단결심을 대외적으로 과시하려고 했을 뿐만 아니라 다른 대학생조합과도 구별하려고 했다. 몰다비아는 청금색 줄무늬를 한 차양 달린 모자, 체스코-모라비스케 브라트르스트보는 별로 장식한 적색의 터키모자, 프라가는 하얀 깃털을 단 챙 없는 납작한 모자를 사용했다. 보헤미아에 가입한 학생들은 하얀 깃털을 단 적색의 챙 없는 모자를

---

J.Englova, 같은 책, p.242; P.Molisch, 같은 책, p.127.

착용했고, 히라리아는 은색 줄무늬로 장식한 엷은 청색의 차양 달린 모자와 레이스를 단 엷은 청색의 상의로 단결을 과시하다가 후에 적-은-흑색 리본으로 장식한 차양 달린 모자를 조합 상징으로 삼았다. 리베라리아 역시 그들의 리본과 차양 달린 모자를 포기했는데 그것은 그들 자신을 슬라비아와 구별하려고 했기 때문이다. 슬라비아는 백-적의 콘페데라트카(Konfederatka)를 자신들의 모자로 결정했다.14) 피데리아는 청색과 녹색으로 장식한 모자로 자신들의 단결을 표현했고, 빈골푸의 회원들은 적-황색 선으로 장식한 우단의 차양달린 모자를 쓰고 다녔고, 알레마니아는 흑-적색 선으로 그들 모자를 장식했다. 토이토니아는 흑-황색의 창 있는 모자나 흑색의 창 없는 모자를 사용했다. 이와는 달리 마르코만니아는 흰색과 하늘색의 줄무늬로 장식한 차양 달린 모자를 채택했다.15)

대학생조합들이 이렇게 다양한 복장을 채택함으로써 프라하 거리는 이전보다 화려해 졌고 그것은 마르코만니아의 회원이었던 프레크(A.Fleck)가 자신의 부친에게 보낸 서신에서 확인할 수 있다.

"학생들은 자신들이 가입한 조합의 특징과 단결성을 부각시키기 위해 모자와 상의로 그들을 치장했습니다. 그리고 이러한 것은 분명히 프라하의 분위기를 혁명이전과 구별하게 하는 요인이 될 뿐만 아니라 현 질서체제에 대한 도전적 행위로도 볼 수

---

14) 콘페데라트카는 원래 가장 자리를 동물 털로 장식한 사각형의 폴란드 민속 모자에서 유래되었다.

15) K.Fischer, "Prager Studenten und Legionare im Jahre 1848", in: *Miteilungen des Vereins für Geschichte der Deutschen in Böhmen*, Bd., 45(Prag, 1906/7), pp.558-559.

있을 것 같습니다."16)

　　마르코만니아가 공식적으로 활동을 펼치기 시작한 것은 1848년
12월 1일이었는데 그것은 바로 이날 프라하 대학평의회가 이 단체
의 활동을 공식적으로 승인했기 때문이다.17) 마르코만니아의 창립
회원이었던 히르쉬(A. Hirsch), 하켄베르크(J. u. A. Hackenberg) 형제,
에르메르(F. Ermer), 헤트메르(J.Hettmer), 크레쓰(F.Kreß), 울브리히트
(J. Ulbricht)는 그들 조합을 원활히 운영하기 위해서는 정관제정이
무엇보다도 필요하다는 인식을 가지고 있었다. 따라서 이들은 정관
제정에 주력했고 1848년 12월 17일 모두 18 개항으로 구성된 조합
정관을 작성할 수 있었다. 여기서 제 1항, 제 2항, 그리고 제 3항이
중요하다고 볼 수 있는데 그 이유는 '정신적 수양 및 민족간의 친
목도모' 라는 설립목적이 이 부분에서 구체적으로 거론되었기 때문
이다.

　　특히 마르코만니아는 '공동의 정치 목표를 설정하여 양 민족간의
친목도모를 구축한다'라는 입장을 밝혔는데 그러한 자세는 이 단체
가 민족문제의 심각성을 정확히 파악한데서 비롯된 것 같다. 아울
러 이 단체는 그것의 해결 역시 필요하다는 인식도 가지고 있었다.
따라서 마르코만니아는 오스트리아 제국에서 독일인들이 누렸던
기득권도 필요하다면 포기해야 한다는 견해를 제시했는데 그것은

---

16) J.Englova, 같은 책, p.244.
17) 이 당시 독일의 다른 대학들과 마찬가지로 '프라하 대학 평의회'는 대학생
　　조합의 활동승인권을 가지고 있었다.
　　J.Englova, 같은 책, p.244; K.Fischer, 같은 논문, p.559.

10월폭동(1848) 이후 혁명세력을 완전히 진압하겠다는 빈 정부의
확고한 의지에 대항하기 위해서는 독일과 슬라브, 특히 체코 세력
과의 협력이 절실히 필요하다는 인식에서 비롯된 것 같다.18) 마르
코만니아의 이러한 입장표명은 향후 이 단체가 학생문제뿐만 아니
라 정치 문제에 대해서도 적극적으로 개입하겠다는 것으로 볼 수
있을 것이다.19)

마르코만니아의 정관은 조합의 조직 및 운영방침에 대해서도 언
급했다. 그것을 살펴보면 ①프라하 소재 모든 대학의 학생들은 마
르코만니아의 회원이 될 수 있다(제 4항).20) ②비회원자격으로 공개
회의에 2회 이상 참석한 인물들은 누구나 가입신청을 할 수 있지
만 그 가입은 전체회원 $\frac{2}{3}$이상의 지지를 얻어야만 가능하다(제 4
항). ③정기회의는 1주일에 2회씩, 즉 월요일과 금요일 오후 6시에
개최한다(제 5항). ④모든 회원은 반드시 정기회의에 참여해야 한다.
의장은 필요에 따라 임시회의를 소집할 수 있는 권한을 가진다(제
5항). ⑤의장은 정기회의를 진행시킨다. 만일 의장이 정기회의에 참
석하지 못할 경우 제 1고문은 의장을 대신하여 회의를 진행시킬

---

18) 마르코만니아의 정관 작성에 참여한 학생들 모두가 이러한 견해에 동조한
   것은 아니었다.
   J.Englova, 같은 책, p.244; K.Fischer, 같은 논문 pp.559-560; A. Werner, 같은 책,
   p.128.
19) 마르코만니아는 리베라리아의 정관을 부분적으로 수용한 것 같다.
   A.Werner, 같은 책, p.128.
20) 프라하소재 대학에 재학 중인 체코 학생들의 가입도 허용되었지만 체코 학
   생들은 이 대학생조합에 대해 관심을 표명하지 않았다.
   J.Englova, 같은 책, p.244; A.Werner, 같은 책, pp.128-129.

수 있다. 아울러 여기서 결정된 사안들은 의장이 참여했을 때와 같은 효력을 가진다(제 5항). ⑥의장이 임명한 서기는 의사진행과정을 문서화시켜 보관한다(제 10항). ⑦의장은 전체회원 ¾의 지지를 얻어야만 선출되지만 임기 2개월의 고문(회원 10명당 1명)은 과반수의 지지로 선출이 가능하며 선출된 고문들의 서열은 연령순에 따른다 (제 9항).21) ⑧의장, 2명의 고문, 그리고 2명의 평회원으로 구성된 명예재판소(Ehrengericht)는 과반수이상의 찬성으로 상정된 안건을 처리할 수 있다. 특히 명예재판소는 회원들의 제명문제를 정기회의에 상정시킬 수 있는데 그러한 안건이 정기회의에서 통과되기 위해서는 참석자 ⅔의 지지를 얻어야만 한다(제 13항, 14항).22) ⑨합법성이 유지되는 한 조합은 해체되지 않는다(제 15항). ⑩조합에 가입한 학생들은 자유롭게 조합을 탈퇴할 수 있다. 그러나 조합을 탈퇴하려는 학생은 정기 또는 임시회의에서 탈퇴의사를 반드시 밝혀야 한다(제 16항). ⑪조합은 흑-백-담청색의 깃발을 사용한다(제 18항).23)

이러한 마르코만니아의 정관에서 확인되는 것은 대학생조합이

---

21) 그룀링(Grömling)이 제 1대 의장으로 선출되었다. 그리고 2명의 고문, 되르펠(Dörfel)과 히르쉬가 언급됨에 따라 이 대학생조합의 창립 회원은 20명을 약간 상회했으리라 예측된다.
J.Englova, 같은 책, p.244; A. Werner, 같은 책, p.129.
22) 이러한 규정은 향후 회원제명을 엄격하고 객관적으로 처리하겠다는 의지의 표현으로도 볼 수 있을 것이다.
J.Englova, 같은 책, p.244; A.Werner, 같은 책, p.129.
23) 정관에서는 회원들이 내는 회비로 조합운영에 필요한 자금을 마련한다고 했는데 그 액수는 구체적으로 언급되지 않았다.
J.Englova, 같은 책, p.244; A.Werner, 같은 책, p.130.

어느 한 인물에 의해 좌우되지 않고 민주적으로 운영될 수 있게끔 제도적인 장치를 마련했다는 점이다. 아울러 이 조합의 정관에서는 과격적 성향이 부각되지 않았는데 그것은 정관작성에 참여했던 히르쉬, 하켄베르크 형제, 에르메르, 헤트메르, 크레스, 울브리히트 등이 중도적 관점에서 모든 문제를 해결해야 한다는 관점을 가졌기 때문이다.24)

3월혁명이 발생된 이후 독일 학생들은 어떠한 정치체제를 독일권에 도입시켜야 하는가에 대해 의견적 대립을 보였다. 1848년 6월 12일 바르트부르크에서 개최된 제 2차 바르트부르크 축제에서 확인된 그러한 대립은 대학생조합 활동에 커다란 영향을 주었다.25) 제 2차 바르트부르크 축제에 참여한 학생들은 모두 248명이었는데 이는 전체 참석자 306명의 80%가 넘는 비율이었다.26) 아울러 이 축제에는 적지 않은 오스트리아 제국의 학생들도 참여했는데 그것은 대학생조합이 메테르니히 체제의 보루였던 오스트리아 제국에서도 뿌리내린 것으로 볼 수 있을 것이다.27) 개회식이 끝난 후 축

---

24) J.Englova, 같은 책, p.244; *Summar-Verhör J.Hakenbergs.* vom 6.6.1849.

25) 6월 16일까지 지속된 이 축제에는 체코 대학생들도 참여했다.

　J.Englova, 같은 책, p.245; R.Giseke u. M.Friedlän der, *das Wartburgfest der deutschen Studenten in der Pfingstwoche des Jahres 1848*(Leipzig, 1848), p.22; R.vom Bruch, "die Universitäten in der Revolution 1848/ 1849", in: W.Hardtwig(Hrsg.), *Revolution in Deutschland und Europa 1848/49*(Göttingen,1998), p.151; E.Wolff, *die neue Burschenschaft* (Berlin, 1883), p.11.

26) 제 1차 바르트부르크 축제 참석자 중에서 학생들이 차지했던 비율은 93.6% 이었다.(468/500)

　G.Steiger, *Urburschenschaft und Wartburgfest*(Leipzig,1991), p.65; W. Hart-wig, *Vormärz* (München,1990), pp.14-17.

제참여자들은 정치적 성향에 따라 자신들을 좌·우파로 분류하는
데 주저하지 않았을 뿐만 아니라 서로간의 입장만을 고집함으로써
구체적인 통합방안도 제시하지 못했다. 다만 공화정체제를 지향한
좌파학생들이 입헌군주정체제를 선호한 우파학생들보다 훨씬 많았
다는 것이 대외적으로 부각되었을 뿐이다.28) 이후 좌파 학생들은
대학생조합 운동에서 주도적 역할을 담당하게 되었고 그것은 대학
생조합의 성향 및 활동이 향후 보다 과격화되리라는 것을 예상하
게 했다.

　중도적 입장의 마르코만니아도 점차적으로 좌파로 간주되기 시
작했는데 그 이유는 좌파였던 몬타니아(Montania)가 마르코만니아에
병합되었기 때문이다. 마르코만니아보다 일찍 결성된 몬타니아는
빈 정부의 정책에 대해 강한 불만을 표출했을 뿐만 아니라 공화정
체제의 도입에 대해서도 깊은 관심을 보였다.29) 그러나 이 대학생
조합은 원활히 운영되지 못했고 설정한 목표 역시 제대로 이행하
지 못했다. 이에 따라 조합 활동은 위축되기 시작했고 그러한 상황
은 당시 몬타니아를 주도했던 리티그(J. Rittig)로 하여금 다른 대학
생조합과의 제휴, 특히 독일적 요소를 강조하던 마르코만니아와의
합병필요성을 제기하게 했다. 잔류회원들 역시 리티그의 견해를 적

---

27) E. Englova, 같은 책, p.245; R.vom Bruch, 같은 논문, p.151.
28) 이러한 파벌형성은 대학생조합의 단결과 활동을 위축시키는 요인이 되었
　　다.
　　J.Englova, 같은 책, p.245; R.vom Bruch, 같은 논문, p.151; K.Fischer, 같은 논문,
　　pp.562-563.
29) 몬타니아는 1848년 11월 7일에 결성되었다.
　　J.Englova, 같은 책, p.245; A.Werner, 같은 책, p.133.

극적으로 지지함에 따라 리티그는 1849년 1월초부터 마르코만니아
와 접촉을 펼치게 되었다.30) 그 결과 몬타니아의 회원들은 1849년
1월 26일부터 마르코만니아에 가입하게 되었다.

그렇다면 왜 마르코만니아는 몬타니아의 이러한 제의를 긍정적
으로 수용했을까? 이 당시 마르코만니아의 핵심인물이었던 하켄베
르크와 에르메르는 독일 및 오스트리아 제국에서 진행되던 상황에
우려를 표명하고 있었다. 이들은 절대왕정체제로 복귀하겠다는 반
혁명세력과 어떠한 타협도 불가능하다는 판단을 하게 되었고 그것
은 기존 질서체제와의 협력을 통해 정치체제를 개선시키겠다는 자
신들의 기본적 구상도 포기하게 하는 요인이 되었다.31)

마르코만니아 회원은 몬타니아와의 합병으로 배증되었고, 두 대
학생조합의 합병을 성사시킨 리티그는 마르코만니아에서 자신의
위상을 강화시킬 수 있었다. 그 결과 리티그는 1849년 4월 마르코
만니아의 제 2대 의장으로 선출됐다.32) 이후 마르코만니아는 몬타
니아의 정치적 구상을 수용했는데 그것은 기존 질서체제와 어떠한
타협도 모색하지 않겠다는 것으로 요약할 수 있을 것이다. 더욱이

---

30) 이 당시 프라하 대학 법학부에 재학 중이던 리티그는 오순절 폭동(1848.
    6.12-17)에 적극적으로 참여하여 그의 반정부적 입장을 부각시킨 바 있다.
    *Brief R. Mittelbachs aus Most an A.Fleck-Blum vom 7.7.1848*
31) 혁명세력에 대한 반혁명세력의 우위는 오순절 폭동이 진압된 이후부터 나
    타나기 시작했다. 그리고 반혁명세력의 절대적인 우위는 빈에서 발생한 10
    월폭동이 진압된 이후부터라 하겠다. 10월폭동이 진압된 이후 혁명세력의
    대다수는 처형되거나, 국외로 탈출했다.
32) 이에 반해 프라하 경찰은 놀데(F. Nolde)를 마르코만니아의 초대의장으로 간
    주했다.
    J.Englova, 같은 책, p.245.

이 대학생조합의 일부 회원들, 특히 리티그와 그의 추종자들은 폭력적인 방법으로 공화정체제를 오스트리아 제국에 도입시켜야 한다는 주장을 펼치고 있었다. 아울러 이들은 자신들의 정치적 구상을 정관에 명시하려고 했고 그러한 관점은 곧 관철되었다.[33] 이에 따라 마르코만니아 정관의 제 1항은 '각 회원은 공화정체제를 오스트리아 제국에 도입시키는데 적극적으로 협력한다'라고 수정되었다. 그러나 리티그 주도하의 마르코만니아는 독일통합에 대해서는 별다른 관심을 보이지 않았는데 그러한 것은 이 대학생조합이 펼친 구호 및 활동에서 확인할 수 있다.

1849년 3월 중순부터 마르코만니아 회원들은 당시 대학생조합들이 크게 관심을 보인 '정치적 암살을 정당화시킬 수 있는가?'를 토론하기 시작했다. 여기서 이들은 정치적 암살을 정당화시킬 수 없다는 결론을 내렸는데 그것은 조합원의 정치적 성향을 고려할 때 의외의 결정이라 하겠다.[34] 마르코만니아의 이러한 결정은 프라하에서 개최된 제 1차 슬라브 민족회의의 중단과 거기서 비롯된 오순절 폭동(Pfingstaufstand), 그리고 빈 정부가 10월 폭동(Oktoberaufstand)과 헝가리 독립운동을 진압한 것과 무관하지 않을 것이다. 이 당시 마르코만니아의 회원들은 정국주도권을 다시 장악한 반혁명세력을

---

33) 이 당시 리티그는 체코 학생들로 구성된 슬라비아, 몰다비아, 그리고 체스코-모라브스케 브라트르스트보와 협력하여 마르코만니아의 지향목적을 달성하려고 했다.
   J.Englova, 같은 책, p.245.
34) 빈 정부의 핵심정치가였던 슈바르첸베르크(F.Fürst zu Schwarzenberg)와 바흐(A.Bach)가 암살대상자로 선정되었다.
   *Verhör A.Flecks vom 26.11.1849*; J.Englova, 같은 책, p.246.

불필요하게 자극할 이유가 없음을 인지하고 있었던 것이다. 그렇지만 마르코만니아의 회원들은 자신들의 좌파적 입장을 포기하지는 않았다. 즉 이들은 그들 집회에서 절대왕정체제의 문제점과 그것의 개선에 필요한 것들을 문학이란 장르를 통해 우회적으로 언급했다. 이들은 '시낭송' 같은 문학 활동에서 공화정체제의 유용성과 장점을 은유적으로 표현했던 것이다.35)

그러나 리티그를 비롯한 마르코만니아의 집행부는 점차적으로 자신들의 정치적 구상, 즉 정치체제를 변경시키기 위해서는 정신적 수양 및 육체적 단련도 필요하다는 것을 인지하게 되었다. 이러한 것은 협상보다는 대결로 마르코만니아의 정치적 관점을 실천시켜야 한다는 판단에서 비롯된 것 같다. 따라서 마르코만니아의 집행부는 회원들이 향후 제기될 수 있는 상황에 능동적이고 효율적으로 대처할 수 있게끔 펜싱과 체조를 장려했다.36)

1849년 4월 이후부터 마르코만니아는 진보적 사상의 중심지로 부각되었고 그 점에 대해서는 이 대학생조합의 일원이었던 헤트메르도 부정하지 않았다.

---

35) 이 당시 빈 중앙정부와 프라하 지방정부는 대학생조합운동에서 마르코만니아가 좌파를 대표하고 있다는 것을 감지했기 때문에 이 대학생조합의 움직임에 대해 예의주시하고 있었다. 마르코만니아의 회원들 역시 이러한 정부 입장을 파악했기 때문에 그들 활동에 대해 세심한 주의를 하고 있었다. 따라서 시 낭송으로 자신들의 정치적 관점을 표현하려고 한 것도 그러한 맥락에서 보아야 할 것이다.
   J.Englova, 같은 책, p.246.
36) 이 당시 마르코만니아의 집행부는 그들 조합의 목적을 달성시키기 위해서는 폭동적 상황도 고려해야 한다는 것을 인지하고 있었다.
   J.Englova, 같은 책, p.246.

"확실한 것은 우리 조합원들이 좌파적 성향, 즉 공화정체제를
지향했다는 것이다. 그리고 이러한 성향에 동조하는 학생들이
우리 조합에 가입하려는 것도 사실이다."[37]

독일의 혁명주의자들도 마르코만니아의 활동 및 정치적 성향에
대해 관심을 표명했는데, 그 이유는 이들이 이러한 대학생조합의
활동으로 1848년 후반기의 난국적 상황도 극복할 수 있다는 판단을
했기 때문이다. 즉 이들은 마르코만니아와 같은 급진적 대학생조합
들이 중부유럽에서 혁명을 주도해야 한다는 생각을 가지게 되었던
것이다. 그렇지만 이들은 대학생조합과의 연계를 구체적으로 모색
하지는 않았다.

## 3. 체코 과격주의자들의 활동과 한계성

이 당시 과격한 정치 운동의 중심지였던 작센 지방과 마찬가지
로 보헤미아 지방에서도 유사한 정치적 흐름이 있었는데 그것은
진보적 대학생운동과는 별개의 것이었다. 보헤미아 지방의 자유주
의자들은 이러한 움직임에 대해 부정적인 반응을 보였고 어떠한
협조도 하지 않겠다는 자세를 보였다. 그것은 이들이 기존 질서체
제가 제국에서 다시 절대적 우위를 차지했다는 것과 과격적 민주
주의자들이 자신들의 권리를 보장하지 않으리라는 판단을 했기 때
문이다.

---

37) Summar-Verhör J.Hettmers vom 6.6.1849.

보헤미아 지방의 과격적—민주주의적인 견해들은 주로 '오브챤스케 노비니(Obcanske noviny;시민 신보)'에서 거론되었다.38) 이 당시 과격주의자로 간주되던 사비나(K.Sabina) 역시 이러한 정치적 관점을 '노비니 리피 슬로반스케(Noviny lípy slovanské; 슬라브 보리수 신문)'에서 강조했는데 그러한 것은 그가 이 신문의 간행인이었기 때문에 가능했다.39) 사비나는 1849년 1월 18일 바쿠닌(M.Bakunin)의 '슬라브인에게 바치는 호소'를 '슬라브 보리수 신문'에 게재했는데 그것은 독일의 혁명세력을 규합하기 위해서는 바쿠닌의 견해를 적극적으로 홍보해야 한다는 밀러-스트뤼빙(H. Müller-Strübing)의 주장에 그 자신이 동조했기 때문이다.40) 이러한 움직임에서 보헤미아와 작센의 과격주의자들이 상호협력을 모색했다는 것과 거기에 바쿠닌도 개입했음을 확인할 수 있다.

---

38) J.Englova, 같은 책, p.247.
39) 이 당시 사비나는 팔라츠키의 친오스트리아슬라브주의에 대해 부정적인 시각을 가졌을 뿐만 아니라 그것에 대한 공개적인 비판도 주저하지 않았다.
W.Heltmann, "Sprawozdanie z missij do Czech I Niemice. Częscpierwsza: Czynnosci tyczące Czechy I Saksoniję od Kwietnia do 10° Maja roku 1849", in: R.Franz, *die Rolle der Arbeiter während des Dresdener Maiaufstandes von 1849*(Potsdam, 1966), p.11.
40) 밀러-스트뤼빙은 1848년 11월에 이러한 제의를 했다.
J..Englova, 같은 책, p.247; H.Zessin, "deutsch-polnisch-tschechische revolutionäre Kooperation im Frühjahr 1849 in Sachsen. Ihre Initiatoren und Hauptakteure sowie erste Ergebnisse am Vorabend der Maierhebung", in: *Jahrbuch für Geschichte*, Bd., 14(Berlin, 1975), p.76.
러시아의 귀족출신이었던 바쿠닌은 베를린 대학에서 철학을 공부했다. 그는 당시 많은 대학생들과 마찬가지로 사회주의에 대해 관심을 보였고 그것은 그로 하여금 프루동(P.H.Proudhon)의 사상, 즉 무정부의주의 사상을 추종하게 했다.

　3월 혁명 이후 독일 내에서 무정부주의자 또는 과격주의자로 알려진 러시아 정치가 바쿠닌은 1848년 5월 30일 프라하에서 개최된 제 1차 슬라브 민족회의(Slovanský sjezd)에 참석하여 오스트리아 제국의 해체필요성을 역설했지만 대다수의 슬라브 정치가들은 그러한 견해에 관심을 보이지 않았다. 왜냐하면 그들은 오스트리아 제국의 존속과 슬라브 민족의 지위향상만을 도모했기 때문이다.[41] 슬

---

41) 독일의 민족주의자들과 자유주의자들은 1848년 5월 18일 프랑크푸르트에서 국민의회를 소집하기로 결정했다. 여기에 상정된 주요의제 중의 하나는 대독일주의 원칙에 따라 독일 연방에 포함된 일련의 비독일계 지방들을 '신독일'에 편입시키는 문제였다. 이러한 사실이 오스트리아 제국에 알려짐에 따라 제국 내 슬라브 정치가들, 특히 체코 정치가들은 보헤미아 지방과 모라비아 지방이 '신독일'에 편입될 경우 그들 민족에게 미칠 영향을 분석하였을 뿐만 아니라 그것에 대한 대비책도 모색하게 되었다. 이러한 때 아그람(Agram; 오늘날의 Zagreb)의 언론가였던 쿠쿨레비치-사크친스키(Ivan Kukuljevič-Sakcinski)가 슬라브 민족의 결속과 연방체제의 구축을 위해 슬라브 민족회의를 개최해야 한다는 견해를 제시했다. 그는 1848년 4월 20일자 '달마치아신보(Novine Dalmatinsko-Horvatsko-Slovenske)'에서 프랑스인, 영국인, 이탈리아인, 그리고 독일인들이 민족통일을 실현하였거나 또는 거의 실현 단계에 이르렀음을 지적했다. 이어 그는 긴 역사의 슬라브 민족들이 자신들의 찬란한 문화와 민주주의 체제를 활성화시키기 위해서는 민족간의 결속과 통합이 선행되어야 한다는 주장도 펼쳤다. 또한 그는 슬라브 민족간의 단결이 범슬라브 세계의 대표자들로 구성되는 슬라브 민족회의(Sobor)의 결성여부에 달려 있다고 강조했다. 아울러 그는 오스트리아 제국 내 슬라브 민족뿐만 아니라 러시아, 폴란드, 그리고 독일권(프로이센, 작센)의 슬라브 민족들도 이러한 민족회의에 참여해야 한다고 역설했다. 끝으로 그는 헝가리인들이 자신들의 지배 하에 있는 슬라브 민족들에게 자치권 및 동등권을 보장하지 않을 경우 슬라브 민족들은 헝가리의 지배로부터 벗어나야 한다는 주장을 펼쳐 크로아티아인들의 향후 대응방향에 대해서도 간접적으로 시사했다. 쿠쿨레비치-사크친스키의 제안에 대해 제국내의 슬라브 정치가들은 동의했을 뿐만 아니라 그것을 현실화시키는데도 총력을 기울였다. 이에 따라 슬라브민족회의는 슬라브 민족회의는 1848년 6월 2일 프라하에서 개최되었

라브 민족회의에서 자신의 견해가 수용되지 않음에 따라 바쿠닌은 오순절 폭동에 참여하여 자신의 관점을 관철시키려고 했다. 그러나 오순절 폭동은 빈 정부의 신속한 개입으로 진압되었고 바쿠닌은 오스트리아를 떠나야만 되었다.42) 이후 바쿠닌은 작센 지방, 특히 라이프치히(Leipzig)에서 간헐적으로 정치활동을 펼쳤는데 그의 대오스트리아 관점은 전혀 변하지 않았다. 즉 그는 무력으로 오스트리아 제국을 붕괴시켜야 한다는 견해를 견지했던 것이다. 아울러 그는 헝가리와 독일의 혁명주의자들이 협력해야 한다는 것과 유럽의 공화주의자들이 연방체제 결성에 관심을 기울여야 한다는 주장도 펼쳤다. 특히 그는 모든 국가의 혁명주의자 또는 민주주의자들의 신성한 의무가 바로 이러한 결속을 현실화시키는 것이라 했다.43)

---

다.
제 1차 슬라브 민족회의를 다룬 대표적 저서는 다음과 같다.
①V.Zácek, *Slovanský sjezd v Praze roku 1848. Sbirka dokumentu*(Praha, 1958)
②Robert A. Kann, *das Nationalitätenproblem der Habsburgermonarchie 2 Bde.*(Graz-Köln, 1964)
42) 제 1차 슬라브 민족회의 기간 중 바쿠닌이 펼친 활동을 취급한 저서나 논문을 열거하면 다음과 같다.
①V.Cejchan, *Bakunin v Cechách. prispevek k revolucnimu hnutí ceskému v letech 1848-1849*(Praha, 1929)
②J.Pfitzner, *Bakuninstudien*(Prag, 1932)
③J.Kolejka, "Bakuninova cesta k nové slovanské poliyice z roku 1848", in: *Slovanský prehled* 73 (1987), pp.367-377.
43) J.Kolejka, "Bakuninova cesta k nové slovanské poliyice z roku 1848" , in: *Slovanský prehled* 73(1987), pp.370-371; *Noviny Lipy Slovanske*, Nr. 3 (1849.1.4), p.10; V.Čejchan, *Bakunin v Čechách* (Praha, 1927), pp.121-122.
바쿠닌은 자신의 무정부주의를 다음과 같이 언급했다.
"노동계층과 시민계층에 대한 파멸과 탄압은 군주제 및 관료체제의 왜곡된

1849년에 접어들면서 보헤미아 및 작센 지방에서는 지금까지 불

명분에서 비롯되었다. 근대에 접어들면서 국가는 교회의 자리를 빼앗고 신성한 기관임을 천명했다. 따라서 국가의 도덕성은 개인의 도덕성과 전혀 다른 형태를 취하고 있다. 개인의 도덕성은 종교적 교리에 어긋나지 않는 한 모든 인간사회에서 어느 정도 인정받고 이해될 뿐만 아니라 항구적인 기반도 가지고 있다. 여기서 항구적 기반은 인간존중, 인간존엄성에 대한 존중, 그리고 모든 개인적 권리와 자유에 대한 존중으로 요약할 수 있을 것이다. 그리고 이러한 원칙존중을 하나의 덕성으로, 그 위반을 하나의 범죄로 간주되었다. 그런데 국가의 도덕성은 전적으로 이러한 인간적 도덕성을 위배하는 것으로 볼 수 있다. 국가는 인민에게 최고목표로 제시되고 있다. (…)국가의 힘과 성장에 기여하는 것이 좋기 때문에 심지어 인간적 관점에서 고귀하고, 바람직한 행위조차 그러한 절대절명의 원칙을 위배할 경우 나쁜 것으로 간주되었다.(…)모순은 바로 이러한 국가개념에 있는 것이다. 세계국가가 실현된 적이 없기 때문에 모든 국가는 한정된 영토와 제한된 수의 신민으로 구성된 실체라 하겠다.(…)이것이 바로 우리가 특정 국가뿐만 아니라 모든 국가를 열렬히 반대하는 이유라 하겠다. 국가가 존재하는 한, 전쟁과 무서운 범죄와 그 불가피한 결과, 파괴와 신민의 전반적 참상은 결코 끝나지 않을 것이다. 국가가 존재하는 한, 신민들은 가장 민주적인 국가에서조차 노예적 신분에서 벗어나지 못할 것이다. 왜냐하면 그들 자신의 행복과 부보다는 국가의 힘과 부를 위해 일을 해야 하기 때문이다. 국가란 무엇인가? 그것은 공동의 선, 보편적 권리, 자유의 표현이며 실현이라고 사람들은 주장한다. 그러한 견해를 제시하는 사람들은 전능한 신이 만인의 보호자라는 주장을 펼치는 사람들과 다를 바 없다. 신성한 존재에 대한 환상이 사람들의 상상 속에 자리 잡은 이래 신-모든 신, 특히 크리스트교의 신-은 항상 무지하고 가난한 대중보다는 강하고 부유한 자의 편을 들어왔다. 신은 자신의 사제를 통해 가장 혐오적 특권인 탄압과 착취를 축복했다. 국가는 모든 착취의 보증인 역할을 담당할 뿐이다. 왜냐하면 국가는 일반신민의 손해보다는 소수 특권계층의 이익을 더욱 중요시하기 때문이다. 복지, 번영, 일부 계층의 특권을 보장하기 위해 그것은 모든 사람들의 집단적 힘과 노동을 활용하고 모든 사람들의 인권을 손상시키고 있다. 이러한 조직에서 소수는 망치역할을 하고 다수는 모루역할을 할 뿐이다."

 이러한 언급을 통해 혁명에 대한 견해차이가 그와 마르크스 사이에 있었음을 확인할 수 있다. 마르크스는 혁명이 산업사회의 의식화된 프롤레타리아를 중심으로 전개되어야 한다는 주장을 펼친 반면 바쿠닌은 모든 억압받는

평등한 대우를 받던 민족, 특히 비독일계 민족의 제 권리를 인정할 경우 민족간의 공조도 가능하다는 인식이 확산되었다. 아울러 반혁명세력이 독일에서 주도권을 차지한 후 빈, 베를린, 그리고 라이프치히에서 진행된 운동에서 공화주의적인 성향이 뚜렷이 부각되었는데 그것은 민족적 한계를 극복하는 결정적 요인이 되었다.44)

　　1849년 1월 독일과 체코의 과격주의자들은 라이프치히에 위치한 '금계(Beim goldenen Hahn)'에서 첫 접촉을 가졌다.45) 이 당시 라이프치히 대학의 신학부에 재학 중이었던 스트라카(G./A.Straka) 형제는 바쿠닌과 체코의 핵심적 과격주의자였던 아르놀트(E.Arnold)간의 접촉을 중개하는 역할을 담당했다. 1845년부터 라이프치히 대학에서 신학을 공부했던 이들 형제는 바쿠닌의 혁명론에 공감했을 뿐만 아니라 그것의 실천에 대해서도 적극성을 보이고 있었다.46) 독

---

계층이 혁명을 주도해야 하며 그것을 위해서는 비밀조직의 선동만이 필요하다는 관점을 피력했다. 따라서 바쿠닌은 비밀조직의 선동활동, 즉 폭력, 테러, 암살 등은 억압받는 계층의 깨우침을 위해 절대적으로 필요한 것으로 인식했던 것이다.

　이후 바쿠닌은 1863년 폴란드혁명에 참여했으며 이탈리아에서 진행된 노동운동조직에도 관여했다. 1870년 그는 파리 코뮌과 같은 체제를 리옹에 도입하기 위해 폭동을 일으켰지만 성공을 거두지는 못했다.

44) 이 당시 공화주의는 투쟁적이고 비타협적인 파벌세력의 프로그램으로 인식되었다.
　　R.Weber, "K uloze maloburzoazni demokracie v nemecke revoluci 1848-1849", in: *Revoluce 1848-1849 ve stvedni Evropa*(Praha, 1974), p.151.
45) J.Koči, *E.Arnold*(Praha, 1964), p.75.
46) 코바니체(Kovanice)출신의 스트라카 형제는 아르놀트에게 바쿠닌의 라이프치히 초청장을 전달했을 뿐만 아니라 그가 라이프치히에 참석할 때도 동행했다.
　　P.Demetz, 같은 책, p.444; J.Koči, 같은 책, p.75

일과 체코 인사들의 접촉에는 독일의 민주주의자였던 헤사메르 (Hexamer)와 데 프레(Des Prés)도 참여했다.47) 이러한 접촉에서 독일 과 체코 인사들은 보헤미아와 작센 지방에서 혁명적 소요를 공동 으로 추진한다는 계획도 수립했다. 이후 바쿠닌과 아르놀트 간의 접촉은 주로 서신교환을 통해 이루어졌다. 그런데 우편물에 대한 검열로 아르놀트에게 보내는 바쿠닌의 편지는 프라하의 예수회가 의 생선판매인, 니콜란데르(Nikolander)의 주소로 보내졌다.

> "1848년 후반기의 제 사건은 우리 혁명세력의 활동을 크게 위
> 축시켰습니다. 그러나 우리는 부패와 위선으로 가득 찬 기존 질
> 서체제를 붕괴시켜야 할 의무를 가졌을 뿐만 아니라 그것을 실
> 천할 능력도 충분히 가지고 있습니다. 만일 우리가 긴밀히 협조
> 할 경우 현재적 상황은 극복될 것이고 최후의 승리 역시 우리의
> 것이 되리라 확신합니다."48)

이들 사이의 접촉은 서신뿐만 아니라 밀사를 통해 이루어지기도

---

47) 아르놀트는 바쿠닌과의 접촉에서 체코 민족의 관심을 부각시키는데 주력했
을 뿐만 아니라 독일통합에 대한 자신의 부정적인 시각도 언급했다. 독일과
체코 정치가들의 접촉에 참여한 헤사메르와 데 프레 역시 작센 지방의 반정
부활동에서 핵심적 역할을 담당했던 인물들이었다.
　P.Demetz, 같은 책, p.444; J.Kočí, 같은 책, p.75; Z.Šamberger, *die revolutionäre
Zusammenarbeit der tschechischen und sächsischen Demokraten im Frühjahr 1849*(Berlin,
1958), p.268; Staatsarchiv Dresden (=SAD), Justizministerium, Nr. 1633b(61);
K.Obermann, "Karl D'Ester, Artz und Revolutionär; seine Tätigkeit in den Jahren
1848/49", in: *Aus der Frühgeschichte der deutschen Arbeiterbewegung*(Berlin, 1964), p.189.
48) 이 당시 아르놀트는 니콜란데르의 집에 머무르고 있었다.
　J.Kočí, 같은 책, p.76; Z.Šamberger. 같은 책, p.268.

했다. 라이프치히 음악학교의 학생 하임베르거(J. Heimberger), 드레스덴(Dresden) 출신의 음악 감독 겸 바그너(R.Wagner)의 절친한 친구였던 뢰켈(A.L.Röckel), 그리고 폴란드인 아코르트(J.Akkort) 등이 밀사로 활동했다.49)

1849년 3월 11일 바쿠닌은 자신의 활동무대를 라이프치히에서 드레스덴으로 옮겼다. 다음 날 '드레스덴 신문'의 주간이었던 비티그(A.Wittig)는 독일과 체코 민주주의자들이 추진한 공조 작업에 동참하겠다는 의사를 밝혔는데 그러한 결정은 바쿠닌과의 독대 후 이루어진 것이었다. 비티그의 이러한 결정에서 확인되는 것은 독일의 과격주의자들이 아직까지 바쿠닌의 주장에 긍정적인 자세를 가졌다는 점이다.

3월 14일 비티그는 자신의 신문에서 체코 민주주의자들이 펼쳤던 그 동안의 활동을 긍정적으로 평가했다. 아울러 그는 3월 16일자 신문에서 '투쟁동맹'의 조속한 결성도 촉구했는데 그러한 자세는 공동의 적을 공동의 힘으로 물리쳐야 한다는 판단에서 비롯된 것 같다.50)

---

49) 빈 대학에서 법학을 공부했던 하임베르거는 1848년 여름학기부터 라이프치히 음악대학에서 작곡을 전공하는 음대생이 되었다. 그러다가 그는 바쿠닌의 요청으로 1848년 3월부터 프라하에 머무르면서 대학생 및 군인들에게 혁명의 필요성을 강조하는 역할을 담당했다. 폴란드 퇴역장교였던 아코르트는 프라하를 방문할 때 마다 체스코-모라브스케 브라트르스트보의 회원들과 접촉했고 거기서 그는 슬라브세계의 통합필요성을 누누이 강조했다. 그리고 이 인물에 대한 경찰의 감시가 있었는데 그것은 드레스덴경찰서의 쉴링(Schilling) 보고서에서 확인할 수 있다.
   J.Koči, 같은 책, pp.76-77; Z.Šamberger, 같은 책, pp.268-269.
50) R.Zeise u. H.Zessin, "Ernst Ludwig Wittig. Polenfreund und revolutionärer

드레스덴에서 활동을 펼치고 있던 바쿠닌 역시 체코 민주주의자들과의 접촉이 필요하다는 인식을 가지게 되었다. 이에 따라 3월 23일 바쿠닌은 앤더슨(Anderson)이란 이름으로 프라하에 잠입했고 그의 주도로 비밀집회가 개최되었다.[51] 아르놀트, 사비나, 가우치(V.Gauč), 바브라(V,Vávra), 그리고 크네델한스-리브린스키(J.Knedelhans-Liblinský) 등이 체코대표로 참여한 비밀집회에서는 보헤미아 지방의 혁명강령이 채택되었다. 그 중에서 중요한 것들을 언급하면, 첫째, 합스부르크왕조를 제거하고 공화정체제를 오스트리아 제국에 도입한다. 그리고 체코 민족이 독립을 원할 경우 독립도 허용한다. 둘째, 귀족 계층에 대한 반동적 정책을 펼친다. 셋째, 성직자들과 귀족들의 토지와 재산을 강제로 몰수하여 농민 및 노동자 계층에게 균등하게 분배한다. 넷째, 농민들에게 부과되고 있는 봉건적 잔재들을 무상으로 철폐한다 등이다.[52]

그러나 바쿠닌은 프라하에서 진행된 대화에 대해 만족하지 않았는데, 그것은 이 도시의 과격주의자들이 빈 정부의 개입가능성을

---

Publizist", in: *Männer der Revolution von 1848*, Bd., Ⅱ(Berlin, 1987), p.39; K.Obermann, 같은 논문, p.190.

51) 비밀집회는 프라이쓰(Freiß)라는 대학생 집에서 개최되었다.
   J.Englova, 같은 책, p.248

52) 이 당시 바쿠닌은 무력적 대응이 필요하다는 것을 강조했고 그것에 동조하는 보헤미아 과격주의자들은 폴란드 장교들의 지원을 받아 혁명정부와 그것을 뒷받침할 국민군창설을 구상하고 있었다. 그러나 이러한 움직임에 대한 체코 정치가들의 반응은 매우 부정적이었다.
   J.Englova, 같은 책, p.248; Z.Šamberger, 같은 책, p.269; J.Pfitzner, *Bakuninstudien*(Prag, 1932), p.171; *Státni ústředni archiv Praha*(=SUAP), Pg 1846-1849 15b/10 1849, kartón 2201, objem 1-223.

지나치게 의식한데서 비롯된 것 같다. 드레스덴으로 돌아온 후 바쿠닌은 기존의 정치가들보다는 진보적 대학생조합과의 접촉을 통해 자신의 계획을 관철시키려고 했다. 따라서 그는 체스코-모라브스케 브라트르스트보에서 핵심적 인물로 활동하고 있던 프리치(Frič)와의 접촉을 모색했다.53)


## 4. 체코학생혁명평의회와 마르코만니아

빈 정부는 1848년 10월 폭동을 계기로 빈에 소재한 대학들에 휴교령조치를 내렸고 그것은 프라하 소재 대학들의 학생 수를 급격히 늘리는 계기가 되었다.54) 이후 프라하 대학의 학생들은 정치적 문제에 큰 관심을 표명했는데 그 이유는 빈 대학의 좌파 학생들이 대거 학업장소를 프라하로 옮겼기 때문이다. 아울러 이러한 좌파 학생들의 대거 유입은 빈 정부의 정책을 비난하는 대학생조합의 수를 증대시키고 활성화시키는 요인도 되었다. 이러한 상황변화는

---

53) 오순절 폭동에 적극적으로 참여했던 프리치는 4월 12일 드레스덴에 머물고 있던 바쿠닌을 방문했는데 그것은 그가 바쿠닌의 제의를 수용했기 때문이다. 프리치는 바쿠닌과의 대화에서 그의 혁명적 이론 및 방법에 대해 깊은 감명을 받았다.

J.Englova, 같은 책, p.248; Z.Šamberger, 같은 논문 p.258; *Vojenský historicky archiv Praha IV. oddělení(Rakousko-Maďarsko), Vyšetřovaci komise(=VHAP,IV.Od. RM)*, Verhör Arnold vom 9.4.1851; SUAP, PG 1846-1849 15b/10 1849, kartón 2201, objem 1-227.*Státni ústředni archiv Praha(=SUAP)*, Pg 1846-1849 15b/10 1849, kartón 2201, objem 1-223.

54) 1849년 초 프라하 소재 대학의 학생 수는 5,000명에 달했다.

J.Englova, 같은 책, p.249.

빈 중앙정부와 프라하 지방정부의 우려를 불러일으켰을 뿐만 아니라 그것에 대한 적절한 조치 역시 필요하다는 인식도 가지게 했다.55)

프라하 소재 대학들 중에서 프라하 공과대학은 과격파의 산실로 간주되었는데 그 이유는 이 대학 학생들의 ⅔ 이상이 경제적으로 어려운 소시민계층의 자녀였다는 것과 70% 이상의 학생들이 학업과 병행하여 직장생활을 했다는데서 찾을 수 있을 것이다.56) 즉 이들은 기존 질서체제의 문제점들이 무엇이고 또 어떠한 방법으로 그러한 것들을 극복할 수 있는가에 대해서도 잘 알고 있었던 것이다.

마우(M. Maux), 클라이네르트(P.V.Kleinert), 그리고 네드리체크(J. Nedriček)가 프라하 공과대학에서 대학생조합을 주도했는데 이들의 이름에서 독일과 체코 학생들이 협력했다는 사실을 확인할 수 있다. 이 당시 이들은 바쿠닌의 오스트리아제국해체론을 전적으로 지지했기 때문에 그의 혁명적 방법을 구체화시킬 수 있는 방법에 대해서도 논의하고 있었다. 여기서 이들은 학생혁명평의회를 구성했는데 여기에는 프리치, 마우, 토마셰크(F. Tomašek), 스트라카 형제, 네드리체크, 클라이네르트, 기르글(F. Girgl) 등이 참여했다. 이후 학생혁명평의회는 5월 15일 프라하에서 폭동을 일으키기로 합의했고

---

55) J.Englova, 같은 책, p.249.
56) 이 당시 프라하 공과대학의 학비는 프라하 대학보다 훨씬 저렴했기 때문에 경제적으로 여유가 없는 계층의 자녀들도 많이 다녔다. 20여 개의 대학생조합이 결성된 프라하 대학과는 달리 프라하 공과대학에는 3개의 대학생조합만이 결성되었는데 그것은 위에서 언급한 경제적 요인에서 비롯된 것이라 하겠다.
F.Jilek, 같은 책, p.274.

그것을 성공시키기 위해서는 체코와 독일학생간의 협력이 절대적으로 필요하다는 인식도 가지게 되었다. 이 당시 학생혁명평의회의 활동에 관심을 보였던 마르코만니아와 체스코 모라브스케 브라트르스트보는 학생혁명평의회와 같은 견해를 가졌기 때문에 자신들의 협조와 지지를 아끼지 않겠다는 입장을 밝혔다.[57]

프리치는 이러한 학생혁명평의회의 입장과 그것에 대한 대학생조합의 반응을 바쿠닌에게 전달하기 위해 다시 드레스덴으로 갔다. 프리치와의 대화에서 바쿠닌 역시 체코와 독일 대학생조합의 공조가 폭동을 성공으로 이끄는 관건이 될 수 있다고 했다. 프라하로 돌아온 프리치는 1849년 5월 3일 독일대학생조합에게 공식적인 공조를 제의했다. 이러한 제의에 대해 독일의 대학생조합, 특히 마르코만니아는 호의적인 자세를 보였을 뿐만 아니라 독일 민족과 체코 민족의 공동자유를 위해 공동의 노력을 펼치겠다는 성명도 발표했다.[58] 이러한 움직임에서 체코와 독일 대학생조합이 자신들의 공동목표가 무엇인지 그리고 그것을 위한 투쟁에서 어떠한 것들이 필요한지를 명확히 파악했다는 것을 알 수 있다.

이 당시 마르코만니아의 의장이었던 리티그는 체코와 독일 학생 사이의 긴밀한 협조에 대해 긍정적인 자세를 보이고 있었다. 이후 그는 학생혁명평의회의 일원이 되었고 폭동준비에도 적극적으로

---

57) 체스코-모라브스케 브라트르스트보와 마르코만니아가 프라하공과대학 대학생조합의 주도로 결성된 학생혁명평의회에 관여한 이후 이 단체의 주도권은 체스코-모라브스케 브라트르스트보로 넘어갔다.
F.Jilek, 같은 책, p.275.
58) J.Englova, 같은 책, p.249.

참여하고자 했다.59) 체코와 독일 학생 사이에 형성된 공감대는 마르코만니아 이외의 일부 다른 대학생조합, 즉 리베라리아에서도 감지되었다. 이 대학생조합은 체코 학생들과의 공조에 관심을 보였고 이 대학생조합의 의장인 그로쓰만(W. Grossmann)은 체코 학생들과 협력하겠다는 성명을 발표하기도 했다. 이후 이 대학생조합의 회원들은 폭동준비 작업에 적극적으로 참여했는데, 쾨헤르(J. Köcher), 하트만(E. Hartmann) 등이 그 대표적인 인물들이라 하겠다.60)

그러면 과연 어느 정도의 학생들이 폭동준비에 참여했고 또 그러한 인원으로 폭동을 일으킬 수 있었을까? 이 당시 대학생조합에 가입한 학생들이 전체 학생에서 차지하는 비율은 10%에 불과했다. 즉 전체 학생의 10%인 500여명의 학생들이 20여 개의 대학생조합에 가입했던 것이다. 그리고 이들 대학생조합 모두가 학생혁명평의회의 구상에 관심을 가진 것도 아니었다. 따라서 마르코만니아, 리베라리아, 그리고 체스코-모라브스케 브라트르스트보의 회원들과 다른 대학생조합의 일부 회원들이 폭동준비에 참여했다 가정할 경우에도 그 수는 100명을 넘지 않았을 것이다.61)

이러한 상황에도 불구하고 학생혁명평위회는 5월말로 계획된 프라하 폭동을 성공적으로 수행하기 위한 준비를 계속했는데 그것은 그들이 폭동을 일으킬 경우 사회계층의 지지 및 참여가 반드시 있으리라는 확신에서 비롯된 것 같다. 특히 학생혁명평위회는 그들

---

59) A.Klima, *Cesi a Nemci v revoluci 1848-1849*(Praha, 1988), p.449.
60) H.Traub, *Kvetnove spiknuti v Cechach 1849*(Praha, 1929), p.288.
61) A.Klima, 같은 책, pp.450-451; J.Englova, 같은 책, p.249.

계획에 노동자 계층을 반드시 참여시켜야 한다는 인식을 가지고 있었다.62) 비록 이들이 노동자들의 현실적 상황을 개선시킬 수 있는 대안을 제시하지는 못했지만 노동자들의 밀집지역을 순회하면서 현 체제의 문제점을 부각시키는데 주력했다.63)

이후부터 학생혁명평의회는 프라하와 그 주변 지역을 점거하는 방안을 구체적으로 논의했을 뿐만 아니라 폭동에 참여하려는 대학생조합들에게 구체적인 과제도 부여하기 시작했다.

지금까지 펼친 리티그의 활동과 그에 대한 신임으로 마르코만니아는 학생혁명평의회로부터 도시의 주요 지역, 즉 시청근처에 위치한 구시가 원형광장을 할당받았는데 거기에는 다량의 무기가 보관된 무기고가 있었다. 따라서 마르코만니아의 실제적 과제는 원형광장 지하실에 위치한 무기고를 습격하여 폭동에 필요한 무기들을 확보하는 것이었다. 학생혁명평위회로부터 임무를 부여받은 마르코만니아의 회원들은 자신들에게 할당된 지역에서 바리게이트를 설치할 수 있는 장소를 몰색했을 뿐만 아니라 자신들이 점령할 건물 및 장소에 대해서도 사전 점검을 했다. 폭동준비에 참여한 다른 학생조합들 역시 각기 그들에게 부여된 과제를 이행하기 위한 준비를 했다.

---

62) 이 당시 프라하와 그 주변지역의 산업 활동은 오스트리아의 다른 지역들보다 훨씬 활발했기 때문에 적지 않은 노동자들이 살고 있었다.
　A.Klima, 같은 책, p.451.
63) 그러나 프라하와 그 주변 지역의 노동자들은 학생들의 접근 및 계획에 대해 부정적인 시각을 가지고 있었다.
　A.Klima, 같은 책, p.452; J.Englova, 같은 책, p.250.

타인(Teyn)교회의 종소리를 시점으로 도심으로 진출하려던 학생
혁명평위회는 타종의 임무 역시 마르코만니아에게 위임시켰다. 이
에 따라 마르 코만니아는 지겔(E.Siegel)을 타종 인물로 선정했다. 이
후 지겔은 수차례에 걸쳐 교회탑을 방문했는데 그러한 것은 마르
코만니아의 회원이었던 헤트메르의 부친이 이 교회의 종치기였기
때문에 가능했다.

학생혁명평의회는 귀족 및 지주의 저택습격을 지방민들에게 위
임시키기로 합의했고 언덕에서의 횃불점화를 습격신호로 결정했다.
그러나 학생혁명평의회는 지방민, 특히 농민들이 그들 의도에 어느
정도의 호응을 보일 것인가에 대해서는 구체적으로 논의하지 않았
다.64) 아울러 프라하 성에 머무르고 있던 페르디난트 전 황제가 경
호원 없이 산책한다는 정보를 입수한 학생혁명평위회는 그를 체포
하기로 했는데 그것은 그를 인질로 삼을 경우 빈 정부로부터 보다
많은 양보도 얻어낼 수 있다는 판단에서 비롯된 것 같다.

이 당시 마르코만니아의 회원들은 공화정체제를 오스트리아 제
국에 도입시킬 수 있다는 확신을 가지고 있었다. 따라서 이 대학생
조합의 대표였던 리티그는 3월혁명 기간 중 과격주의자로서 명성
을 떨쳤던 헤케르(Hecker), 스트루베(Struve), 그리고 타우제나우
(Tausenau)와도 접촉을 모색했다. 리티그의 이러한 시도는 반정부 세
력의 규합으로 기존의 질서체제를 붕괴시킬 수 있다는 확신에서
비롯된 것이라 하겠다.65)

---

64) P.Demetz, 같은 책, p.445; J.Englova, 같은 책, pp.250-251; H.Zessin, 같은 논문,
   p.77.

폭동을 준비하면서 마르코만니아의 회원들은 개인적 희생도 주저하지 않았는데 그것은 자신들의 물품판매에서 얻은 이익금 전부를 탄약 및 탄약통구입에 사용한 데서 확인할 수 있다.66)

이후 프라하 학생혁명평의회는 수차례에 걸쳐 바쿠닌과 비밀회동을 가졌고 여기서 폭동계획을 다음과 같이 수립했다; 우선 프라하에서 폭동을 일으켜 그 여파를 드레스덴에 전달한다. 이어 독일의 중요한 도시들은 드레스덴의 영향을 받아 자발적으로 봉기한다. 그리고 혁명적 독일은 유럽의 여러 국가에서 혁명이 유발될 수 있게끔 적극적으로 지원한다.67) 그러나 이러한 계획은 독일의 혁명주의자들과 충분히 논의된 상태도 아니었다. 다만 프라하의 학생혁명평의회는 바쿠닌의 중재로 드레스덴의 폭동주체, 즉 이 도시의 대학생조합과 긴밀한 협조체제를 구축했을 뿐이었다.68)

아울러 프라하 폭동에 관심을 보였던 대학생조합들도 학생혁명평위회의 이러한 구상에 전적으로 동의한 것은 아니었다. 그 일례로 마르코만니아의 회원들은 학생혁명평의회의 구상에 일치된 입장을 보이지 못했다. 즉 이 대학생조합의 실세였던 리티그와 로렌

---

65) 그러나 헤커르와 스트루베는 프라하의 대학생혁명평의회가 추진한 폭동에 대해 큰 관심을 보이지 않았다.
    A.Werner, 같은 책, p.138; H.Zessin, 같은 논문 p.77-78.
66) 이 당시 대학생조합은 회원들이 내는 회비와 기부금으로 운영되었는데 기부금은 대체적으로 물품판매, 생활용품과 필사본판매에서 얻는 이익금으로 충당되었다.
    H.Zessin, 같은 논문 p.77.
67) H.Zessin, 같은 논문 p.78.
68) H.Zessin, 같은 논문 pp.78-79.

츠(Lorenz)는 학생혁명평의회의 구상에 대해 상충된 반응을 보였던 것이다.69) 이들은 원칙적으로 학생혁명평의회의 결정에 대해 동의를 했지만 그 실행절차에 대해서는 의견을 달리했다. 이미 언급한 바와 같이 리티그는 5월폭동 참여와 체코 대학생조합과의 공조에 대해 긍정적이었지만 로렌츠는 그러한 것에 대해 부정적인 시각을 가지고 있었다. 그에 따르면 혁명은 독일의 한 도시에서 시작되어야 하고 또 독일에서 승리를 쟁취해야 한다는 것이었다. 그러나 리티그는 로렌츠와 그의 추종세력의 반대에도 불구하고 자신의 입장을 마르코만니아에서 관철시킬 수 있었다.70) 이후 마르코만니아의 회원들은 혁명준비에 적극적으로 참여했고 로렌츠 역시 마르코만니아의 결정에 승복하겠다는 입장을 밝혔을 뿐만 아니라 리티그를 적극적으로 지원하겠다는 약속도 천명했다. 로렌츠는 자신의 약속을 입증이라도 하듯이 5월초 뮌헨에 가서 그곳 학생들의 정치적 성향과 입장을 관찰하는 성의를 보였다.71)

---

69) 포르알베르크(Voralberg)출신인 로렌츠는 유럽의 여러 대학, 파두아(Padua), 빈, 파비아(Pavia)에서 의학공부를 했다. 1848년 11월 프라하에 온 로렌츠는 이곳에서 그의 학창생활을 마무리하려고 했다. 이에 따라 그는 프라하 대학의 의학부에 등록했다. 점차적으로 로렌츠는 마르코만니아의 활동에 대해 관심을 가지게 되었고 그것은 그로 하여금 대학생조합에 가입하게 하는 계기도 되었다. 이후 로렌츠는 마르코만니아에서 자신의 영향력을 증대시켰는데 그것은 그의 연령과 달변에서 비롯된 것이라 하겠다.
J.Englova, 같은 책, p.251; H.Zessin, 같은 논문 p.79.
70) 43명이 참석한 정기회의에서 리티그는 자신의 입장을 관철시킬 수 있었는데 그것은 32명의 회원이 그를 지지했기 때문이다.
J.Englova, 같은 책, p.251; H.Zessin, 같은 논문 pp.79-80.
71) J.Englova, 같은 책, p.251; *Verhör F.Umlaufts vom 29.10.1849.*

## 5. 프라하폭동의 실패와 후유증

5월 3일 작센 왕국의 수도인 드레스덴에서 바쿠닌 주도로 '제국헌법투쟁(Reichsverfassungskämpfe)'이 발생했는데 그것은 프리드리히 아우구스투스 2세(Friedrich Augustus Ⅱ; 1836-1854)가 프랑크푸르트 제국헌법을 수용하지 않으려고 한데서 비롯된 것 같다. 아울러 이 인물이 보수주의적인 정부를 구성하려고 한 것도 또 하나의 요인으로 제시할 수 있을 것이다. '제국헌법투쟁'이 발생된 직후 프리드리히 아우구스투스 2세는 쾨니히스슈타인(Königsstein)으로 도피했고 드레스덴에서는 프랑크푸르트 국민의회 의원이었던 후브네르(O.Hubner)와 토드트(K.G.Todt) 등이 참여한 임시정부가 구성되었다. 다음 날 임시정부는 민주주의적인 요구들, 즉 지방의회의 소집, 의회에 책임지는 행정부구성 등을 실제정치에 반영시키겠다는 입장을 밝혔으나 프러시아 군의 신속한 개입으로 드레스덴의 임시정부는 5월 9일에 붕괴되었다.

'제국헌법투쟁'은 원래 계획에서 벗어난 돌발사건이었다.72) 왜냐하면 프라하에서 혁명이 시작되는 것으로 계획되었기 때문이다. 이러한 돌발사건은 프라하의 혁명준비자들을 당황하게 했고 폭동일자를 5월 15일에서 5월 12일로 앞당기게 하는 요인도 되었다.73)

---

72) I.Geiss, *Geschichte im Überblick*(Reinbek bei Hamburg, 2000), p.358.
73) J.Pameti, 같은 책, p.224.
　　드레스덴에서 폭동이 발생한 직후 학생혁명평의회는 긴급회의를 개최했다. 여기서 참석자들은 바쿠닌의 독자적 행동에 불만을 표시하는데 주저하지 않았다.

이에 따라 5월 8일 프리츠는 프라하 근교의 슈첸(Schützen)섬에서 독일민족과 체코민족의 형제애를 강조하는 임시집회를 개최했다.74) 이에 앞서 프리치의 체스코-모라브스케 브라트르스트보는 독일 대학생조합과의 협력을 가시화시키기 위해 마르코만니아의 의장인 리티그에게 그들 집회에 참석해 달라는 초청장을 5월 7일에 발송했다.75)

같은 날 저녁 리티그는 임시집회공고를 했는데 거기서의 핵심의제는 3명의 조정자를 선출하는 것이었다. 임시집회에서는 크레쓰(F.Kress), 호라크(K. Horak), 그리고 울름(E.Ulm)이 조정자로 선출되었다. 다음 날 리티그는 전날 선출된 조정자들에게 마르코만니아의 폭동참여를 자세히 설명했다. 같은 날 마르코만니아의 회원 20명은 체스코-모라브스케 브라트르스트보가 개최하는 집회에 참석했고 거기서 이들은 체코민족과 독일민족의 형제애를 진작시킨다라는 내용의 공동선언문작성에도 참여했다. 선언문에서는 공화정체제를 보헤미아 지방에 도입시켜야 한다는 의지가 뚜렷이 부각되었다.76)

이 당시 학생들의 이러한 움직임을 감지한 빈 정부와 프라하 경찰은 사태의 심각성을 인식하고 이들의 활동을 집중적으로 감시하기 시작했다. 그러나 학생들은 경찰의 이러한 수사의지를 제대로

---

*Summar-Verhör A.Hakenbergs vom 6.6.1849.*

74) J.Pameti, 같은 책, p.224.

75) J.Pameti, 같은 책, pp.224-225.

76) 집회에서는 체코 민족의 독립도 거론되었다. 그러나 그것은 공동선언문에 포함되지 않았는데 그 이유는 체코 민족의 독립에 앞서 공화정체제의 도입이 우선적이라는 공감대가 참석자들 사이에서 형성되었기 때문이다.

J.Englova, 같은 책, pp.251-252; H.Zessin, 같은 논문 p.80.

파악하지 못했다. 이에 따라 프라하 경찰은 5월 9일 드레스덴에서 프라하로 잠입하던 뢰켈을 쉽게 체포할 수 있었고 그가 지녔던 문서들도 압수했다.[77]

프라하 경찰은 5월 10일과 11일 양일에 걸쳐 폭동준비에 적극적으로 참여했던 인물들을 체포했고 프라하 및 그 주변지역에 계엄령을 선포했다. 이들은 체포된 인물들을 심문하는 과정에서 마르코만니아가 폭동준비에 깊숙이 개입한 것을 파악했다. 따라서 프라하 경찰은 이 대학생조합에 가입한 학생들 모두를 체포하기로 결정했고 그것을 즉시 실행에 옮겼다. 이후 대다수의 마르코만니아 회원들은 경찰의 체포 망에서 벗어나지 못하고 체포되었다.[78]

그러면 왜 폭동 준비에 참여했던 다른 대학생조합의 회원들은 체포대상에서 제외되었을까? 그것은 마르코만니아가 폭동준비에 적극적으로 참여한 반면 체코의 대학생조합 체스케-모라브스케 브라트르스트보는 소극적인 자세를 취했기 때문이다. 체코 대학생조합의 이러한 태도는 팔라츠키와 리게르(F.L.Rieger)를 비롯한 일련의 체코 정치가들이 그들의 폭동준비 및 참여를 막았기 때문이다. 이 당

---

77) 뢰켈은 5월 3일에도 프라하를 방문했는데 이 때 그는 프리츠와 스트라카 형제와 면담했고 거기서 드레스덴의 상황을 이들에게 자세히 알려주었다. 아울러 그는 혁명세력과 거리를 두고 있었던 브루나(E.Bruna)교수에게도 오스트리아제국의 존속부당성과 그것을 시정하기 위해 체코와 독일의 혁명주의자들이 프라하에서 폭동을 일으킬 것이라는 정보를 제공했다. 이것은 분명히 뢰켈의 큰 실수로 볼 수 있는데 그것은 브루나 교수가 혁명이전의 체제, 즉 절대왕정체제의 복고에 대해 동조하고 있었기 때문이다. 뢰켈로부터 정보를 제공받은 브루나 교수는 이것을 즉시 프라하경찰에 알렸다.
　Staatsarchiv Dresden, Ag. Dresden, Nr.1633 b, Bl., 7.
78) M.Doblinger, 같은 책, pp.135-138.

시 팔라츠키와 리게르는 학생들의 폭동이 성공을 거둘 수 없다는 것과 거기서 야기될 수 있는 상황을 인지했기 때문에 학생들, 특히 체코 학생들의 폭동준비와 참여를 적극적으로 막았던 것이다.[79] 물론 프리치와 아르놀트는 팔라츠키의 이러한 견해를 반박했지만 이들은 학생들의 이탈을 막지는 못했다.[80]

5월 10일 마르코만니아의 회원이었던 부텔(Buttel)은 향후 진행될 상황과 그것에 효율적으로 대처할 수 있는 방안을 논의하기 위해 지겔을 방문했으나 그는 집에 없었다. 왜냐하면 지겔은 주변의 권고에 따라 이미 다른 곳으로 거처를 옮겼기 때문이다. 이후 그는 체스카 카메니체(Česká Kamenice)에 위치한 프레크의 부모집에서 일시적으로 몸을 숨겼다. 그러나 자신에 대한 체포망이 좁혀짐에 따라 지겔은 올로모우츠(Olomouc), 브레스라우(Breslau), 그리고 함부르크(Hamburg)를 거쳐 영국으로 망명하려고 했지만 5월 29일 자신의 부모 집에서 체포되었다.[81]

헤트메르, 폴락(T.Pollak), 그리고 하켄베르크 형제도 5월 10일 경찰에 의해 체포되었으나 이들은 이송도중 탈출에 성공하여 도보로 멜니크(Mělník)로 갔다. 여기서 이들은 선박을 이용하여 데친(Děčín)에 도착하였고, 5월 12일에는 드레스덴에 잠입할 수 있었다. 이 도시에서 이들은 볼베버(A.Wollweber)의 도움을 받았다. 이후 이들은

---

79) H.Zessin, 같은 논문, pp.82-83.
80) 상황이 이렇게 급변하였음에도 불구하고 아르놀트는 지방민의 폭동참여를 유도하기 위한 활동을 펼쳤다.
   J.Englova, 같은 책, p.252.
81) *Summar-Verhör A.Hakenbergs vom 6.6. 1849.*

미국으로의 망명을 구상했고 망명경비를 마련하기 위해 프라하로 재잠입하려다 국경지역에서 체포되었다.[82]

마르코만니아에 대한 수사확대로 핵심 회원들의 대다수는 체포되었다. 모두 19명의 회원이 체포되어 미결구류장소로 이송되었는데 거기에는 1849년 10월 22일 브루덴츠(Bludenz;Voralberg)에서 체포된 로렌츠도 포함되었다. 그렇다면 로렌츠는 왜 이렇게 늦게 체포되었을까? 폭동준비가 사전에 발각됨에 따라 로렌츠는 뮌헨으로 탈출했다. 이후 그는 튀빙엔에서 일시적으로 체류하다가 빈 대학에서 의학공부를 마쳤다. 여기서 한 가지 의문을 제기할 수 있는데 그것은 빈 정부가 로렌츠의 빈 대학 재학을 몰랐는가 이다. 그것에 대해서는 다음과 같은 추정을 할 수 있을 것이다. 당시의 학사관리가 오늘날처럼 철저하지 않았으리라는 것과 빈 대학의 행정담당자들이 고의적으로 로렌츠의 재학을 빈 정부에 알리지 않았으리라는 것이다. 그러나 경찰은 고향인 브루덴츠의 한 병원에서 수련의로 활동하려는 로렌츠를 체포했다.[83] 그러나 리티그와 조정자로 선출되었던 호라크와 크레쓰는 경찰의 체포망에서 벗어날 수 있었다 리티그는 프라하를 탈출하여 보헤미아 북부지방으로 갔고 거기서 그는 사태의 추이를 파악했다. 얼마 후 리티그는 상황이 다소 호전되었다는 판단을 하게 되었고 그것은 그로 하여금 프라하로의 잠입을 시도하게 했다. 이러한 소식을 접한 프라하 경찰은 그를 체포

---

82) 볼베버는 드레스덴 폭동에 적극적으로 참여했던 인물이었다.
   *Summar-Verhör A.Hakenbergs vom 6. 6. 1849*; J.Englova, 같은 책, p.252.
83) J.Englova, 같은 책, p.252.

하려고 했지만 실패했다. 이후 리티그는 독일과 스위스를 거쳐 미국으로 건너갔다.[84]

체포된 마르코만니아의 회원들은 오랫동안 심한 고문을 받았다. 이들에 대한 선고는 1850년 12월 31일에 있었다. 에르메르를 비롯한 5명은 국가모반에 적극적으로 가담한 죄로 사형선고를 받았고, 나머지 12명도 중형선고를 받았다.[85]

이후 빈 정부는 제국 내에서 대학생조합의 활동을 전면적으로 중지시켰고 대학생조합에서 핵심적 역할을 담당하였던 인물들에 대한 감시도 철저히 했다. 아울러 빈 정부는 이러한 인물들과 과격주의자들 사이의 연계도 차단시켰는데 이러한 정책은 1850년대 말까지, 즉 신절대주의체제(Neoabsolutismus)가 종식될 때까지 지속되었다.

---

84) 리티그는 1854년 5월 17일의 궐석재판(Kontumazialbescheid)에서 사형선고를 받았고 그의 이름이 기재된 판결서류는 다음 날 교수대로 옮겨져 찢겨졌다. J.Englova, 같은 책, pp.252-253.

85) 파이에레르(K.Feyerer), 하켄베르크, 프레크, 그리고 그룬(F.Grun)도 사형선고를 받았다. 그러나 이들은 곧 무기징역으로 감형되었다. 형을 선고받은 마르코만니아의 회원들은 중죄인들이 수감되는 코마르노(Komárno; 오늘날의 슬로바키아), 문카츠스(Munkacz), 쿠푸스타인(Kufstein)으로 이송되었다. 그리고 이들 중 일부는 결핵(하켄베르크), 전염병(크레쓰), 그리고 자살(로렌츠)로써 자신들의 생을 마감했다.
5월폭동에 깊이 관여했던 바쿠닌 역시 작센지방에서 체포되었다. 베를린 정부는 그를 러시아 정부에 인도했고 그는 곧 시베리아로 유배되었다. P.Demetz, 같은 책, p.445; J.Englova, 같은 책, p.252.

## 6. 맺음말

1848년 12월 1일부터 활동을 펼치기 시작한 프라하 대학의 대학생조합 마르코만니아는 리티그의 몬타니아를 병합함으로써 주목받는 대학생조합으로 등장했다. 기존 질서체제와의 타협을 거부했던 리티그가 이 대학생조합의 의장으로 선출됨에 따라 이 조합은 원래의 중도적 입장을 포기하고 좌파적 성향을 부각시키기 시작했다.

1849년에 접어들면서부터 프라하의 일부 대학생조합은 바쿠닌의 혁명 사상을 수용했고 그것은 이들로 하여금 구체제로 복귀하려는 빈 정부를 무력으로 붕괴시켜야 한다는 생각을 가지게 했다. 마르코만니아의 의장이었던 리티그 역시 바쿠닌의 견해에 전적으로 동의했기 때문에 그 동안 구체화되었던 폭동준비에 적극적으로 참여했다. 그러나 이 폭동은 프라하 경찰에 의해 감지되었고 마르코만니아 회원들의 대다수는 체포되었다.

객관적으로 볼 때 5월폭동은 성공가능성이 거의 없었다. 왜냐하면 폭동에 참여하려는 인물들이 소수에 불과했고 폭동에 대해 호의 및 관심을 보인 사회 계층, 즉 지지기반도 결여되었기 때문이다. 아울러 체코와 독일 학생 사이의 긴밀한 협조 역시 결정적 상황에서 제대로 이루어지지 못했다.

그러면 왜 5월폭동에 대해 사람들은 관심을 보이지 않았을까? 그것에 대한 해답으로는 첫째, 학생들이 제시한 구호 및 계획이 당시 상황에서 실현될 수 없을 정도의 과격성을 띄었다는 것. 둘째, 기

존의 질서체제가 이미 확고한 권력을 재장악했다는 것을 들 수 있
을 것이다.

　그럼에도 불구하고 마르코만니아의 활동에 의미를 부여할 수 있
는데 그것은 이 대학생조합이 기존의 질서체제가 현존하는 문제점
을 해결하지 않고 단순히 이전의 상태로 복귀하려는 것에 제동을
걸었기 때문이다. 아울러 대학생조합운동이 민족국가의 형성과 시
민권확대에 기여한다는 인식과 공감대를 지식인 계층에게 부여했
다는 점도 활동의 의미로 제시할 수 있을 것이다.

# 6장. 폴란드 유학생들과 독일대학생조합과의 관계

## 1. 머리말

폴란드 근대사를 연구한 폴란드의 사가들은 19세기 초반부터 20세기 초까지 독일 대학에서 수학한 자국 대학생들의 활동에 대해 깊은 관심을 보였다. 그 이유는 이들 유학생들의 상당수가 졸업 후 그들 조국에서 적지 않은 영향력을 행사했기 때문이다. 이 당시 폴란드 학생들은 자신들의 조국보다 독일이 여러 분야에서 선진화되었다는 인식을 가졌기 때문에 독일유학에 대해 긍정적인 반응을 보였다. 아울러 이들은 독일의 문화 및 제도를 그들 국가에 도입시킬 경우 후진화로부터 빨리 벗어날 수 있다는 생각도 가지고 있었다. 따라서 독일에서 수학했던 폴란드 학생들의 수는 다른 국가에서 독일로 유학 온 학생들의 수보다 월등히 많았다.

지레비치(Zielewicz)와 바브리코바(Wawrykowa)는 폴란드 유학생들의 수적인 증가, 사회적 신분, 그들이 선호했던 학과, 그리고 베를린(Berlin), 브레스라우(Breslau), 라이프치히(Leipzig), 그라이프스발트(Greifswald) 대학에서 결성된 향우회를 주로 연구했다.[1] 그러나 카르보비아크(A.Karbowiak), 카르보프스키(S.Karwowski), 키트즈발테르(T.Kitzwalter), 쿠라(M.Kula), 그리고 모리크(W.Molik)등은 폴란드와 독일 학생들, 특히 폴란드 학생들과 대학생조합간의 관계에 대해 큰 관심을 표명했는데 그것은 이들의 연구의도가 지레비치와 바브리코바의 그것과 다르다는 것을 암시한다 하겠다.[2]

본 장 역시 폴란드 학생들과 대학생조합사이의 관계를 살펴보려고 하는데 그것은 필자가 카르보비아크를 비롯한 일부 학자들의 관점을 긍정적으로 보았기 때문이다. 특히 여기서는 우호적이었던 양국 학생들의 관계가 시간이 지남에 따라, 특히 독일통합이후(1871)부터 대립적 상황으로 바뀌게 된 요인들을 다루도록 하겠다. 아울러 독일의 정치적·사회적 상황변경이 양국 학생들의 접촉에

---

1) 일반적으로 지방학생단체를 '향우회'라 한다.

I.Zielewicz, *Nowe przyczynki do zyciorysu doktora Karola Marcinkowskiego nazrodlach archiwalnych osnute*(Posen, 1908), pp.40-64; M.Wawrykowa, "Polskie zwiazki studenckie na uniwersytetach niemieckich w latach 1817-1824", in: *Przeglad Historyczny* 60(1969), pp 314-345.

2) .Molik, "Entwicklungsbedingungen und-mechanismen der polnischen Nationalbewegungen in Großsherzogtum Posen", in: *Berliner Jahrbuch für osteuropäische Geschicht*e 1995, Bd., 2, pp.17-34; A. Karbowiak, *Mlodziez polska akademicka za granica 1795-1910*(Krakow, 1990); S.Karwowski, *Historia Wielkiego Ksiestwa Poznanskiego* Bd., I.(Posen, 1988); T.Kitzwalter, *O nowoczesności narodu. Przypadek Polski*(Warszawa,1999); M.Kula, "Kategoria rozumowania historyków: długie trwanie", in: *Kultura I społeczństwo*, Nr.4(2000), pp.27-39.

어떠한 영향을 가져다주었는지에 대해서도 언급하도록 한다.

## 2. 폴로니아(Polonia)의 결성 및 활동

폴란드 학생들의 독일 유학은 19세기 초부터 본격화되었고 이들은 자신들의 조국에서 비교적 가까운 베를린과 브레스라우 대학을 유학 장소로 선택했다. 독일로 유학 온 폴란드 학생들은 자신들의 활동단체도 결성했는데 그것은 바르샤바(Warszawa) 대학의 '판타코이나(Panta Koina:모두가 다 함께)'의 하부적 성격을 지닌 조직이었다. 그러나 이 단체는 활동을 펼친 지 얼마 안 되어 와해되었는데 그 원인에 대해서는 구체적으로 밝혀지지 않고 있다. 이후 폴란드 학생들은 베를린과 브레스라우에서 결성된 폴로니아(Polonia)를 중심으로 활동을 펼쳤는데 그 결성 시기는 1818년과 1819년 사이였다. 이 당시 폴로니아는 폴란드 학생들의 민족적 관심을 증대시키거나, 회원간의 우의를 돈독히 하거나, 국외에서 폴란드인들이 취해야 할 태도 등에 관심을 보였다. 이러한 조직은 곧 독일대학생들의 관심 대상으로 부각되었고 점차적으로 대학생조합과 향우회사이의 지속적인 대립에서 중재역할을 담당하기도 했다. 이 당시 베를린 대학에는 1개의 대학생조합과 8개의 향우회(Landmannschaft)가 있었는데 각기 105 명과 207 명의 회원을 거느리고 있었다. 그런데 70명의 폴란드 학생들로 구성된 폴로니아는 향우회 중에서 가장 규모가 컸다. 브레스라우에서 결성된 폴로니아 역시 다른 향우회보다 많은

회원을 보유했는데 그 수 역시 50명을 초과했다.[3]

　폴로니아를 주도한 인물들은 정치적 관점에서 의견적 일치를 보지 못했는데 그것은 자신들의 민족문제를 해결하는 해법에서 비롯되었다 하겠다. 즉 폴란드 민족이 정치적·문화적으로 발전할 수 있는 제도적 장치를 폴란드 분할에 참여했던 러시아, 프러시아, 그리고 오스트리아로부터 보장받아야 한다는 온건적 노선과 필요하다면 무력으로 폴란드의 독립을 쟁취해야 한다는 과격적 노선이 바로 그것이었다.[4] 그럼에도 불구하고 이들은 자신들의 견해 차이

---

3) .Zielewicz, *Nowe przyczynki do zyciorysu doktora Karola Marcinkowskiego nazrodlach archiwalnych osnute*(Posen, 1908), pp.40-42.

4) 오스트리아, 프러시아, 그리고 러시아에 의해 시도된 폴란드 분할은 1772년, 1793년, 그리고 1795년에 있었는데 그 과정을 간략히 언급하면 다음과 같다. 1769년 오스트리아는 1412년부터 폴란드로부터 빌린 집스(Zips)의 탄광도시들을 그들 영역에 강제로 편입시켰다. 이후에도 오스트리아는 계속하여 폴란드의 영역을 자국영토에 포함시키려는 시도를 펼쳤다. 오스만 터키와의 전쟁에서 승리한 러시아는 도나우 공국이었던 몰다우(Moldau)와 왈레이키아(Walachei: 루마니아의 한 지방)에 대한 지배권을 획득하고자 했다. 이에 따라 오스트리아는 1771년 오스만 터키와 동맹체제를 구축했는데 그것은 러시아의 몰다우와 왈레이키아에 대한 지배권을 막기 위해서였다. 이에 따라 러시아는 1772년 프러시아와 협정을 체결했고 거기서는 폴란드의 영토분할이 거론되었다. 이런 소식을 접한 오스트리아는 협정에 속임수가 있을 수 있다 라는 판단을 했고 그것은 오스트리아로 하여금 영토분할에 참여하게 했다. 이에 따라 오스트리아는 집스 지방(13개 도시, 독일인들이 주로 거주), 로도메리엔(Lodomerien:루테니아인들이 거주), 그리고 갈리시아〔Galizien:크라카우(Krakau)는 제외〕 <70,000 km²> 지방, 프러시아는 서프러시아〔estpreußen 치히(Danzig)와 토른(Thorn)은 제외〕 쾨니히스베르크-베를린(Königsberg- Berlin) <35,000 km²>,그리고 러시아는 두나(Duna)와 드네프르(Dnjepr)강의 동부지역 <110,000 km²>을 차지했다. 1793년 1월 폴란드에 대한 제 2차 분할이 이루어졌지만 오스트리아는 분할에 참여하지 않았다. 아울러 당시 폴란드에서 추진되었던 입헌세습군주제로의 전환은 러시아의 무력적 개입으로 무산되었

를 극복해야 한다는 인식하에 하나의 절충안을 마련할 수 있었다. 즉 폴로니아의 주도세력은 폴란드 민족의 정치적·문화적 발전에 대해 관심을 보이다가 적절한 시기에 독립운동을 펼치기로 합의했지만 무력적인 방법에 대해서는 전혀 거론하지도 않았던 것이다.[5] 이렇게 폴로니아의 활동에서 민족적 목적이 뚜렷이 부각되었음에도 불구하고 폴란드 학생들은 어떠한 형태의 국수주의도 지향하지 않겠다는 입장을 밝혔다. 아울러 이들은 폴란드와 독일의 진보세력 사이에 공조체제가 구축되어야 한다는 견해도 제시했는데 그러한 자세는 독일의 진보세력이 자신들의 목적달성에 도움이 되리라는 확신에서 비롯된 것 같다.[6] 이러한 입장표명으로 폴란드 학생들과 대학생조합간의 협조체제는 점차적으로 구체화되기 시작했다.

이 당시 브레스라우 대학의 폴로니아를 주도했던 차프스키(Joseph N. Czapski)는 대학생조합의 목적 및 활동을 정확히 파악하고자 했

---

다. 분할 과정에서 러시아는 두나와 드니에프르(Dnjepr)의 중간지역<236,000 km²>을 차지했고, 프러시아는 단치히, 포젠(Posen), 그네젠(Gnesen), 그리고 토른<55,000 km²>을 획득했을 뿐만 아니라 남프러시아〔Südpreußen (포젠, 칼리쉬(Kalisch)〕지역도 획득하여 슐레지엔 지방으로의 연결통로를 확보했다. 제 2차 분할과는 달리 1795년의 제 3차 분할에서는 오스트리아가 주도적 역할을 담당했다. 이러한 분할에 대해 코스치우슈코(T.Kosciuszko)주도하의 폴란드 귀족들이 무력적인 반발을 펼쳤지만 아무런 성과도 거둘 수 없었다. 제 3차 분할에서 오스트리아는 서갈리시아(루블린(Lublin), 크라카우<115,000 km²>, 러시아는 리투아니아의 잔여 지역<465,000 km²>, 그리고 프러시아: 바이헬보겐(Weichelbogen) <145,000 km²>를 차지했다.

5) 폴로니아의 절충방안은 독창적인 것이 아니었는데 그것은 당시 동유럽에서 전개된 민족운동, 특히 친오스트리아슬라브주의를 지향한 체코 민족운동에서 확인할 수 있다.

6) M.Wawrykowa, 같은 책, pp.328-329.

다. 여기서 그는 대학생조합과 실제적 협력을 구축하기 위해서는 폴로니아가 전독일대학생조합에 가입해야 한다는 사실도 알게 되었다. 따라서 그는 이 대학의 대학생조합이었던 아르미니아(Arminia)와 접촉을 펼치기 시작했다. 그러나 대학생조합의 정관은 독일 대학생들만이 그들 조직에 가입할 수 있다는 것을 명시했고 아르미니아도 그 예외는 아니었다. 이러한 제한은 대학생조합이 지향한 '상호간의 협력을 통해 조국통일에 기여 한다'라는 기본적 원칙을 외국 학생들에게는 적용시킬 수 없다는 판단에서 비롯된 것 같다.[7]

이러한 제한에도 불구하고 아르미니아는 폴로니아의 접근에 대해 관심을 보였고 그러한 것은 자신들의 정관을 수정·보완시키는 계기도 되었다. 즉 이들은 '대학생조합의 이념 및 과제실천에 대해 관심을 가진 대학생들은 국적에 관계없이 대학생조합에 가입할 수 있다.'라는 문구를 정관에 삽입시켰던 것이다.[8]

폴로니아와 아르미니아의 접근은 조심스럽게 진행되었는데 그것은 잔트(Sand)가 1819년 3월 23일 러시아의 첩자로 알려진 코체부에(Kozebue)를 암살한 이후 대학생조합의 결성 및 활동이 프러시아

---

7) M.Wawrykowa, "Wroclawski Zwiazek Studentow "Polonia" i " Bracywo Burszow Polskich" w Krakowie w latach 1819-1821", in: *Maoliaopolskie Studia Historyczne* 9(1966), Nr.1/2, pp.7-8; W. Molik, "Entwicklungsbedingungen und -mechanismen der polnischen Nationalbewegungen in Großherzogtum Posen", in: *Berliner Jahrbuch für osteuropäische Geschichte* 1995, Bd., 2, pp.17-18; T.Kitzwalter, *O nowoczesności narodu. Przypadek Polski*(Warszawa,1999), p.12; M. Kula, "Kategoria rozumowania historyków: długie trwanie", in: *Kultura I spolecznstwo*, Nr.4 (2000), pp.27-28.

8) W.Molik, 같은 논문, p.18; T.Kitzwalter, 같은 책, pp.12-13; M. Kula, 같은 논문, p.28.

를 비롯한 독일전역에서 금지되었기 때문이다. 따라서 양 단체의 실무진 들은 대학당국, 베를린 정부, 그리고 다른 학생 및 사회단 체들이 그들의 공조시도에 보인 반응을 면밀히 파악했다. 아울러 이들은 상호간의 의무가 제대로 이행되는지를 감시하는 분과위원 회설치에 합의했을 뿐만 아니라 전독일대학생조합에 대해서도 공 동으로 대응하기로 했다. 그럼에도 불구하고 양 단체의 완전한 합 병은 고려되지 않았는데 그 이유는 양 단체의 지도부가 2개의 독 립단체를 유지시켜야 한다는 확고한 신념을 가졌기 때문이다. 아울 러 아르미나아의 집행부가 폴로니아의 민족적 목적을 배려한 것도 그 한 요인이라 하겠다. 폴로니아와 아르미니아의 협상결과로 1820 년 9월 1일 합의문서가 작성되었는데, 그 중요한 내용들을 열거하 면 다음과 같다.

① 양 단체는 메테르니히(Metternich)체제의 문제점을 부각시키는 데 주력한다.
② 아르미나아는 폴로니아의 민족운동을 적극적으로 지지한다.
③ 폴로니아는 대학생조합이 지향하는 독일의 통합운동을 지원 한다.
④ 양 단체는 민족주의와 자유주의 이념이 독일과 폴란드에서 확산되게끔 협력한다.
⑤ 양 단체는 정례적으로 회의를 개최하여 당면 문제들에 대해 논의한다.

폴로니아와 아르미니아 사이에 체결된 문서는 동년 9월 29일 프
랑크푸르트(Frankfurt)에서 개최된 전독일대학생조합총회에서 만장일
치로 인준되었다.9) 대학생조합의 이러한 분위기는 폴란드 학생들에
대한 독일 학생들의 우호적 감정이 그대로 반영된 것이라 하겠다.
이후 독일 내 폴란드 학생들은 아무런 제한 없이 대학생조합에 가
입할 수 있게 되었다. 브레스라우에서의 상황은 베를린의 폴로니아
로 하여금 같은 대학의 아르미니아와 접촉하게 했고 그 결과 1821
년 5월 베를린에서도 공조체제가 구축되었다.10)

이후 양 대학의 폴로니아와 아르미니아의 회원들은 야유회를 같
이 가거나 술자리도 같이 했다. 아울러 이들은 사교적 모임도 공동
으로 개최했고 거기서 그들 민족이 해결해야 할 과제나 유럽의 정
치적 상황들을 진지하게 토론했다. 매 학기마다 서너 번 씩 개최된
축제에서 아르미나아의 지도부는 폴란드에 대한 자신들의 우호적
입장을 밝히는데 주저하지 않았다. 아울러 이들은 메테르니히 체제
의 문제점을 지적하거나 그 해결책에 대해서도 구체적으로 언급했
다. 여기서 제시된 해결책은 자유주의 및 민족주의를 저변으로 확
산시키는 것이었다. 폴로니아 역시 아르미니아가 지향한 통합방안
을 적극적으로 지지했다.

---

9) W.Molik, 같은 논문, pp.20-21; T.Kitzwalter, 같은 책, p.18; M. Kula, 같은 논문,
   p.30.
   프랑크푸르트에서 개최된 전독일대학생조합총회는 불법집회였는데 그것은
   칼스바드(Karlsbad) 칙령에 따라 프랑크푸르트 시당국이 대학생조합의 집회
   를 불허했기 때문이다.
10) 그러나 대학생조합에 가입한 폴란드 학생들은 그리 많지 않았다.
   M. Wawrykowa, *Polskie zwiazki studenckie*, p.333.

베를린과 브레스라우에서의 상황은 독일 내 다른 대학에 재학 중이었던 폴란드 학생들에게도 큰 영향을 가져다주었는데 그것은 그들로 하여금 자신들이 재학 중이던 대학의 대학생조합과 긴밀한 관계를 모색하게 하는 요인이 되었다. 그러나 이들은 양 대학에서와 같이 협조체제를 구축하지 못했는데 그 이유는 그들의 수가 대학생조합이 관심을 가질 만큼 많지 않았기 때문이다.11)

독일 학생들과 폴란드 학생사이의 협력과 우의는 친구 등에게 기념의 말이나 시구를 적어주는 기념첩에서도 확인되었다. 기념첩의 첫 쪽에는 '우의를 위해 헌정한다'라는 문구가 각인되었고 마지막 쪽에는 양국의 유명한 시들과 그들의 정치적 요구들이 양국어로 인쇄되었다.

프러시아 정부는 양국 학생들의 이러한 움직임에 대해 우려를 표명했고 그들의 활동을 중단시키는 방법을 모색하기 시작했다. 그 이유는 양국 학생들의 활동자체를 베를린 정부가 위법으로 간주했기 때문이다. 이후 베를린 경찰청은 양국 학생들의 동태파악에 주력했고 여기서 브레스라우 대학의 폴로니아 회장이었던 크르지비즈키(L.Krzywicki)가 크라카우(Krakau), 바르샤바, 빌리니우스(Vilinius)의 폴란드 학생단체에게 보내는 비밀서신을 확보하는 성과도 거두었다. 압수된 서신에서는 독일에 유학중인 폴란드 학생들의 정치적 관심증대 및 그것을 응집시킬 수 있는 단체구성의 필요성이 거론되었을 뿐만 이 단체와 전독일대학생조합사이의 협력과 거기서 비

---

11) M.Wawrykowa, 같은 책, pp.333-334.

롯될 수 있는 이점에 대해서도 구체적으로 언급되었다. 아울러 크르지비즈키는 민족운동을 탄압하는 메테르니히체제의 부당성을 지적하면서 그것 때문에 폴란드 민족이 가장 큰 피해를 입고 있다는 견해도 제시했다. 폴로니아의 이러한 정치적 입장이 표출됨에 따라 프러시아 정부는 이 단체의 활동을 중단시킬 수 있는 물증확보에도 주력했고 그 결과 적지 않은 반정부적 문서들을 수집할 수 있었다. 이후 26명에 달하는 아르미니아와 폴로니아의 회원들이 체포되었고 이들 대다수는 6개월 내지는 3개월의 실형을 선고받았다.[12]

이러한 베를린 정부의 단호한 조치로 폴란드 및 독일 학생들의 활동은 일시적으로 중단되었다. 그러나 독일 학생들이 폴란드문제 해결자체를 그들 민족의 통합 및 자유쟁취에 연계시켰기 때문에 그들 사이의 공조체제는 완전히 붕괴되지 않았다.[13] 이 당시 폴란드 학생들은 자신들의 반정부 활동을 다른 시각에서 이해했는데 그것은 자국의 민족적 이익과 직접적으로 부합되었기 때문이다. 특히 이들은 대학생조합을 통해 구축되는 반정부 단체에 대해 큰 관심을 보였던 것이다.[14]

---

12) S.Karwowski, *Historia Wielkiego Ksiestwa Poznanskiego* Bd., I.(Posen, 1988), pp.76-77; W.Molik, 같은 논문, pp.20-22; T.Kitzwalter, 같은 책, pp.18-19; M.Kula, 같은 논문, pp.30-31.

13) M.Wawrykowa, "das Polen-Motiv in der Ideologie der deutschen Oppositionsbewegung in den zwanziger Jahren des 19. Jahrhunderts", in: K.Zernack(Hrsg.), *Zum Verständnis der polnischen Frage in Preußen und Deutschland 1772-1871*(Berlin, 1987), pp.27-28.

14) M.Wawrykowa, *das Polen-Motiv*, p.28.

## 3. 7월 혁명(1830) 이후의 양국 학생들 관계

1820년대 후반부터 약 10년간 폴란드의 학생조직은 독일 내에서 결성되지 않았다. 그러나 폴란드 학생들은 독일 학생들과의 접촉을 등한시하지 않았는데 그것은 이들이 술자리나 야유회에 참석하여 대학생조합의 관습과 이상을 배우려는 자세에서 확인되었다.15)

프랑스 7월혁명(1830)의 영향으로 시작된 폴란드의 독립운동이 1831년 9월 8일 실패로 끝나게 됨에 따라 이 운동에 깊이 관여했던 상당수의 학생들은 프랑스로 망명하려고 했다. 그것은 이들이 곧 있을 러시아의 보복 및 그 방법을 잘 알고 있었기 때문이다.16) 망

---

15) 1820년대 초 독일대학에서 수학했던 포젠(Posen) 대공국의 귀족들은 그들 공국으로 돌아온 후 비공식적으로 대학생조합과 유사한 단체를 출범시켰다. 특별히 종사하던 일이 없었던 이들은 종종 무도회와 대목장에 참석하여 신분제의 철폐와 사회성원의 동등화를 요구했을 뿐만 아니라 그들의 정치적 경쟁자에 대한 테러행위도 자행했는데 그것은 이들이 대학생조합의 정치적 이념과 그 실천수단을 수용했기 때문이다. 이러한 과격적 행위에도 불구하고 이들의 상당수는 후에 국가경영에 참여했다.
F.Gajewski, "Pamietniki", in: S.Karwowski(Hrsg.), *Pamietniki* Bd., Ⅱ, pp.29-31; M.Wawrykowa, 같은 논문, p.29.

16) 이 당시 폴란드는 러시아의 지배를 받고 있었다. 1825년 러시아의 황제로 등극한 니콜라이 1세의 민족정책은 그의 부친이 펼쳤던 정책과는 큰 차이가 있었다. 즉 그는 비러시아 민족들에 대한 박해를 가했을 뿐만 아니라 그들에게 러시아화도 강요했다. 이에 따라 폴란드인들에게 부여했던 자치권 역시 축소되었다. 아울러 대학 및 교회에 대한 간섭이 증대되었고 그것은 폴란드 자치의회의 반발을 유발시키는 계기가 되었다.
M.Salewski, *Deutschland: eine politische Geschichte*, Bd., 2(München, 1993),pp.25-26; J. Kermann(Hrsg.), *Hambacher Fest 1832* (Mainz, 1990), p.46; P.Burg, *der Wiener Kongreß*(München, 1984), pp.30-31; H.Schulze, *kleine deutsche Geschichte*(München,

명 학생들의 대다수는 독일 지식인 계층의 열렬한 지지에도 불구하고 독일 대학에서 공부하려고 하지 않았는데 그 이유는 프러시아 정부가 폴란드인들의 독립운동을 지지하지 않고 오히려 러시아의 입장만을 두둔했기 때문이다. 그럼에도 불구하고 약 40 명의 폴란드 학생들은 독일체류를 결정했다. 그러나 이들은 독일경찰의 지속적인 염탐과 그들 사이의 의견차이로 구심점을 찾지는 못했지만 이들 중의 일부는 독일 학생 및 교수들과 긴밀한 관계를 유지하는 적극성을 보였다.17)

1830년대 후반에 접어들면서 폴란드학생조직이 독일대학 내에서 다시 등장하기 시작했다. 앞서도 거론했듯이 브레스라우와 베를린은 폴란드 학생들의 선호 도시였다. 특히 이러한 것은 1835년 프러시아의 프리드리히 빌헬름 3세(Friedrich Wilhelm Ⅲ)가 공포한 칙령과 연관시킬 수 있는데 그것은 프러시아 정부가 동의할 경우 학문적·사회적 학생단체도 합법적으로 구성할 수 있다는 내용을 담고 있었다. 이러한 상황변화에 가장 민첩하게 대응한 학생들은 브레스라우 대학에 재학 중이었던 폴란드 학생들이었다. 이에 따라 이들은 1836년 '토바르즈이스토보 리테라츠코-스로비안스키에(Towarzystwo Literacko-Slowianskie)'라는 문학단체를 결성했는데 회원들의 교육 및

---

1996), p.98; I.Geiss, *die deutsche Frage 1806-1990*(Mannheim-Leipzig-Wien-Zürich, 1992), p.36; W. Hardtwig u. H. Hinze, *vom Deutschen Bund zum Kaiserreich* (Stuttgart, 1997), p.94.

17) M.Schmid, "Was hier für brave, tüchtige Professoren sind, Briefe des polnischen Studenten Jan Matuszynski aus Tübingen an Justius Kerner", in: V. Scharfer(Hrsg.), *Bausteine zur Tübinger Universitatsgeschichte*, Nr.9, pp.123-128; W.Szokalski, Wspomnienia z przeszlosci, Bd., Ⅱ (1830-1837), (Wilno, 1921), pp.134-135.

학문적 활동증대를 그 결성목적으로 제시했다. 1840년 베를린의 폴란드 학생들도 '즈그로마제니에 비브리오테키(Zgromadzenie Biblioteki)'라는 독서협회를 발족시켰는데 여기서는 민족성을 함양시킬 수 있는 방법마련 등이 지향되었다. 그러나 이들 학생단체는 독일의 대학생단체와 어떠한 접촉도 펼치지 않았다.[18]

3월혁명(1848)이 발생되기 직전 독일과 폴란드 학생들의 협력은 미비했지만 그것이 바로 폴란드 학생들과 대학생조합간의 관계소원으로까지 이어지지는 않았다. 그리고 그러한 것은 이들의 일상생활에서 확인되었다; 학생들이 주로 이용하는 음식점이나 주점에서 양국 학생들은 같은 식탁에 앉지는 않았지만 그들은 양국의 가곡을 종종 들었다. 특히 독일 학생들은 폴란드 가곡에 매료되어 그것을 독일어로 번역해 달라는 요청을 폴란드 학생들에게 하기도 했다.[19]

이 당시 양국 학생들의 공식적 접촉은 이루어지지 않았지만 일부 폴란드 학생들은 독일의 대학생조합과 긴밀한 관계를 유지하고 있었다. 아울러 이들은 독일도보여행 중 대학생조합의 지원과 향응을 받기도 했다. 그 일례로 마인츠(Mainz) 대학의 대학생조합원들은

---

18) 이 당시 폴란드 학생들은 민족 운동이 자신들만의 관심이 아닌 민족 전체의 관심으로 승화시켜야 한다는 것을 인지했고 그것을 실현시키기 위해서는 민족의 역사를 취급한 도서간행 역시 필요하다는 것을 알게 되었다. E.Achremowicz u. T.Zabski, Towarzystwo *Literacko-Slowiankie ue Wroclawiu 1836-1886*(Wroclaw-Warzawa-Krakow-Gdan, 1973), pp.123-126; A. Karbowiak, *Mlodziez polska akademicka za granica 1795-1910*(Krakow, 1990), p.15.

19) H.Szuman, "Luzne kartki wspomnien z zycia majego", in: *Biblioteka Publiczna im. Edwarda Raczynskiego w Poznaniu* Rkp.1635, p.6.

방학 중 그들 도시를 방문하는 폴란드 동료들에 대한 접대를 하나의 의무로까지 생각했다. 따라서 이들은 폴란드 친구들이 머무는 숙소의 비용까지 기꺼이 지불했다. 당시 베를린 대학에 재학 중이던 베츠레브스키(S. Weclewski)가 이를 자세히 언급하면서 폴란드 학생들이 독일학생들의 이러한 성의에 감사하기보다는 남용했다는 사실을 지적했다.[20]

## 4. 3월혁명(1848) 이후의 양국 학생들 관계

1848년에 접어들면서 양국 학생들의 관계는 큰 변화를 맞이하게 되었는데 그것은 3월혁명 이후부터 그들이 지향한 목표가 점차적으로 차별화되었기 때문이다. 폴란드 학생조직은 폴란드를 분할이전의 독립상태로 환원시켜야 한다는 입장을 견지했을 뿐만 아니라 회원들의 학문적 증대에도 큰 배려를 했다. 이에 반해 독일의 대학생조합은 독일의 통합보다는 그들 조직의 관습 및 규율을 보호·발전시키는 것과 독일시민사회에 적응하는 방법에 대해 보다 큰 관심을 보였던 것이다. 즉 폴란드 학생들과는 달리 독일 학생들은 더 이상 정치부분에 대해 관심을 보이지 않았던 것이다.

이러한 양국 학생들의 시각차이는 시간이 지날수록 더욱 심화되었다.[21] 1861년 브레스라우 대학에 재학 중이었던 모리크(W.Molik)

---

20) 그는 여행기간 중 숙소비용을 스스로 부담했다고 언급했다.
St.Weclewski, *Pamietnik*(Pelplin, 1933), p.44.
21) M.Wawrykowa, *Polskie zwiazki studenckie*, pp.338-340.

는 독일학생사회에서 폴란드문제는 더 이상 관심대상이 아니라는 것을 지적하면서 그 원인을 나름대로 분석했다. 여기서 그는 그러한 상황이 폴란드 학생들의 아집 내지는 무능에서 초래된 것이 아니라 독일 학생들이 폴란드의 과거 및 현재 상황을 정확히 파악하지 못한데서 비롯되었다는 관점을 피력했다. 아울러 그는 자신의 분석에서 독일 학생들이 폴란드의 상황을 이해하지 않으려는 자세를 보이기 시작한 것도 지적했다. 뿐만 아니라 그는 이들이 유럽의 동부지역으로, 즉 폴란드의 일부지역을 프러시아에 합병시키려는 베를린 정부의 정책을 적극적으로 지지한 것에 대해서도 우려를 표명했다. 즉 그는 독일 학생들이 이민족의 희생을 통해 독일 민족의 이익을 지향하고 있다는 것을 언급했던 것이다.22)

　이후부터 대학생조합활동에 대한 폴란드 학생들의 입장은 점차적으로 부정적인 성향을 띠게 되었다. 따라서 이들은 대학생조합원들의 생활방식에도 동의하지 않게 되었다. 하이델베르크 대학에 재학 중이던 오호로브비치(J. Ochorowicz)는 자신의 일기책에서 이를 자세히 언급했는데 그것을 간략히 살펴보면 다음과 같다. 오호로브비치는 우선 사람들이 대학생조합을 긍정적으로 간주했음을 언급했는데 그것은 대학생조합이 그들 회원들의 행패 및 만행을 용인했음에도 불구하고 결국 그들 회원들을 충성된 시민으로 만든다는 확신에서 비롯된 것이라 했다. 이어 그는 대학생조합에서 강조되는 음주문화의 폐해성을 부각시켰다. 그에 따를 경우 무두질한 쇠가죽

---

22) *Czytelnia dla Mlodziezy*, 1861, Nr. 24, p.198.

장화를 신고 짧은 프록코트를 걸친 대학생조합원들이 삼색기로 자신들의 흉부를 치장한 후 짧은 산책용 지팡이 또는 마디가 많은 지팡이를 가지고 강의에 참석하지 않고 거리를 배회한다는 것이다. 여기서 오호로브비치는 대학생조합원들이 잦은 결투로 인해 자연이 그들에게 선사한 모습을 그대로 유지하지 못했음을 지적하면서 우툴두툴한 면으로 감싼 코, 맞붙인 턱, 상처로 뒤덮인 볼을 그 일례로 제시했다. 아울러 그는 대학생조합원들의 학문적 무관심 및 방탕한 생활을 언급하면서 그것에 대한 구체적인 수치도 열거했다. 그것에 따를 경우 100명의 대학생조합원 중에서 열 명만이 학업에 대해 관심을 가지고 이들 중 겨우 1/10만이 학문적 경력을 쌓는다는 것이다. 또한 대학생조합원들의 상당수가 방탕한 생활 때문에 채무를 지게 되고 그것 때문에 채무자로부터 심한 수난도 받는다는 점을 언급했다. 오호로브비치는 자신의 일기를 마무리하면서 이렇게 도덕적으로 타락한 대학생조합원들이 좋은 미래를 가질 수 있다는 것에 대해 의문을 제시했고 그것에 대한 해답을 독일적 군국주의체제에서 찾아야 한다는 주장도 펼쳤다.23)

대학생조합원에 대한 이러한 부정적 시각은 예나 대학에 재학 중인 폴란드 학생, 비에로비에이스키(H. Wielowieyski)로부터도 나왔다. 비에로비에이스키는 대학생조합원들의 대다수가 등교하는 경우가 드물었다고 지적했다. 즉 그는 대학생조합원들의 대다수가 늦잠을 잔 후 12시경 학교근처의 학생식당에서 자신들의 친구들과 점

---

23) J.Ochorowicz, *Z dziennika psychologa. Wrazenia, uwagi i spostrzezenia  w ciagu dziesieciu lat spisane*(Warszawa, 1876), pp.150-151.

심식사를 한 후 강의에 참석하지 않고 산보를 간다고 언급했다. 그리고 그는 이들이 매일 개최되는 대학생조합의 화합 술자리에 참여했다고 거론했다. 아울러 비에로비에이스키는 대학생조합원들이 상당수의 시간을 펜싱기술연마에 할애했고 머리손질과 옷맵시에만 신경을 썼다고 기술했다.24)

그러나 일부 폴란드 학생들은 대학생조합의 활동을 긍정적인 측면에서 이해하고자 했다. 라이프치히 대학에 재학 중이었던 트르제빈스키(S. Trzebinski)는 '프르제그라트 아카데미츠키(Przeglad Akademicki)'에 자신의 입장을 정리한 기고문을 게재했다. 여기서 그는 당시 일반적으로 언급되던 대학생조합의 문제점을 완전히 부정하지 않았다. 그러나 그는 이 대학생단체가 무규칙적이고 무익하다는 주장에 대해서는 동의하지 않았다. 즉 그는 대학생조합의 생활방식이 학생들에게 연대의식과 우애정신을 제공할 뿐만 아니라 정신 및 신체도야에도 크게 기여한다는 견해를 제시했던 것이다. 따라서 트르제빈스키는 폴란드 학생들도 대학생조합이 정기적으로 개최하는 체력단련 및 펜싱대회의 이점을 고려하여 그것과 유사한 행사를 개최해야 한다는 주장을 펼쳤던 것이다.25)

그러나 이러한 관점은 대학생조합에 대한 폴란드 언론의 부정적인 견해로 관심의 대상이 되지는 못했다. 이후에도 폴란드 언론들

---

24) H.W.(H.Wielowieyski?), "Zycie akademickie w Jenie", in: *Przeglad Akademicki* (1862), p.236.

25) S.T.(St.Trzebinski?), "Lipsk, ostatnie dni kwietnia b.r"., in: *Przeglad Akademick i*(1863), p.2.

은 대학생조합에 대한 비판적 입장을 견지했는데 그것은 대학생조합이 폴란드의 젊은 계층에게 악영향을 줄 수 있다는 판단에서 비롯되었다. 실제적으로 독일대학생조합에 참여한 폴란드 학생들은 그들 민족의 민족적 특성을 상실하고 폴란드 사회가 용납하지 않는 태도를 보이곤 했다. 따라서 폴란드 사회는 독일의 풍속과 쾌락이 폴란드 학생들에게는 이질적이고 공감될 수 없는 것으로 간주했던 것이다. 이후부터 폴란드의 지식인 계층은 폴란드 유학생들이 독일대학생단체에 관여하는 것을 차단시켜야 한다는 생각을 가지게 되었고 그 방법에 대해서도 구체적으로 논의하기 시작했다.26)

폴란드의 사회적 분위기나 대다수 학생들의 견해와는 달리 러시아의 지배 하에 있었던 중부 및 동부 지방 그리고 프러시아의 동부 지방에서 온 폴란드 학생들은 20세기 초까지 대학생조합활동에 대해 깊은 관심을 보였다. 슐레지엔(Schlesien)과 서프러시아에서 온 학생들은 종종 그들의 고등학교 친구들로부터 대학생조합의 가입을 종용받곤 했다. 여기서 이들은 물질적 지원이나 졸업 후 좋은 직장을 보장하겠다는 약속도 받았다. 뿐만 아니라 독일 학생들은 독일사회에서 광범위하게 확산된 관습(Usus)을 증거로 제시했는데 그것은 대학생조합에 가입했던 인물들의 사회적 신분 및 거기서 파생될 수 있는 여러 가지 이점이었다.27)

---

26) R.Riemer, "Z kol mlodziezy. Polscy akademicy w niemieckich towarzystwach", in: *Kurier Poznanski* 9(1906), p.1.

27) B.K.Truszczynski, "Biografia doktora medycyny", in: *Biblioteka Zakladu Narodowego im. Ossolinskich we Wroclawiu*(=BZNO) Ms. 14-112, pp.26-27.

이 당시 대학생조합의 활동은 이전부터 위축되었는데 그것은 충분하지 못한 단체운영비에서 비롯되었다. 따라서 이들 단체들은 보다 많은 회원을 확보하려고 했다.[28] 이후부터 이들 단체들은 부유한 외국 학생들의 가입을 통해 재정적 어려움을 극복하려고 했고 그러한 움직임은 학생수가 적은 대학에서 더욱 뚜렷하게 나타났다.

향우회나 대학생조합에 가입한 폴란드 학생들은 점차적으로 이들 단체들이 지향한 무절제한 대학생활과 국가에 대한 맹목적적인 충성을 인지하게 되었고 그러한 것은 이들이 이들 단체로부터 이탈하게 하는 결정적인 요인이 되기도 했다. 아울러 이들은 대학생조합에 가입하려는 폴란드 학생들을 방문하여 대학생조합의 문제점을 지적하는 적극성도 보였다. 마트라코브스키(W.K. Matlakowski)는 역사학을 공부하기 위해 프라이부르크(Freiburg) 대학에 입학했다. 얼마 후 그는 이곳 대학의 대학생조합에 가입했다. 가입한 다음날 폴란드 선배학생들이 그를 방문하여 대학생조합의 운영실태와 문제점을 자세히 설명하면서 대학생조합으로부터 탈퇴할 것을 요구했고 대학생조합의 실태를 파악한 마트라코브스키는 그것을 수렴했다.[29]

점차적으로 대학생조합에 가입했던 폴란드 학생들은 그들 학생조직의 영향을 받게 되었다.[30] 1870년대 초반에 이르러 폴란드 학생들은 대학생조합에 더 이상 가입하지 않았고 그것은 폴란드와

---

28) 지금까지 대학생조합의 관례행사로 여겨졌던 결투 및 술자리는 많은 비용을 요구했다.

29) W.K.Matlakowski, Wspomnienia, in: *BZNO* Ms.14-500, p.200.

30) F.Hoesick, *Powiesc mojego zycia, Pamietniki*, Bd., I(Wroclaw, 1989), pp.358-359.

독일 학생사이의 관계를 더욱 소원시키는 계기가 되었다.31) 특히 독일의 대학생조합은 그들 단체에 대한 폴란드 언론의 비판적 보도에 불만을 표시했다. 점차적으로 대학생조합은 비독일계 학생들에 대한 자신들의 불편한 심기를 나타내는데 주저하지 않게 되었고 그러한 것은 새로이 독일 대학에 입학하려는 폴란드 학생들에게 보인 그들의 태도에서 확인되었다.32)

이제 대학생조합원들은 술집이나 음식점에서 폴란드 학생들이 모국어로 대화하는 것, 황제에게 경의를 표시하기 위해 개최한 술자리에 불참하는 것, 그리고 강의실에서 맨 앞자리를 차지하는 것 등에 대해 불만을 표시했다. 따라서 이들은 폴란드 학생들과의 충돌을 부추기는데 주력했고 여기서 결투라는 방법이 종종 사용되었다. 그러나 독일 학생들은 폴란드 학생들과의 결투에서 부상당하는 경우가 허다했다.33)

상황이 이렇게 전개됨에 따라 많은 대학에서는 독일 학생들과 폴란드 학생들 사이의 충돌을 저지시켜야 한다는 주장도 제기되었다. 이제 양국 학생들은 상호간의 접촉을 기피했고 일반적인 교제만이 유지되는 정도였다.34) 그러나 남부 독일에서의 상황은 달랐는데 그것은 이 지방의 대학생조합과 향우회가 프러시아에 대한 자

---

31) *Dziennik Poznanski*, 1870, Nr. 253.
32) A.Trzaska-Chrzaszczewski, "Wspomnienia I rozwazania z lat 1887-1957", in: BZNO Ms 14-098, p.46.
33) 당시의 기록이나 신문들은 양국 학생들의 이러한 결투는 극히 제한적 현상이라고 보도했다.
   B.K.Truszczynski, *Biografia*(Krakow, 1953), p.32.
34) St.Kozicki, "Pamietnik", in: *Biblioteka Jagiellonska w Krakowie*, Ms. 9782, p.117.

신들의 부정적인 입장을 포기하지 않았기 때문이다. 따라서 남부 독일의 대학생조합과 향우회는 폴란드 학생들에게 독일황제의 탄생일이나 스당(Sedan)에서 프러시아가 승리한 것을 기념하기 위해 개최되는 축제참여를 강요하지도 않았다. 이러한 우호적 분위기에도 불구하고 이 지역의 양국 학생들 역시 공식적 차원에서 긴밀한 관계를 유지하지는 못했다.35)

당시의 회고록이나 신문 등은 극히 일부 폴란드 학생들만이 독일 학생들이 구성한 학문단체에 가입했음을 알려주고 있다. 그 일례로 레핀스키(S. Trepinski), 스테른바흐(L. Sternbach), 그리고 소코로브스키(P.Sokolowski)가 철학협회, 두라세비치(B. Duraszewicz)와 친차라(W. Cinciala)가 농학협회에 가입한 것을 들 수 있다.36)


## 5. 맺음말

19세기 후반부터 독일과 폴란드 학생들 사이의 관계는 점차적으로 위축되었을 뿐만 아니라 우연적인 특징도 가지게 되었다. 이에 반해 그 이전의 시기, 즉 빈 회의부터 함바흐 축제 때까지 양국 학생들은 긴밀한 관계를 유지했는데 그것은 그들이 지향한 민족적

---

35) St.Kuczynski, "Wspominienia wroclawskiego lekarza", in: K.Fiedor u. M. Orzechowski (Hrsg.), *Ci co przetrwali. Wspominnienia Polakow z Donego Slaska*(Wroclaw, 1959), p.35.
36) 이 당시 독일에 유학 중이던 폴란드 학생은 170여명이었다.
R.Ergetowski, *Studenckie organizacje Polakow w uniwersytecie lipskim w latach 1872-1919*(Wroclaw-Warszawa-Krakow Gdansk-Lotz, 1982), p.44; M.Molik, 같은 논문, p.26; T. Kitzwalter, 같은 책, p.23; M.Kula, 같은 논문, pp.32-33.

목적이 유사했기 때문이었다. 그러나 이러한 유사성은 시간이 지남에 따라 사라지게 되었고 특히 독일제국이 등장한 이후에는 전혀 찾아볼 수 없었다.37)

이후부터 폴란드 학생들은 독일에 체류하는 동안 자신들의 학업에 충실하고자 했다. 뿐만 아니라 이들은 연설회, 민족축제, 사교적 모임을 비롯한 각종행사에도 적극적으로 참여했다. 이러한 능동성 및 적극성은 이국에서 애국적 감정을 보존하려는 것과 폴란드 사회에서 필요한 인재가 되기 위한 노력에서 비롯된 것 같다. 이에 반해 독일의 대학생조합은 점차적으로 공공사회를 위한 활동에 대해 관심을 보이지 않게 되었다. 이제 대학생조합원들은 자신들의 직업과 사회적 신분상승에만 신경을 쓰게 되었고, 그 결과 폴란드 학우들의 입장을 대변하고, 지원하는 것을 자신들의 의무라고 생각하지도 않게 되었다.38)

독일통합(1871) 이후 베를린 정부는 독일내의 폴란드 학생단체 모두를 해체시켰다. 이에 대해 독일 대학의 교수들은 폴란드 학생들에게 연민의 정을 보였을 뿐만 아니라 적극적인 지원도 하려고 했다. 그러나 독일 학생들은 베를린 정부의 조처에 대해 아무런 반응도 보이지 않았다.

이후부터 양국 학생들의 관계는 더욱 악화되었다. 특히 베를린 정부가 추진한 독일화정책은 이들의 관계를 단절시키는 계기가 되었다. 이제 독일의 대학생들은 베를린 정부의 영토확장정책, 특히

---

37) R.Loth, *Mlodosc Jana Kasprowicza*(Poznari, 1982), pp.99-100.
38) R. Loth, 같은 책, p.100.

폴란드의 일부를 독일에 편입시키려는 정책을 적극적으로 지지하
게 되었고 그것은 폴란드 학생들의 강한 반발 및 조직적 저항을
유발시키는 계기도 되었다.

# 7장. 대학생조합의 이상 및 실제: 칼 테오도르 기어(Karl Theodor Gier)

## 1. 머리말

기어(K.T.Gier)는 3월혁명(1848)이 발생하기 이전 작센(Sachsen) 지방에서 시민계층을 주도했고 그들의 정치적 관심 및 경제적 이익도 대변했다.

예나(Jena) 대학에서 법학(Jura)을 전공한 기어(Gier)는 졸업 후 뮐하우젠(Mühlhausen)에서 법률관료로 활동하다가, 1829년 33세의 젊은 나이로 이 도시의 시장으로 선출되었다. 이후 그는 작센 지방의회, 베를린(Berlin) 통합지방의회, 그리고 프랑크푸르트(Frankfurt) 국민의회의 의원으로 활동했다. 이 기간 동안 그는 시민계층의 관심과 이익을 실제정치에 보다 많이 반영시키고자 노력했고 그것은 그가 프러시아 왕국에서 반봉건적 시민운동을 확산시키는데 크게 기여한 인물로 평가받는 결정적 요인이 되었다.

기어는 메테르니히(Metternich)체제에 반감을 가졌던 대학생들과 마찬가지로 대학 재학 중 대학생조합(Burschenschaft)에 가입하여 적극적인 활동을 펼쳤다. 그리고 그러한 활동은 그로 하여금 정치적 안목을 가지게 했을 뿐만 아니라 정당조직(Parteiwesen)의 중요성도 인식하게 했다. 이후 그는 시민계층의 이익을 대변하는 자유정당(Liberale Partei)을 가능한 한 빨리 작센지방에서 결성시켜야 한다는 주장을 펼쳤고 그것을 구체화시키는 작업에 적극적으로 참여하는 능동성도 보였다.

본 장에서는 기어가 뮬하우젠 시장으로 선출된 이후 펼친 정치활동과 거기서 부각된 정치사상 등을 취급하도록 한다. 아울러 그의 정치적 관점이 가지는 한계성 및 문제점을 언급하도록 하겠다. 끝으로 베를린 중앙정부가 기어의 이러한 정치적 관점에 대해 어떠한 시각을 가졌는지에 대해서도 살펴보도록 한다.


## 2. 대학생조합에 대한 관심 및 참여

기어는 1796년 11월 9일 자유제국 도시였던 뮬하우젠에서 태어났다.[1] 그런데 이 도시는 1803년부터 프러시아의 지배를 받다가 1807년 나폴레옹(Napoleon)에 의해 강제로 베스트팔렌(Westfalen) 시민왕국에 편입되었다.[2] 그러나 나폴레옹의 통치체제는 뮬하우젠 시

---

1) 뮬하우젠은 아이흐펠트(Eichfeld)근처에 위치한 소도시였다.
   R.Willenius, 같은 책, p.93.
2) R.Willenius, 같은 책, p.93.

민 계층에게 정치적 안목을 부여했는데 그것은 이들이 프러시아의 정치체제, 즉 절대왕정체제의 문제점들과 그러한 것들을 극복할 수 있는 대안을 구체적으로 제시한데서 확인할 수 있을 것이다.3)

1813년 기어는 개인적으로 큰 경험을 했다. 그것은 프랑스 경찰이 그 동안 반나폴레옹 운동에 적극적으로 참여했던 맏형 한스(Hans)를 체포한 것이었다. 그러나 뮐하우젠으로 진주한 프러시아군은 한스가 프랑스 감옥으로 이송되는 것을 저지했고 그것은 프러시아에 대한 기어의 부정적 입장을 불식시키는 계기도 되었다.4)

1814년 여름학기 기어는 괴팅엔(Göttingen) 대학의 법학부에 입학했다. 그러나 그는 당시 대다수의 학생들과 마찬가지로 콜베르크(Colberg) 보병연대에 지원했고 그것은 자신의 대학생활을 일시적으로 중단하게 하는 원인도 되었다. 기초적인 군사훈련을 마친 후 기

---

3) 나폴레옹(Napoleon)은 자신의 동생인 제롬(Jerome)을 베스트팔렌 왕국의 왕으로 등극시켰다. 아울러 그는 이 왕국의 헌법을 제정하여 자신의 동생으로 하여금 그것을 시행하게 했는데 거기에는 자유주의의 핵심적 요소들이 많이 포함되었다. 헌법에서 거론된 것들 중에서 중요한 것들을 언급하면 다음과 같다.
제 10조: 향후 베스트팔렌 왕국은 헌법에 따라 통치한다. 헌법은 신민들의 법적동등권 및 종교적 선택권을 보장한다.
제 12조: 모든 개인적 특권은 폐지한다.
그러나 프러시아는 위에서 언급된 자유주의적인 요소들을 인정하지 않았다.
R.Willenius, 같은 책, p.94.
4) 기어는 이를 자신의 일기책에서 다음과 같이 언급했다.
"나는 장전된 권총으로 집 앞에서 발견되는 첫 번째 프랑스 경찰을 쏘려고 했다. 만일 내가 프랑스 경찰을 사살했다면 나는 체포되어 즉각 처형되었을 것이다. 만일 프러시아 군이 한스를 구출하지 않았다면 나는 아마도 나의 계획을 실천했을 것이다."
*Tagebuchaufzeichnungen*, Stadt-und Kreisarchiv(=StA) Mühlhausen, 30/ 2/1.

어는 1814년 10월 콜베르크 보병연대에 배속되어 프랑스군과 전투를 펼쳤고 나폴레옹체제를 붕괴시킨 워털루(Waterloo; 1813)전투에도 직접 참가했다.5)

전쟁이 끝난 후 기어는 중단된 학업을 계속하기 위해 1815년 10월 할레(Halle) 대학의 법학부에 등록했다. 그러나 그는 이 대학에서 귀족출신의 학생들뿐만 아니라 그들과 긴밀한 관계를 맺고 있던 학생들과도 접촉하지 않았다. 그 이유는 이들이 메테르니히체제에 대해 긍정적인 입장을 가졌다는 것과 독일의 통합 및 정치적 발전에 대해 전혀 관심을 보이지 않았다는 자신의 판단에서 비롯된 것 같다.6) 점차적으로 기어는 할레 대학의 폐쇄적이고 보수적인 분위기에 실망을 하게 되었다. 무엇보다도 그 자신이 할레 대학의 학생들과 더불어 당시의 정치적 상황을 진지하게 토론할 수 없다는 점에 대해 심한 자괴감을 느끼게 되었던 것이다. 이에 따라 그는 할레 대학에서의 공부를 포기하고 1816년 여름학기 예나 대학으로 옮겼다.7) 여기서 그는 예나 대학의 분위기가 할레 대학의 그것과 전혀 다르다는 것을 알게 되었다. 즉 기어는 자신이 바라던 모든 분위기를 예나대학이 제공하고 있다는 사실을 인지했고 그것은 그로 하여금 여러 학생들과 더불어 독일의 현안들을 진지하게 논의하게끔 했다. 아울러 이러한 토론을 통해 기어는 자신의 정치적 식견을

---

5) *Tagebuchaufzeichnungen*, StA Mühlhausen, 30/2/1.
6) 이 당시 기어는 시민적 자각심(bürgerliches Bewusstsein)을 가졌을 뿐만 아니라 그 실천에 대해서도 깊은 관심을 보이고 있었다.
   R.Willenius, 같은 책, p.95.
7) *Tagebuchaufzeichnungen*, StA Mühlhausen 30/2/1.

가지게 되었을 뿐만 아니라 앞으로 자신이 어떠한 일에 대해 관심을 가져야 하는지도 파악했다.[8]

이 당시 기어는 1815년 6월 12일 이 대학에서 결성된 대학생조합에 대해서 깊은 관심을 가지고 있었다. 즉 그는 대학생조합이 제시한 목표, 메테르니히체제를 타파하고 독일통합을 구체화시킨다는 데에 전적으로 동의하는 자세를 보였던 것이다. 그리고 이러한 것은 그로 하여금 대학생조합의 이상을 자신의 정신적 지주로 간주하게 하는 계기도 되었다.[9]

예나 대학에 재학 중 기어는 대학생조합이 펼치는 활동에 적극적으로 참여했다. 즉 그는 예나 대학의 대학생조합이 1816년 6월 18일에 개최한 워털루 기념식에 참석했고 거기서 자신의 통일관 및 통일 후의 정치체제를 피력할 정도의 적극성도 보였던 것이다. 그러나 그의 통일관은 통합독일의 영역을 명확히 제시하지 못했는데, 그것은 독일어를 모국어(Muttersprache)로 사용하는 사람들의 주도로 독일권을 통합시켜야한다는 그의 주장에서 확인할 수 있다. 이러한 주장은 당시 독일권에서 제기된 민족문제(Nationalitätenproblem)의 심각성을 그가 정확히 파악하지 못했음을 알려주는 일례라 하겠다.[10]

이 당시 예나 대학의 대학생조합은 리만(Riemann)과 가게른

---

8) *Tagebuchaufzeichnungen*, StA Mühlhausen 30/2/1.
9) 이 당시 기어는 독일에서 어떠한 정치적 노선과 목표가 필요한지를 알고 있었다. 그리고 그는 이러한 것들을 대학생조합의 지향목표에서 확인할 수 있었다.

   *Tagebuchaufzeichnungen*, StA Mühlhausen 30/2/1.
10) *Tagebuchaufzeichnungen*, StA Mühlhausen 30/2/1.

(Gagern)에 의해 주도되었는데 기어는 이들 핵심인물들과 친밀한 관
계를 유지하고 있었다.11) 이러한 핵심인물들과의 접촉은 기어의 위
상을 대학생조합 내에서 증대시킬 수 있었고 조합원들이 그의 정
치적 관점에 대해 관심을 가지게 하는 계기도 되었다.12)

　　대학생조합의 일원으로 활동하면서 기어는 바르트부르크(1817)축
제에 참여했다. 여기서 그는 예나 대학의 대학생조합원들이 바르트
부르크 축제를 계획하면서 부각된 문제점들을13) 원만히 해결한 것
과 축제 기간 중 메테르니히체제의 모순성과 독일통합의 당위성을
부각시킨 것에 대해 큰 의미를 부여했다.14)

---

11) 하이델베르크 대학에 재학 중 가게른은 1814년 대학생조합을 결성하고자
　　했으나 학생들의 저조한 반응 및 무관심으로 구체화시키지는 못했다.
　　W.Schröder, "die Gründung der Jenaer Burschenschaft, das Wartburgfest und die
　　Turnbewegung 1815-1819", in: H.Asmus(Hrsg.), *studentische Burschenschaften und
　　bürgerliche Umwälzung*(Berlin, 1992), p.70.
12) *Tagebuchaufzeichnungen*, StA Mühlhausen 30/2/1.
13) 기어가 자신의 일기책에서 지적한 문제점들은 다음과 같다.
　　①일부 조합원들이 축제성격에 대해 이의를 제기하고 있다는 것.
　　②적합한 축제장소를 확보하기 힘들다는 것.
　　*Tagebuchaufzeichnungen*, StA Mühlhausen 30/2/1.
14) 메테르니히체제의 모순성과 독일통합의 당위성에 대한 기어의 관점은 자신
　　의 일기장에서 확인할 수 있다.
　　"오늘은 정말로 멋있는 날이다. 이 축제는 그리스인들이 그들 역사의 정점
　　에서 통합 및 형제애를 강조한 것과 버금간다 하겠다. 그리고 나는 축제기
　　간 중 진행된 토론과 거기서 느꼈던 희열을 잊지 못할 것이다. 나를 비롯한
　　축제참여자들은 독일통합이 메테르니히 체제하에서 불가능하다는 것을 파
　　악했다. 따라서 축제참여자들은 독일통합을 실현시키기 위해서는 이 제도의
　　제거가 우선적으로 필요하다는데 인식을 같이하게 되었다. 또 이들은 그러
　　한 목표를 실천시키기 위해서는 대학생조합간의 결속이 절대적으로 필요하
　　다는 데도 동의했다. 따라서 나는 앞으로 대학생조합이 펼치는 활동에 적극

　　예나 대학에서 대학생조합이 결성된 후, 특히 바르트부르크 축제 이후 이 조직이 지향한 정치적 목적을 정리하기 위한 토론들이 활발히 펼쳐졌는데 그것은 '10월 18일의 제 원칙과 결정(Grundsätze und Beschlüsse vom 18. Oktober)'을 준비하는 과정에서 비롯되었다.15) 예나 대학의 대학생조합에서 고문직을 맡았던 가게른도 '10월 18일의 제 원칙과 결정' 작성에 깊이 관여했다. 이 당시 기어는 자신의 정치적 관점을 대학생조합 강령에 반영시키려고 했다. 따라서 그는 가게른과의 접촉에 대해 더욱 적극성을 보였고 가게른 역시 기어의 그러한 접근시도에 호의적인 반응을 보였는데 그것은 그가 지금까지 펼친 기어의 활동을 긍정적으로 평가했기 때문이다. 몇 차례에 걸친 가게른과의 접촉에서 기어는 '10월 18일의 제 원칙과 결정'에 자유주의적인 요소들을 보다 많이 포함시켜야 한다는 견해를 제시했다.16) 가게른 역시 기어의 그러한 관점에 동의했지만 기존의 질서체제가 대학생조합에 대해 부정적 시각을 가지지 않을까라는 우려 때문에 그의 제안에 대해 적극적인 반응을 보이지는 않았다. 이 당시 가게른과 리만을 비롯한 대학생조합의 핵심세력들은 메테르니히를 비롯한 지배세력이 바르트부르크에서 야기된 소각행위에 대해 우려를 표명했다는 것과 대학생조합을 반국가적 단체로 간주

---

　　적으로 동참할 것이며 졸업 후에도 그러한 활동이 지속적으로 유지될 수 있게끔 지원할 것이다."
　　*Tagebuchaufzeichnungen*, StA Mühlhausen 30/2/1.
15) W.Schröder, *Burschenturner im Kampf um Einheit und Freiheit*(Berlin, 1967), p.212.
16) 가게른과의 접촉에서 기어는 자연법에서 강조되었던, 국민저항권을 명시해야 한다는 주장을 펼쳤다.
　　*Tagebuchaufzeichnungen*, StA Mühlhausen 30/2/1.

하기 시작했다는 것을 파악했기 때문에 가능한 한 반정부적 요소들을 자신들의 기본원칙에서 배제시키려고 했다.[17]

리만이 주도한 '10월 18일의 제원칙과 결정'에서 언급한 중요한 것들은 다음과 같다.[18]

① 독일분열을 정당화시키는 숙명론을 극복해야 할 뿐만 아니라 가능한 한 빨리 경제적 정치적 단일화도 실현시켜야 한다. 그렇지만 프러시아가 주도하는 통합은 거부한다.

② 연방주의적-입헌군주정체제를 국가의 통치제도로 선정해야 한다. 특히 국민대표들로 구성되는 의결기구의 권한을 증대시키기 위해서는 장관책임제(Ministerverantwortlichkeit)를 도입시켜야 한다.

③ 사회성원의 법적동등화를 실현시켜야 한다.

④ 재판의 공정화 및 민주화를 위해 배심원제를 도입시켜야 한다.

⑤ 사유재산을 보호하는 조치를 취해야 한다.

⑥ 농노제를 비롯한 일련의 봉건적 잔재를 철폐시켜야 한다.

⑦ 언론 및 출판의 자유를 보장해야 한다.

⑧ 종교의 자유를 허용해야 한다.

⑨ 외부침입에 효율적으로 대응할 수 있는 방어력을 구축해야 한다.

---

17) 기어 역시 바르트부르크에서의 소각행위를 부정적으로 보았다.

 *Tagebuchaufzeichnungen*, StA Mühlhausen 30/2/1.

18) '10월 18일의 제원칙과 결정'은 모두 27개 항목으로 구성되었다.

 W.Schröder, 같은 책, p.78.

⑩ 학생들의 기본적 임무라 할 수 있는 학문적 증진에도 관심을 가져야 한다.[19]

기어는 1818년 초 예나 대학에서의 학업을 마쳤는데 그것은 그와 대학생조합간의 관계를 단절시키는 계기가 되었다. 그렇지만 대학생조합의 이상과 목표는 향후 그의 정치 활동에 깊은 영향을 주었는데 그러한 것은 자유롭고 성숙된 시민계층의 주도로 독일을 통합시켜야 한다는 그의 주장에서 확인할 수 있다.[20]

## 3. 정치활동의 참여

고향인 뮐하우젠으로 돌아온 기어는 도시와 지방법원, 그리고 할버슈타트(Halberstadt)의 고등법원에서 서기보로 활동했다. 그러다가 기어는 1821년 뮐하우젠 시의회의 의원으로 임명되었다. 얼마 안 되어 그는 지역적 상황이 가지는 문제점들, 특히 경제적 낙후성과 거기서 비롯되는 문제점들과 직면하게 되었다. 여기서 그는 이러한 문제들을 근본적으로 해결하기 위해서는 경제적 활성화를 통해 시민계층의 저변확대가 절실히 필요하다는 것도 인식하게 되었다.

뮐하우젠 시의회에서 펼친 활동으로 기어는 시민계층의 신임을 점차적으로 얻게 되었는데 그 이유는 기어가 이들 계층의 입장을 지지·변호했기 때문이다. 그리고 이들 계층의 적극적인 후원으로 기어는 1829년 9월 17일 33세의 나이로 뮐하우젠 시장으로 선출되

---

19) R.Willenius, 같은 책, p.94.
20) W.Willenius, 같은 책, p.94.

었다.21) 이후 기어는 일련의 개혁을 시도했는데 그것은 지역적 관심을 넘어 독일권에서 주목을 받을 정도의 신선한 내용들을 담고 있었다.

기어가 실시한 제 개혁 중 가장 중요한 것은 상설양모시장의 개설과 영업활동의 보장이었는데 그러한 것들은 지역경제의 활성화에 절대적으로 필요한 조치였다.22) 그렇다면 기어는 왜 경제적 문제를 정치적 문제에 앞서 해결하려고 했을까.

이 당시 뮬하우젠과 그 주변지역은 프러시아에서 경제적으로 가장 낙후된 지방이었는데 그것은 이 지역 사람들의 상당수가 생계를 유지하기 위해 고향을 떠나 외지에서 활동한 것을 통해 확인할 수 있다. 따라서 기어는 시장으로 취임한 직후 지역경제의 활성화가 무엇보다도 필요하다는 판단을 했고 그것을 가시화 시킬 수 있는 조치를 취했던 것이다. 아울러 그는 세수 감소에도 불구하고 상인이나 수공업자들에게 부과했던 통행료(Wegegelder)를 폐지하여 경제적인 활성화에 기여하고자 했다.23)

---

21) 기어는 만장일치로 시장에 선출되었다. 이후 그의 임기는 종신직으로 전환되었다. 그러나 기어는 이를 수용하지 않으려고 했는데 그것은 그 자신이 선거의 순환성(Periodizität)을 강조했기 때문이다. 기어는 당선에만 집착하고 책임을 회피하려는 시장이 되려 하지 않았다. 그리고 기어는 시민들의 신임에 위배되는 행위도 하지 않았는데 그것은 자신이 에어푸르트 시장으로 선출될 수 있는 기회를 가졌음에도 불구하고 그것을 포기한 것에서 확인할 수 있다.
   *Mühlhauser Anzeiger vom* 12. 4. 1928.
22) H.Aderhold, *Söhne unserer Heimat, Sammlung des Stadtarchives Mühlhausen*(=STAM), Nr. 84/6499.
23) 이 당시 상인이나 수공업자들이 가장 부담스러워 했던 것은 통행료지불이

1830년 7월 25일 프랑스에서 7월혁명이 발생했다. 그런데 이 혁명은 프랑스에서 비교적 멀리 떨어진 작센 지방까지 영향을 주었다. 이에 따라 생존의 위협을 받던 하층민들도 시위를 펼쳤고 거기서 제시된 이들의 요구사항들은 반정부 활동에 참여했던 시민 계층에게 적지 않은 두려움을 가져다주었다. 특히 사유재산을 인정하지 않겠다는 언급은 이들로 하여금 일시적으로 반봉건적 입장을 포기하게 하는 요인이 되기도 했다. 나아가 이들은 기존의 질서체제와 협력하여 사회적 소요를 진압시키고자 했다. 이러한 분위기가 사회전체를 지배했음에도 불구하고 기어는 자신의 자유주의적인 관점을 포기하지 않았는데 그것은 뮐하우젠의 한 고등학교에서 행한 그의 연설에서 확인할 수 있다.24) 기어는 학생들에게 자유(Freiheit), 명예(Ehre), 그리고 조국통일(Vereinigung des Vaterlandes)의 필요성을 강조했다. 아울러 그는 연설을 끝내면서 대학생조합원들이 자주 불렀던 노래도 직접 부르는 대담성도 보였는데 그러한 행동은 참석자들의 상반된 반응을 불러 일으켰다.25) 즉 참석자들의

---

있다. 아울러 기어는 영주지(Gutherrschaften), 지방자치단체(Landgemeinden), 도시자치단체(Stadtgemeinden)에 소재한 빈민수용소와 빈민구호단체에 대한 수수료, 검인료, 그리고 우편료를 감면하는 조치도 단행했다.

H. Aderhold, 같은 책, p.3.

24) 이 당시 기어 역시 사유재산(Eigentum)을 자연권(Naturrecht)의 범주로 인식하고 있었다. 따라서 그는 하층계층의 요구에 대해 부정적 시각을 표출하는데 주저하지 않았다.

R.Willenius, 같은 책, p.111.

25) 기어가 부른 노래의 가사는 다음과 같다.

"누구에게 첫 번째 감사를 드릴까?/위대하고, 기적적인 하느님께 감사를 드려야 할 것이다./길고 긴 치욕적인 밤에 하느님은 빛으로 나타나셨다/우리

일부는 기어의 이러한 행위가 기존의 질서체제를 부정하는 것으로 보았지만 대다수의 참석자들은 기어의 입장에 동조적이었다.26)

1830년대 중반에 접어들면서부터 기어는 프러시아에서 봉건적 잔재를 제거시켜야 한다는 관점을 부각시키는데 주력했을 뿐만 아니라 시민계층이 정치 및 경제적 분야에서 주도적 역할을 담당해야 한다는 관점도 피력했다. 아울러 그는 그것을 실현시킬 수 있는 방법모색에 대해서도 깊은 관심을 보였다.

1833년 기어는 뮐하우젠 시의회에서 작센 지방의회의 의원으로 추대되었다. 이후부터 그는 시민계층의 역할증대가 필요하다는 인식을 하게 되었고 그것을 가시화하는 것이 바로 자신의 과제라는 것도 파악하게 되었다.27)

같은 해 기어는 메르제부르크(Merseburg)에서 개최된 작센 지방의회에 참석했다. 이 지방의회에서 과반수이상의 의석을 차지했던 봉건지주들은 의회 내에서 자신들의 이익에 위배되는 조치나 행동이 전개될 경우 즉각적으로 대응하는 결속력을 보였다. 이러한 일사불

---

적들의 오만을 타파하고 우리에게 새로운 힘을 주셨다/영구히 세계를 다스리는 하나님께 감사하여라."
26) *STAM*, Rep.C.20 Ia, Nr. 676, Bd., I.-55.
이러한 기어의 행동은 즉시 베를린 정부에 보고 되었다. 이후 베를린 정부는 그의 활동을 철저히 감시하기 시작했다.
27) 1823년 왕령으로 설치된 프러시아의 8개 지방의회는 1815년 프리드리히 빌헬름 3세가 약속한 통합지방의회의 대용기구였다.
R.Willenius, 같은 책, p.95; Derselbe, *die Entwicklung der antifeudalen bürgerlichen Oppositionsbewegung in der Preußischen Provinz Sachsen nach dem Wiener Kongreß bis zum Vorabend der bürgerlich-demokratischen Revolution von 1848/49 unter besonderer Berücksichtigung der Provinziallandtag sverhandlungen*(Magdeburg, 1985), pp.11-14.

란한 행동은 성장하는 시민계층에 대한 이들의 위기감에서 비롯된 것이라 같다. 아울러 봉건지주들은 의회 내 중요 부서들을 독점하고 있었다. 그리고 이 지방의회에 참석한 16명의 시장과 8명의 지방관료 역시 이러한 보수집단과 견해를 같이 했다. 따라서 반봉건적 요구들, 즉 시민적 관심이나 요구들은 의회에 상정되지도 못하는 실정이었다. 그러나 기어는 자신의 동료들과는 달리 자유주의이념에 입각한 발언을 지방의회에서 자주 했다. 이러한 그의 활동으로 기어는 작센 지방의회에서 영향력 있는 정치가로 부각되었을 뿐만 아니라 마그데부르크(Magdeburg), 할버슈타트, 할레, 노르드하우젠(Nordhausen), 크베드린부르크(Quedrinburg), 그리고 에르푸르트-아이흐스펠트(Erfurt-Eichsfeld)에서도 시민계층을 대표하는 인물로 간주되었다.[28]

보다 많은 의석을 기사령의 영주(Rittergutsbesitzer)들에게 할애해야 한다는 제안이 봉건제후 들로부터 제기되었을 때 기어는 자신의 반대 입장을 분명히 밝혔는데 그것은 시대적 조류를 역행하는 의도, 즉 의회 내에서 보수세력를 증대시키려는 내용이 법안에 포함되었다는 사실에서 비롯된 것 같다.[29] 그리고 이러한 반대이면에는 보수세력의 확대를 더 이상 용인하지 않겠다는 자신의 의지도 강

---

[28] 기어는 뮬하우젠의 시의회에서도 항상 첫 번째 발언자로 등장했고 그의 연설은 항상 시민계층의 정치적 또는 경제적 관심과 이익과 연계되었다. 즉 그는 자유주의적인 관점에서 당시 문제들을 해결하고자 했고 그것이 바로 그의 정치적 신조였다.

R.Willenius, 같은 책, pp.95-96.

[29] *STAM*, Rep.C 20 Ia, Nr. 354-64.

력히 작용했다 하겠다.30)

1837년 초 작센 지방의회가 다시 활동을 펼치기 시작했다. 여기서 기어는 도시출신의 대표자들이 보다 많은 의석을 가질 수 있게끔 선거법을 개정시켜야 한다는 주장을 펼쳤다. 아울러 그는 도시출신 대표자들에게 보다 많은 발언권을 주어야 한다는 견해도 제시했지만 보수주의자들은 기어의 이러한 제의에 대해 관심을 보이지 않았다.31)

작센 지방의회에서 자신의 주장이 관철되지 않음에 따라 기어는 정치적 견해를 같이하는 집단구성의 필요성을 느끼게 되었고 그것을 현실화시키기 위해 해방전쟁 시기의 동료들과 접촉을 모색했다. 이러한 그의 노력으로 해방전쟁 제 25주년기념회가 1838년 2월 3일 뮬하우젠에서 개최되었다.32) 기념준비위원회의 고문으로 선출된 기어는 축제식순을 마련했고 기념물간행작업에도 착수했다.33) 축제기간 중 정치적 관점을 같이했던 인물들 사이에 활기 있고 진지한 대화들이 펼쳐졌는데 그것이 바로 기어가 기념회에서 기대한 것이었다. 아울러 여기서는 정치적 현황에서 수용할 수 있는 대안들도

---

30) 의회 내에서 기어의 이러한 견해에 동조했던 인물들은 많지 않았다.
R.Willenius, 같은 책, p.96.
31) *STAM*, Rep.C 90, Nr. 119-38.
32) 기어가 해방전쟁시기의 동료들과 접촉한 것은 분명히 자신의 정치 활동에 이점으로 작용했다.
R.Willenius, 같은 책, pp.100-102.
33) K.T.Gier, *die Jubelfeier am 3ten Feb. 1838 in Mühlhausen. Denkschrift von einigen Theilnehmern zum Besten hilfsbedürftiger Krieger*(Mühlhausen, 1838).
이 회고록은 뮬하우젠 지역문서고의 문학부분(Literatuabteilung)에서 볼 수 있다.

제시되었는데 자유주의자들의 입장을 집약할 수 있는 정당이나 단체의 필요성을 구체적으로 거론된 것을 그 일례로 제시할 수 있을 것이다. 기어는 작센 지방과 아히스펠트와 인접한 국가들의 반정부 인사들도 기념회에 초청했는데 그것은 독일 내 시민계층이 결속해야만 자신들의 이익을 관철시킬 수 있다는 판단에서 비롯된 것 같다.[34]

기어는 해방전쟁과 대학생조합의 애국적 이념을 연계시켜 기념회에서 독일통합이 시민투쟁의 일관된 목표라는 것과 이러한 '성스러운 공동목적(Schönes Gemeinziel)'을 쟁취하기 위한 정신적 지주가 바로 자유주의와 민족주의라는 점을 강조했다.[35] 그리고 그것을 실천시키기 위한 구체적 대안들도 제시했다.

첫째, 자유주의 이념을 근간으로 한 헌법제정을 가능한 한 빨리 실현시킬 것.

둘째, 지방의회의 선출방식을 변경할 것. 즉 급변하는 경제적 상황을 고려하여 도시의 산업자본가들에게도 폭 넓은 정치활동의 기회를 제공할 것.

셋째, 독일의 통합방안을 구체적으로 모색할 것[36] 등이었다.

1840년 프리드리히 빌헬름 4세(Friedrich Wilhelm IV)가 프러시아의

---

34) 그런데 이 당시 개최된 축제들은 대체적으로 금지되었던 정치집회를 대행하는 공통점 내지는 목적을 가지고 있었다.
　　K.T.Gier, *die Jubelfeier am 3ten Feb. 1838 in Mühlhausen.*
35) R.Willenius, 같은 책, p.96.
36) 독일의 통합방식과 통합 독일의 영역에 대해서는 구체적으로 언급하지 않았다.
　　K.T.Gier, *die Jubelfeier am 3ten Feb. 1838 in Mühlhausen.*

새로운 위정자로 등장했다. 이에 따라 기어를 비롯한 왕국 내 자유주의자들은 선왕 프리드리히 빌헬름 3세(Friedrich Wilhelm III)가 1815년에 약속한 헌법제정의 조속한 이행을 촉구했다. 점차적으로 프러시아의 다른 지방들과 마찬가지로 작센 지방에서도 헌법문제(Verfassungsproblem)가 시민계층과 봉건 정부사이의 충돌사안으로 부각되었다.

기어는 1841년 5월 초 작센 지방의회에 청원서(Petition)를 제출했는데 거기서 그는 프리드리히 빌헬름 3세가 약속한 헌법제정을 조속한 시일 내에 이행할 것을 촉구했다.[37] 청원서를 제출하기 전 기어는 자신을 추종하거나 지지했던 인사들과 광범위한 접촉을 펼쳤는데 그것은 자신의 요구를 관철시키려면 지지세력의 확보가 절대로 필요하다는 판단에서 비롯된 것 같다. 이러한 접촉에서 계층을 초월한 자유정당의 윤곽이 제시되었고 기어가 거기서 중추적 역할을 담당하게된 것도 파악되었다.

그러나 작센지방의 장관 겸 지방의회의 의원이었던 아르민-보이첸부르크(Armin-Boitzenburg)백작은 기어의 이러한 청원에 대해 부정적인 반응을 보였다. 따라서 그는 즉시 지방의회 의장에게 서신을 보냈고 거기서 그는 기어의 청원서를 접수하지 말고 그러한 내용 역시 의회에서 토론하지 말 것을 요구했다.[38]

---

37) *STAM*, Rep 77, Nr.27, BL.141.
38) *STAM*, Rep 77, Nr.27-141.
   이러한 친정부적 성향의 아르민-보이첸부르크는 1854년 프러시아 내무상으로 임명되었다.

기어는 청원서에서 도시민들이 지방의회로 진출할 때 요구되는 조건들이 급변하는 사회 및 경제적 상황을 적절히 반영하지 못한다는 사실을 지적했다. 즉 그는 시대적 상황에 맞게끔 의원들의 자격조건 역시 조정되어야 한다는 입장을 밝혔던 것이다. 이 당시 도시대표로 선출되기 위해서는 10년 동안 동일 지역에 일정 규모 이상의 토지를 소유해야만 했는데 그것은 시민계층이 인식하던 경제적 부와 일치되지 않았다. 특히 산업시민계층은 이러한 조건을 충족시킬 수 없었는데 그 이유는 그들 자산이 토지소유보다는 공장투자, 즉 동산에 치중되었기 때문이다.[39]

당시 지방의회의 속기록을 살펴보면 기사령 출신 의원들과 지방단체출신 의원들이 기어를 전폭적으로 지지했기 때문에 정치문제에 대한 시민계층의 입장이 최초로 지방의회에서 관철될 수 있었다.[40] 비록 프리드리히 빌헬름 4세가 이러한 청원을 거부했지만 투표에서의 승리는 작센 지방에서 시민계층의 입지적 조건을 크게 강화시키는 요인이 되었다.[41] 아울러 기어에 대한 인지도 역시 이 지방에서 크게 향상되었다.

앞서도 거론했듯이 기어는 경제 부문에 대해 깊은 관심을 보였다. 그 일례는 순무생산지방이었던 작센 지방에서 기어가 설탕공장주들의 이익을 대변하는데 주도적 역할을 담당한 것에서 확인할 수 있다. 이 당시 작센지방에는 독일 사탕무 공장의 ⅓이 집중되었

---

39) R.Willenius, *Karl Theodor Gier*, 같은 책, p.97.

40) *Leipziger Allgemeine Zeitung vom 11. 5. 1841.*

41) "Landtagsabschied vom 6.8.1841", in: *Verhandlungen des sechsten Provinziallandtages der Provinz Sachsen*(Magdeburg, 1841), p.92.

고 그것은 사탕무 공장이 작센 지방의 경제를 좌우할 정도의 비중을 가지게 했다.[42] 그런데 베를린 정부가 외국산 조당에 부과하던 관세를 인하한다는 정책을 발표함에 따라 작센 지방의 설탕공장주들은 자신들의 존립을 우려하게 되었다.[43] 이에 따라 이들은 마그데부르크의 상인이며 작센 지방의회의 의원이었던 쥬크쉬베르트(Zuckschwerdt)를 통해 기어에게 다음의 사안을 부각시켰는데 그것은 기어가 자신들의 입장을 옹호하리라는 확신을 가졌기 때문이다.[44] 작센 지방의 설탕공장주들이 기어에게 보낸 서신을 요약하면 다음과 같다: 작센 지방의 설탕공장에는 많은 노동자들이 근무하고 있고 그것은 이 지역의 사회적 안정에 큰 기여를 하고 있다. 만일 베를린 정부가 외국산 조당을 싼값으로 국내에 반입할 경우 작센 지방의 공장들은 가동을 중지해야 하고 노동자들 역시 일자리를 잃게 될 것이다. 그리고 이후에 어떠한 상황이 전개되리라는 것은 정치에 관심 있는 인물이라면 쉽게 예상할 수 있을 것이다.

기어 역시 이러한 관점에 대해 동의했다. 따라서 그는 지방의회에서 설탕산업이 지역경제에서 차지하는 비중과 그것이 지역사회

42) A.Müller, "Geschichte der Rübenzuckerindustrie im Regierungsbezirk Magdeburg im 19. Jh.", in: *Magdeburger Blätter. Jahresschrift für Heimat-und Kulturgeschichte im Bezirk Magdeburg,* Hrsg. von der Pädagogischen Hochschule(Magdeburg, 1983), p.31.

43) A.Müller, 같은 책, p.31.
베를린 정부는 1839년 1월 21일 네덜란드와 통상협정을 체결했고 거기서 인도로부터 유입되는 순무에 대한 관세인하를 약속했다.
W.Schubert, *Preußen im Vormärz*(Frankfurt-Berlin-Bern-New York-Paris-Wien, 1990), p.287.

44) "Schreiben Zucksschwerdts an Gier vom 8.7.1841", in: *StA Mühlhausen*, 30/2/27.

에 기여하는 중요도를 부각시키는데 주저하지 않았을 뿐만 아니라 프리드리히 빌헬름 4세에게 보내는 청원서 작성에도 깊이 관여했다.[45] 청원서에서 언급된 것들을 요약하면 다음과 같다.

① 사탕무를 원료로 한 당류에 대한 검사 및 검사료부과를 폐지해야 한다.

② 사탕무를 원료로 한 당류에 대한 추가적 과세를 포기해야 한다.

③ 국내설탕업자에게 타격을 가져다 줄 1839년 1월 21일의 통상협정을 폐기시켜야 한다.

④ 1842년 1월 1일부터 시행될 보호관세품목에 조당을 포함시켜야 한다. 아울러 수입보호관세의 시한을 6년 또는 10년으로 연장시켜 네덜란드의 저질조당의 대량유입을 막아야 한다.

작센 지방에서 시민계층을 대변했던 기어는 1842년 서적상 파브리시우스(E.Fabricius)의 요청도 수용했는데 그것은 파브리시우스가 간행하던 주간지(Wochenblatt)에 지방의회의 심리안건들을 비평하고, 정치논설을 싣고, 의회에서 취급될 사안들에 대한 일반인들의 견해를 게재하는 것이었다.[46] 이 당시 기어는 프러시아뿐만 아니라 독일 내 시민 정치가들과도 긴밀한 접촉을 했기 때문에 파브리시우스와의 접촉 역시 그러한 맥락에서 이해할 수 있을 것이다.

뮐하우젠의 시장으로 재임하면서 기어는 자주 시민들과도 접촉했는데 그것은 그들의 입장이나 견해를 수렴하여 시정에 적극적으

---

45) "Schreiben Zucksschwerdts an Gier vom 8.7.1841", in: *StA Mühlhausen*, 30/2/27.
46) *StA Mühlhausen*, 30/2/28.

로 반영시켜야 한다는 자신의 판단에서 비롯된 것이라 하겠다. 아울러 그는 시민들에게 시정에 관해 설명할 필요가 있음을 인지했기 때문에 그것에 대한 공청회도 가능한 한 자주 개최했다. 또한 기어는 공청회에서 자신의 정치적 관점이나 신념을 피력하기도 했다.47) 1843년 12월 20일 개최된 공청회에서 자주 시민에 대한 자신의 관점을 명확히 밝혔는데 그것에 따를 경우 당국조치에 무조건 침묵하거나 또는 관료들에게 머리를 숙이는 것이 아니라 당국조치에 대해 자신들의 입장을 명확히 제시하고 당국조치에 동의할 경우 자신들이 무엇을 해야 하는지를 자발적으로 파악하는 것이 바로 자주시민이라는 것이다.48)

1842년 기어는 작센 지방의 시민대표로서 베를린 통합지방의회에 참석했다. 그리고 이것은 그로 하여금 지역정치인의 단계에서 벗어나 중앙무대에서 활약하게 하는 계기가 되었다.49)

기어는 베를린에서 의회토론의 공개화를 주장했고 그것을 실천시키기 위한 법안도 통합지방의회에 제출했다. 기어는 이미 뮬하우

---

47) 아울러 그는 사회적 문제에 대해서도 언급했다. 예를 들어 그는 복권판매의 문제점을 정확히 제시하여 시민들의 양해를 얻고자 했다.
　"복권구매는 사행심을 조장하여 사람들로 하여금 건전한 노동을 기피하고, 욕심을 많이 가지게 할 것이다. 이러한 사람들이 늘어날 경우 사회는 건전한 상태를 유지할 수 없을 뿐만 아니라 복권구매비를 마련하기 위해 자행되는 범죄행위에도 노출될 것이다. 따라서 복권판매는 즉각 중단되어야 할 것이다."
　W.Schubert, 같은 책, p.290.
48) 기어의 이러한 언급은 마리엔(Marien) 교회를 수리하던 중 발견된 서류에서 확인되었다.
49) *STAM*, Rep.C 90, Nr. 152-83.

젠 시의회에서 의회토론의 공개필요성, 즉 의회공개주의를 역설했
고 그것을 관철시킨바 있었다. 그런데 기어가 이렇게 의회공개주의
에 관심을 보인 것은 그 자신이 의회공개주의와 언론자유사이에
긴밀한 관계가 있다는 것을 판단했기 때문이다. 아울러 그는 의회
토론의 공개화로 의회의 활성화 및 내실화도 기할 수 있다는 확신
을 가지고 있었다.

그러나 통합의회는 그러한 관점에 동의하지 않았는데 그것은 의
원들의 대다수가 기어의 주장이 시기상조라는 생각을 했기 때문이
다. 비록 기어의 개정안이 부결되었음에도 불구하고 지방대표로 참
여한 의원들, 특히 진보적 성향의 의원들은 기어의 정치적 역량을
높이 평가했다. 아울러 프러시아의 재야 세력이었던 민주주의자들
도 기어를 자신들의 동반자로 간주하려고 했다. 1843년 3월 기어가
'라인 신문협회(Die Rheinische Zeitungsgesellschaft)'의 쾰른(Köln) 지부
로부터 서신을 받았는데 거기서는 마르크스의 '라인신문(Rheinische
Zeitung)'이 다시 간행될 수 있게끔 협조해달라는 내용이 들어 있었
다.50) 이러한 서신을 받은 직후 기어는 베를린 정부에 라인신문의
재간행을 건의했다. 이에 베를린 정부는 반대의사를 뚜렷이 했을
뿐만 아니라 그의 정치적 성향에 대해서도 구체적으로 분석하기
시작했다.

1847년 기어는 연합지방의회(der Vereinigte Landtag)의 의원으로 선
출되었다. 여기서 그는 한제만(Hansemann)과 베케라트(Beckerat)의

---

50) *StA Mühlhausen*, 30/2/28.

정치노선을 지지했다. 연합지방의회에서 기어는 보수 정치가로 인식되었던 비스마르크(Bismarck)와 충돌했는데 그것은 그가 해방전쟁에 참여한 인물들을 일방적으로 비하했기 때문이다.51)

1848년 2월 혁명의 영향으로 프러시아에서도 혁명적 상황이 3월 중순부터 나타나기 시작했다. 그리고 이러한 상황은 작센지방의 자유주의자들에게도 희망을 가져다주었는데 뮐하우젠의 자유주의자들 역시 그러한 범주에서 벗어나지 않았다. 이 당시 기어는 시민적 입헌국가의 전제조건으로 검열제도의 폐지, 언론 및 결사의 자유, 그리고 통합지방의회의 소집을 제시했다. 그런데 기어는 대다수의 자유주의자들과 마찬가지로 이율배반적인 태도를 보였다. 그러한 사실은 그가 1848년 3월 26일 뮐하우젠의 마리엔 교회에서 열린 3월혁명 희생자들에 대한 추도식에서 행한 연설에서 확인할 수 있다.52) 그럼에도 불구하고 기어는 뮐하우젠의 혁명세력을 주도했는데 그것은 시민계층의 이익과 관심을 배려하고 보호하려는 의지에서 비롯되었다. 여기서 그는 민주주의적 성향을 자유주의적 요구에 반영시키는데 적극성도 보였다.

기어는 1848년 4월 뮐하우젠에서 헌법클럽(ein konstitutioneller Club)을 결성했는데 이 클럽의 주요과제로는 민주주의적인 토대 하

---

51) 이 당시 한제만과 베카라트는 온건적 성향의 자유주의자로 간주되었다.
  H.Aderhold, 같은 책, p.3.
52) 기어는 연설에서 다음을 언급했다.
  "프러시아 신민들은 프러시아의 법률적 기반과 자유를 쟁취해야 하지만 정치적 불안정에서 야기될 수 있는 혁명적 소요나 부작용은 과감히 막아야 할 것이다."
  R.Jordan, "vor fünfzig Jahren", in: *Aus alter Zeit*, Nr. 8 (Mühlhausen, 1898)

에서 입헌군주정체제를 구축하는 것이었다.53) 헌법기구의 설립촉진
과 그것을 지지하는 세력을 규합시키기 위해 주말마다 강연회, 토
론회, 그리고 신문이나 전단에서 거론된 것들을 이해시키는 모임들
이 개최되었다. 기어는 이를 통해 뮐하우젠의 정치적 분위기를 인
위적으로 조율하고자 했다. 동시에 그는 대중운동에서 요구되는 사
안들을 선별·수렴했는데 그것은 그가 과격적 노선과 뜻을 같이
한다는 비난을 받게 하는 요인이 되었다.54)

　1849년 2월 기어는 뢰네(v. Roenne)를 대신하여 프랑크푸르트 국
민의회(Frankfurter Nationalversammlung)에 참석하게 되었다.55) 여기서
도 그는 자신의 자유주의적 관점을 견지했는데 그러한 것은 그가
프랑크푸르트 국민의회의 의원들에게 보낸 회람에서 독일헌법의
조속한 제정과 독일황제의 선출을 강조한데서 확인할 수 있다.56)
그러나 기어는 자신이 프랑크푸르트 국민의회에서 활동을 펼쳤을

---

53) *StA Mühlhausen*, 30/2/3.

54) 실제로 기어는 뮐하우젠의 여러 곳에 베를린 정부를 비난하는 포스터를 붙
　　이게 했다. 그런데 기어는 이 포스터를 에르푸르트의 민주주의자였던 크라
　　크루게(G.Krackrugge)로부터 받았다. 이 포스터에서는 세금불납운동을 전개
　　해야 한다는 주장이 펼쳐졌고 다음의 반정부적 문구도 들어 있었다.
　　"프러시아 신민들이여! 당신들의 왕을 박박 소리 나게 긁으시오."
　　*Wochenblatt für den Mühlhauser Kreis*, 15.4.1848; R.Luhn, "Mühlhausen
　　1848-Märzbewegung und politische Organisation der liberalen Kräfte am Beispiel
　　einer preußischen Kreisstadt", in: *Mühlhauser Beiträge* 9 (Mühlhausen, 1986),
　　pp.59-61; *StA Mühlhausen*, 30/2/3.

55) H.Niebour, "die Abgeordneten der Provinz Sachsen in der Frankfurter
　　Nationalversammlung", in: *Thüringisch-sächsische Zeitschrift für Geschichte und Kunst*,
　　Bd., IV(Halle, 1914), p.46.

56) H.Niebour, 같은 책, p.46.

때의 상황과 국민의회가 개원되었을 때, 즉 1848년 5월과의 상황이
전혀 다르다는 것을 정확히 파악하지 못했다.

　기어는 프랑크푸르트 국민의회에서 소독일주의(kleindeutschtum)
원칙에 따른 독일통합의 당위성을 수차례에 걸쳐 피력했다. 그리고
그의 이러한 입장표명으로 그가 대독일주의(Grossdeutschtum)원칙에
따라 독일을 통합시킬 경우 파생되는 민족문제의 심각성을 파악했
다는 것을 확인할 수 있다. 아울러 기어는 오스트리아 제국이 독일
통합의 주체가 되어서는 안 된다는 판단도 했다.57)

　기어는 프랑크푸르트 국민의회에서 작센 지방의 대표로 참여했
던 둔케르(Duncker), 하임(Haym), 슈바르츠(Schwarz), 그리고 슈베체케
(Schwetschke) 등과 긴밀한 접촉을 했는데 이들 모두는 '황제파
(Kaiserpartei)'라 지칭되는 클럽의 일원이었다. 또한 이들은 대학 재
학 중 대학생조합 활동에 적극적으로 참여했다는 공통점을 가졌을
뿐만 아니라 기어와 정치적 노선도 같이했다.58)

　기어가 펼친 정치 활동의 정점은 3월혁명 이후 나타났다. 비록
그가 일시적으로 극단적 자유주의를 지향했지만 그는 분명히 중도
적 입헌자유주의자였다. 그것은 그가 시장, 관료, 그리고 자신이 관
여했던 여러 개의 위원회에서 시민적 개혁을 강조한데서 확인할
수 있다. 실제적으로 이러한 개혁은 기존질서체제와의 협력으로 가

---

57) 기어는 대독일주의 원칙에 따라 독일권이 통합될 경우 프러시아가 주도적
　　역할을 담당할 수 없다는 것을 잘 알고 있었다.
　　H.Niebour, 같은 책, p.46.
58) H.Niebour, 같은 책, p.47.

능했다.

1856년 기어는 뮐하우젠 시장으로 재선되었고 프리드리히 빌헬름 4세는 이를 재가했다. 그런데 그의 선출은 이례적이라 할 수 있는데 그것은 정치적 혐의를 받던 인물이 프러시아에서 관료로 활동할 수 없었기 때문이다. 기어는 시장으로 재선된 지 얼마 안 된, 즉 1856년 11월 10일 지병으로 사망했다.

친정부 신문이었던 '신프러시아 신문(Neue Preußische Zeitung)'은 1856년 11월 18일 기어에 대한 애도기사를 실었는데 거기서는 주로 그와 프리드리히 빌헬름 4세 사이의 불편한 관계가 거론되었다.59)


## 4. 맺음말

지금까지 기어가 펼쳤던 활동, 즉 뮐하우젠의 하급관료로부터 프랑크푸르트 국민의회의 의원까지의 활동을 살펴보았다. 대학시절 대학생조합이 지향한 이상에 동조하여 대학생조합활동에 깊이 관여했던 기어는 졸업 후 독일의 통합보다는 자유주의의 제 원칙을 실제정치에 반영시키고자 노력했다. 특히 뮐하우젠의 시장으로 활

---

59) 신프러시아 신문에서 언급된 기어와 프리드리히 빌헬름 4세 사이의 불편한 관계는 다음과 같다.
"물론 우리는 그의 정치 활동을 비난해야 하지만(…) 죽음의 상황에서 그는 믿음으로 우리와 일치하게 되었다. 즉 그는 프러시아라는 실체를 인정했을 뿐만 아니라 그것을 토대로 한 개혁에도 동조했다. 프리드리히 빌헬름 4세 역시 이 점에 대해 긍정적인 반응을 보였다. 따라서 우리는 그의 입장을 지지해야 할 뿐만 아니라 그것을 실현시켜야 할 의무도 가졌다."
*Neue Preußische Zeitung vom 18.11.1856.*

동하면서 기어는 당시 프러시아의 다른 지방에서 시도되지 않았던 일련의 개혁을 펼쳤는데 그 중에서도 의회의 민주화조치는 독일 내에서 큰 관심을 불러 일으켰다. 기어는 작센 지방의회와 베를린 통합지방의회에서도 자신의 정치 목표, 즉 보다 많은 자유주의적인 요소를 의회활동에 반영시키고자 노력했지만 보수세력의 강한 반발로 성과를 거둘 수 없었다. 그렇지만 기어는 이러한 활동으로 진보세력의 핵심인물로 부각되었다. 이에 따라 프러시아 정부는 기어의 개혁의도를 의심하게 되었고 그것은 점차적으로 그를 공화주의자로 간주하게 하는 요인도 되었다. 베를린 정부는 3월혁명 중 기어가 펼친 활동을 통해 자신들의 판단이 옳다는 확신을 가지게 되었는데 그것은 기어가 이 기간 중 사회주의적인 요구를 수용했기 때문이다. 그러나 기어가 이러한 요구를 수렴한 것은 전적으로 시민계층의 이익을 고려했기 때문이다. 즉 그는 자유주의적인 시민계층이 개혁을 주도하기 위해서는 하층민들의 요구에 대해서도 수용적인 자세를 보여야 한다는 견해를 가졌기 때문이다.

기어는 정치 활동을 펼치면서 입헌군주정의 폐지를 주장한 적이 한 번도 없었는데 그것은 자신의 정치적 성향이 자유주의의 테두리에서 벗어나지 않았음을 알려주는 단적인 예라 하겠다. 아울러 프러시아 왕에 대한 그의 존경심 역시 변하지 않았는데 그것은 그가 임종시 언급한 것에서 확인되었다.[60] 여기서 그는 개혁된 프러

---

60) 기어는 임종 직전 다음을 언급했다.
　"국민회의를 인정한 우리 군주와 프러시아가 통합독일에서 주도권을 장악하는 것이 나의 꿈이었고 목표였다. 그러나 이러한 것들은 아직까지 실현되

시아가 독일통합의 주도권을 가져야 한다는 언급을 했다. 기어의 이러한 주장은 3월혁명 이후 집중적으로 제기되었는데 그것은 그가 독일통합에 무관심했다는 오해를 불식시킬 수도 있을 것이다. 대학생조합의 일원으로 활동했을 때 독일통합에 대해 깊은 관심을 보인 기어가 정치활동을 펼치면서 이 점에 대해 큰 배려를 하지 않은 것은 사실이다. 그렇다면 기어는 독일통합에 대해 왜 소극적인 입장을 보였을까? 그것은 그가 정치활동을 펼치면서 통합보다는 개혁이 선행되어야 한다는 판단을 했기 때문이다.

---

지 않았지만 곧 실현되리라 믿는다.”
*Mühlhauser Kreisblatt vom 22.11.1856.*

# 결어

　　본서는 프랑스대혁명(1789) 이후부터 독일의 통합까지, 즉 1871년
까지 독일권의 대학생들이 펼친 활동, 특히 대학생조합의 활동을
중점적으로 취급했다. 따라서 본서는 1770년 슈투트가르트에 세워
진 칼학교 학생들의 반정부활동, 즉 대학생조합이 결성되기 이전의
활동을 첫 주제로 선정했다. 프랑스혁명이 발생한 이후 칼학교는
뷔르템베르크 왕국에서 반정부활동의 중심지로 부각되었다. 즉 이
학교의 학생들과 교수들은 당시 뷔르템베르크 왕국의 문제점들, 즉
절대왕정체제에서 비롯되는 문제점들을 지적했고 그것을 극복할
수 있는 대안, 즉 자유주의적인 개혁안을 제시하기도 했다. 그러나
슈투트가르트 정부는 이러한 요구에 대해 관심을 보이지 않았을
뿐만 아니라 정부에 대해 비판적 자세를 취했던 학생들과 교수들
을 징계하는데만 주력했다.

　　그렇다면 슈투트가르트 정부는 프랑스 혁명의 발생원인과 그 진

행과정에 대해 전혀 관심이 없었을까. 당시의 자료들은 슈투트가르트 정부가 프랑스 혁명이 발발한 이후 이웃 국가들에서 진행된 상황에 대해 예의 주시했음을 알려주고 있다. 그러나 슈투트가르트 정부는 자국에서 개혁을 요구하는 세력이 극히 미미하다는 것과 기득 계층이 개혁을 통해 아무런 이득도 얻을 수 없다는 판단을 했기 때문에 학생들과 교수들의 요구를 수렴하지 않았던 것이다.

칼 학교의 학생들과 교수들은 슈투트가르트 정부가 자신들의 개혁요구를 수용하지 않으리라는 판단을 했음에도 불구하고 자신들의 입장을 철회하지 않았다. 그것은 이들이 시간이 지남에 따라 자신들을 지지하는 세력이 확산되리라는 확신을 가졌기 때문이다. 점차적으로 이들의 확신은 구체화되었는데 그것을 살펴보면 첫째, 뷔르템베르크 왕국내의 대학들이 정부에 대해 정치적 개혁을 요구했다는 것. 둘째, 개혁의 필요성을 인식하는 계층이 확산되었을 뿐만 아니라 그들의 주도로 정치적인 조직도 결성되었다는 것이다. 이에 따라 슈투트가르트 정부는 개혁의 산실로 간주되던 칼 학교에 대해 특단의 조치를 내리게 되었다. 즉 칼 오이겐 공작의 후임으로 1794년 뷔르템베르크 왕국의 왕으로 등극한 루트비히 오이겐 공작은 칼 학교를 폐교시킨 것이다. 그러나 칼 학교의 학생들과 교수들이 펼쳤던 활동과 그것이 사회에 끼친 영향은 학교가 폐교되었음에도 불구하고 더욱 확산되었는데 그러한 것은 20년 후에 결성된 대학생조합의 강령 및 활동 등에서 확인되었다.

1815년 6월 12일 독일최초로 예나 대학에서 대학생조합이 결성되었다. 이후 이 대학의 대학생조합은 당시의 독일적 상황, 메테르니히 체제에 대해 강한 불만을 토로했지만 그러한 상황을 극복할 수 있는 구체적인 대안을 제시하지는 못했다. 그럼에도 불구하고 이들은 확신을 가지고 있었는데 그것은 자신들의 적극적인 활동으로 독일적 상황이 크게 호전될 수 있다는 것이었다.

예나의 예를 따라 독일의 여러 대학에서도 대학생조합이 결성되었는데 그것은 대학생조합간의 협력을 모색하게 하는 동기가 되었을 뿐만 아니라 메테르니히 체제에 대한 자신들의 입장정리 역시 필요하다는 인식도 가지게 했다. 이에 따라 각 대학의 대학생조합은 1817년 10월 18일 작센-바이마르-아이젠나흐 공국에 위치한 바르트부르크에 모였다. 비록 여기에 참석한 인물들의 대다수가 정치적 안목을 가지지는 못했지만, 이 축제에서는 대학생조합 간의 단결 및 실천과제 그리고 독일에서의 정치적 개혁들이 토론되는 등의 적지 않은 성과를 거두었다. 아울러 여기서는 기존의 질서체제, 즉 절대왕정체제를 인정하지 않겠다는 과격적 입장도 등장했다.

이후 정치적 목표를 달리하는 2개의 집단이 대학생조합 내에서 형성되었다. 즉 기존의 질서체제를 인정하면서 정치적 발전과 통일을 지향했던 집단이 그 하나라면, 기존의 질서체제를 대신하여 공화정 체제를 도입시켜야 한다는 집단이 또 다른 하나였다. 특히 수적으로 열세했던 후 집단은 기쎈과 예나 대학을 중심으로 활동했는데 대학생조합에 대한 그들의 영향은 시간이 지날수록 증대되었다. 그리고 이러한 변화는 기존의 질서체제가 대학생조합을 부정적으로 간주하는 계기가 되었을 뿐만 아니라 그들의 활동을 억제시켜야 한다는 인식도 가지게 했다. 이러한 상황에서 잔트와 뢰닝에 의한 정치적 암살이 발생했고 그것은 메테르니히와 그를 추종하던 계층에게 대학생조합의 활동을 중단시킬 수 있는 좋은 빌미를 제공했다.

메테르니히의 신속한 조치로 1819년 8월 6일 칼스바드 회의가 개최되었고 거기서는 메테르니히 체제를 위협하는 요소들을 제거해야 한다는데 의견적 일치를 보게 되었을 뿐만 아니라 그것들의 이행에 필요한 방안들도 심도 있게 논의되었다. 여기서는 첫째, 언론 및 출판의 자유를 제한한다. 둘째, 대학생조합의 활동을 불법화한다. 셋째, 지금까지 보장되었던 대학의 자율권을 제한한다. 넷째, 독일 내에서 제기되고 있는 혁명적 요인들에 대해 공동으로 대응한다 등이 결정되었다.

과격적 성향의 대학생조합원들이 자행한 정치적 암살은 결과적으로 대다수 대학생조합원들의 정치적 활동도 중단케 했다. 그러나 이들은 자신들의 정치적 목적마저 포기하지는 않았는데 그러한 것은 1820년대 말에 재결성된 대학생조합의 활동에서 확인할 수 있다. 아울러 칼스바드 협약은 지식인 계층의 반발을 유발시켰을 뿐만 아니라 그들 간의 단결을 가져다주는 계기도 되었다.

그럼에도 불구하고 칼스바드 협약은 독일의 정치적 발전을 중단시켰고 그것은 '아래로부터의 개혁', 즉 국민 대의기구를 통한 정치적 개혁을 불가능하게 한 것이다.

칼스바드 협약이 발표된 이후 독일의 대학생조합들은 자신들의 활동을 중단해야만 했다. 그럼에도 불구하고 일부 대학생조합들은 자신들의 활동을 완전히 중단하지 않았는데 그 일례를 프라하대학의 대학생조합 토이토니아의 활동에서 찾을 수 있을 것이다. 독일권의 다른 대학과는 달리 통합이라는 과제뿐만 아니라 민족문제의 해결이라는 부수적 과제도 가졌던 토이토니아는 그들 조합의 기본적 이념이 언젠가는 실현되리라는 확신을 가지고 있었다. 따라서 이들은 경찰에 신고하지 않아도 되는 사교적 모임을 자주 개최하여 자신들의 정치적 견해를 교환하는데 게을리 하지 않았다.

앞서도 언급했듯이 활동을 펼친 지 얼마 안 되어 토이토니아는 독일의 대학생조합과는 달리 민족문제라는 딜레마에 빠지게 되었고, 그것 때문에 대학생조합에 적극성을 보였던 체코 학생들의 이탈도 있게 되었다. 이후 토이토니아는 순수 독일학생단체로 변형되었고 민족문제보다는 독일통합에 관심을 보였지만 그들의 활동은 체코 학생들의 무관심으로 제한 될 수밖에 없었다.

1820년대에 접어들면서 토이토니아의 활동은 급속히 위축되었는데 그러한 것은 프라하 경찰문서고에서 이들의 활동을 취급한 문서들이 거의 발견되지 않았기 때문이다. 그럼에도 불구하고 토이토니아의 활동은 중단되지 않았는데 그 구체적 사례는 7월혁명(1830) 이후 이 학생조합에 관여했던 쿠트쉬크의 회고력에서 확인할 수 있다. 쿠트쉬크는 토이토니아의 회원 및 그 동조세력들이 메테르니히 체제의 붕괴를 확신했기 때문에 토이토니아의 해체에 대해서 전혀 거론하지 않았음을 자신의 회고력에서 밝혔다.

1830년 7월 프랑스에서 발생한 혁명은 벨기에와 폴란드에서 독립운동을 불러 일으켰다. 이러한 상황, 특히 폴란드인들의 독립운동은 그동안 활동을 중단했던 대학생조합 및 지식인 계층에게 적지 않은 자극을 가져다주었다. 즉 이들은 민족통합의 필요성을 인식하게 되었고 그것을 위해 자신들이 무엇을 해야 하는가도 인지했던 것이다. 이에 따라 이들은 기존질서 체제의 문제점들을 지적했고 그것들의 타파가 필요하다는 것도 역설했다. 아울러 이들은 기존의 질서체제를 대체할 새로운 정치체제의 도입을 모색하게 되었고 거기서 신문을 매개체로 활용하여 자신들의 관점을 피력했다. 물론 이러한 시도가 독일의 전 지역에서 이루어진 것은 아니었다. 그러나 국지적 성격의 이러한 시도는 점차 독일 전역에 지대한 영향을 가져다주었는데 그 일례는 '독일신문과 조국연맹'이라는 단체의 활동에서 확인할 수 있다. 독일의 상황을 일반 대중에게 전달하여 독일에 대한 그들의 관심을 증대시키겠다는 취지 하에 결성된 이 단체는 전국적인 조직망을 갖추게 되었고 그것은 메테르니히를 비롯한 당시 독일 위정자들을 두려워하게 하는 요인으로 작용했다. '독일신문과 조국연맹'은 당시 반메테르니히주의자로 간주되었던 비르트와 지벤파이퍼에 의해 운영되었다.

독일통일의 당위성과 정치체제의 개혁필요성을 부각시키기 위해 지벤파이퍼는 1832년 4월 함바흐에서 (정치적)축제의 개최를 제안했다. 그런데 이러한 축제는 당시 정부의 간섭 없이 참여자들이 자유롭게 그들의 정치적 견해를 제시하거나 조율할 수 있는 유일한 방법이었다. 이러한 제의를 접한 독일의 지식인 계층은 전폭적인 지지를 보였을 뿐만 아니라 축제가 원만히 개최될 수 있게끔 협조도 펼쳤다. 그러나 메테르니히를 비롯한 독일의 위정자들은 지식인 계층의 이러한 움직임에 대해 우려를 표명했다.

1832년 5월 27일 개최된 함바흐 축제에는 약 2만 명에 달하는 사람들이 참여했고 거기서는 독일의 개혁과 통합, 폴란드의 독립 문제 등이 중요한 안건들로 부상되었다. 함바흐 축제에 참여한 인사들의 대부분이 메테르니히 체제의 붕괴를 독일 통합의 선행조건으로 제시함에 따라 연방의회는 새로운 반동 정치를 펼쳤는데, 그것은 바르트부르크 축제 이후 펼쳐진 상황과 비슷하다 하겠다. 즉 연방의회는 각국 의회의 정치적 권한의 일부를 유보시켰을 뿐만 아니라 정치단체의 결성과 민중집회의 개최를 정부의 승인사안으로 채택했다. 아울러 연방의회는 독일 내에서 제기되던 혁명적 움직임을 감시하는 체제도 더욱 강화시켰다. 그러나 연방의회의 이러한 조치에도 불구하고 독일을 통합시켜야 한다는 견해는 저변으로 확산되었고 그러한 것은 3월 혁명(1848)이후 가시화되기 시작했다.

1848년 3월혁명이 발생한 이후 대학생조합의 결성이 다시 활성화되었고 그러한 움직임은 보수체제의 보루였던 오스트리아제국에서도 확인되었다. 1848년 12월 1일부터 활동을 펼치기 시작한 프라하 대학의 대학생조합 마르코만니아는 리티그의 몬타니아를 병합함으로써 주목받는 대학생조합으로 등장했다. 기존 질서체제와의 타협을 거부했던 리티그가 이 대학생조합의 의장으로 선출됨에 따라 이 조합은 원래의 중도적 입장을 포기하고 좌파적 성향을 부각시키기 시작했다. 1849년에 접어들면서부터 프라하의 일부 대학생조합은 바쿠닌의 혁명 사상을 수용했고 그것은 이들로 하여금 구체제로의 복귀를 시도하는 빈 정부를 무력으로 붕괴시켜야 한다는 생각도 가지게 했다. 마르코만니아의 의장이었던 리티그 역시 바쿠닌의 견해에 전적으로 동의했기 때문에 그 동안 구체화되었던 5월 폭동준비에 적극적으로 참여했다. 그러나 이 폭동은 프라하 경찰에 의해 감지되었고 마르코만니아 회원들의 대다수는 체포되었다.

객관적으로 볼 때 5월폭동은 성공가능성이 거의 없었다. 왜냐하면 폭동에 참여하려는 인물들이 소수에 불과했고 폭동에 대해 호의 및 관심을 보인 사회 계층, 즉 지지기반도 결여되었기 때문이다. 아울러 체코와 독일 학생 사이의 긴밀한 협조 역시 결정적 상황에서 제대로 이루어지지 못했다.

그럼에도 불구하고 마르코만니아의 활동에 의미를 부여할 수 있는데 그것은 이 대학생조합이 기존의 질서체제가 현존하는 문제점을 해결하지 않고 단순히 이전의 상태로 복귀하려는 것에 제동을 걸었기 때문이다. 아울러 대학생조합운동이 민족국가의 형성과 시민권확대에 기여한다는 인식과 공감대를 지식인 계층에게 부여했다는 점도 활동의 의미로 제시할 수 있을 것이다.

1871년 1월 18일 독일제국이 탄생한 이후 대학생조합의 활동은 크게 위축되었다. 아울러 이들의 활동이나 목표 역시 원래 목적에서 크게 이탈했음을 확인할 수 있는데 그러한 것은 독일과 폴란드 학생들 사이의 관계에서도 잘 나타났다. 빈 회의부터 함바흐 축제 때까지 양국 학생들은 긴밀한 관계를 유지했는데 그 이유는 그들이 지향한 민족적 목적, 즉 민족의 통합이라는 공통된 과제를 가졌기 때문이다. 그러나 이러한 공통성은 시간이 지남에 따라 사라지게 되었고 특히 독일제국이 등장한 이후에는 전혀 찾아볼 수 없었다.

이후부터 폴란드 학생들은 독일에 체류하는 동안 자신들의 학업에만 충실하고자 했다. 뿐만 아니라 이들은 연설회, 민족축제, 사교적 모임을 비롯한 각종행사에도 적극적으로 참여했다. 이러한 능동성 및 적극성은 이국에서 애국적 감정을 보존하려는 것과 폴란드 사회에서 필요한 인재가 되기 위한 노력에서 비롯된 것 같다. 이에 반해 독일의 대학생조합은 점차적으로 공공사회를 위한 활동에 대해서 관심을 보이지 않게 되었다. 이제 대학생조합원들은 자신들의 직업과 사회적 신분상승에만 신경을 쓰게 되었고, 그 결과 폴란드 학우들의 입장을 대변하고, 지원하는 것을 자신들의 의무라고 생각하지도 않게 되었다.

본 서에서는 기어의 정치적 활동을 마지막 주제로 취급했다. 여기서는 대학생조합에 적극적으로 참여했던 이 인물이 대학을 졸업한 후 기존의 질서체제에서 정치활동을 펼치면서 대학생조합의 이상 및 목표를 어떻게 실천하려고 했는지를 집중적으로 조명했다. 기어는 독일의 통합보다는 자유주의의 제 원칙을 실제정치에 반영시키고자 노력했다. 특히 뮬하우젠의 시장으로 활동하면서 기어는 당시 프러시아의 다른 지방에서 시도하지 않았던 일련의 개혁을 펼쳤는데 그 중에서도 의회의 민주화조치는 독일 내에서 큰 관심을 불러 일으켰다. 기어는 작센 지방의회와 베를린 통합지방의회에서도 자신의 정치 목표, 즉 보다 많은 자유주의적인 요소를 의회활동에 반영시키고자 노력했지만 보수 세력의 강한 반발로 성과를 거둘 수 없었다. 그렇지만 기어는 이러한 활동으로 진보세력의 핵심인물로 부각되었다. 이에 따라 프러시아 정부는 기어의 개혁의도를 의심하게 되었고 그것은 점차적으로 그를 공화주의자로 간주하게 하는 요인도 되었다. 베를린 정부는 3월혁명 중 기어가 펼친 활동을 통해 자신들의 판단이 옳다는 확신을 가지게 되었는데 그것은 기어가 이 기간 중 사회주의적인 요구를 수용했기 때문이다. 그러나 기어가 이러한 요구를 수렴한 것은 전적으로 시민계층의 이익을 고려했기 때문이다. 즉 그는 자유주의를 추종했던 시민계층이 개혁을 주도하기 위해서는 하층민들의 요구에 대해서도 수용적인 자세를 보여야 한다는 견해를 가졌기 때문이다.

프랑스혁명 이후부터 시작된 독일권의 대학생 활동은 사회구성원들로 하여금 정치 개혁 및 통합의 필요성을 느끼게 했다. 그럼에도 불구하고 이들은 정치 개혁 및 통합의 과정에서 기대 이상의 역할을 담당하지 못했는데 그것은 이들이 현실적 상황을 도외시하고 이론적 측면만을 강조했기 때문이다. 따라서 당시 정치 개혁 및 통합의 주체세력은 대학생들의 이러한 관점에 대해 동의하지 않았고 그것은 학생들의 위상을 약화시키는 요인이 되었다. 그러나 독일민족이 지향해야 할 방향을 대학생들이 제시했다는 점에 대해서는 어느 누구도 이의를 제기하지 않을 것이다.

■. 참고문헌



E.Achremowicz u. T.Zabski, *Towarzystwo Literacko-Slowiankie we Wroclawiu 1836-1886*(Wroclaw-Warzawa-Krakow-Gdansk, 1973)

H.Aderhold, *Söhne unserer Heimat, Sammlung des Stadtarchives Mühlhausen*(=STAM)

Akten *der Hohen Carlsschule*(=AHC)

Archiv Univerzity Karlovy Praha(=AUK), Bestand Akademický senát (=AS), Nr.26(1819).

H.Asmus, "der Hambacher Fest-Höhepunkt der antifeudalen Oppositionsbewegung von 1832", in: *Wissenschaftliche Zeitschrift der Pädagogischen Hochschule Magdeburg*, Jg.20 (1983)

A.F.Batz, *Beschreibung der Hohen Karls-Schule zu Stuttgart*(Stuttgart, 1783)

M.Bellerstedt, "vom Bamberger zum Frankfurter Burschentag- politische Aktivierung und Differenzierung der Burschenschaften zwischen 1826/27 und 1831", in : H.Asmus(Hrsg.),*studentische Burschenschaften und bürgerliche Umwälzung*(Berlin, 1992)

H.Bock, "bürgerlicher Liberalismus und revolutionäre Demokratie. zur Dialektik der sozialen und nationalen Frage in den deutschen Klassenkämpfen von 1831-1834", in: *Jahrbuch für Geschichte* Bd., 13(1975)

M.Botzenhart, *Reform, Restauration, Krise Deuschland 1789-1847*(Franfurt am/M, 1985)

K.Boudová, "Úloha J.V.Friče v revolučním studentském hnuíi roku 1848-1849", in: *J.V Frič a demokratické proudy v české politice a literatuřе. Sborník statí*(Praha, 1956)

H.Brandt, *Europa 1815-1850*(Stuttgart, 2002)

C.Brinkmann, C, "die Entstehung von Stourdzas 'Etat actuel de l'Allemagne' ", in: *Historische Zeitschrift* 120(1920)

P.Burg, *der Wiener Kongreß*(München,1984)

J..M.Cerný, *Boj za právo: Sborník aktů politických u věcech státu a národa českého od roku 1848*(Praha, 1893)

P.Demez, *Prag in Schwarz und Gold*(München-Zürich, 2000)

C.Dipper, "Nationalstaat und Klassengesellschaft(19. Jahrhundert)", in: G.Niemetz (Hrsg.), *Epochen der modernen Geschichte*(Würzburg ,1988)

M.Doblinger, *die burschenschaftliche Gedanke auf Österreichs Hochschulen vor 1859*(Heidelberg, 1925)

J. Englova, *die Burschenschaft 'Markomanni" in Prag und der Maiaufstand 1849*(Berlin,1992)

R.Ergetowski, *Studenckie organizacje Polakow w uniwersytecie lipskim w latach 1872-1919*(Wroclaw-Warszawa-Krakow-Gdansk-Lotz, 1982)

K.Fischer, "Prager Studenten und Legionare im Jahre 1848", in: *Mitteilungen des Vereins für Geschichte der Deutschen in Böhmen*, Bd., 45(Prag, 1906/7)

C.Foerster, *der Press-u.. Vaterlandsverein von 1832/1833*(Trier, 1982)

Derselbe, *Europa zwischen Restauration und Revolution 1815-1848*(München, 1985)

Derselbe, *das Hambacher Fest*(Speyer, 1981)

F.Gajewski, "Pamietniki", in: S.Karwowski(Hrsg.), *Pamietniki* Bd., II

Friedrich v.Gentz, "französische Kritik der deutschen Bundesbeschlüsse von

1819", in: G.Schlesier(Hrsg.), *Gentzs Schriften* Bd., Ⅱ (Mannheim, 1838)

A.Gerlich(Hrsg.), *Hambacher 1832. Anstösse und Folgen*(Wiesbaden, 1984)

K.T.Gier, *die Jubelfeier am 3ten Feb. 1838 in Mühlhausen. Denkschrift on einigen Theilnehmern zum Besten hilfs bedürftiger Krieger.*

M.Görtemaker, *Deutschland im 19. Jahrhundert*(Opladen, 1988)

C.Haase, "Obrigkeit und öffentliche Meinung in Kurhannover 1793-1803" in: *Niedersächsisches Jahrbuch für Landesgeschichte 39*(1967)

H.G.Haasis, *Gebt der Freiheit Flügel. Die Zeit der deutschen Jakobiner 1789-1805* Bd., 1(Reinbek, 1988)

W.Hartwig, *Vormärz*(München, 1990)

M.Hasselblatt, *Jakob Friedrich Fries und seine Persönlichkeit*(München, 1920)

*Hauptstaatsarchiv Stuttgart*(=HSTAS)

*Hauptstaatsarchiv Wiesbaden*(=HSTAW)

http://home. nikocity. de/ge/kerner/bilder-75.html.

http://www.gbg.schule-bw.de/s-schule.htm.

H.Haupt, *die alte Würzburger Burschenschaft 1817-1833. ein Beitrag zur Universitätsgeschichte der Reaktionszeit*(Würzburg, 1898)

G.Heer, *Geschichte der Deutschen Burschenschaft, Bd., 2: die Demagogenzeit. von den Karlsbader Beschlüssen bis zum Frankfurter Wachensturm*(1820-1833), (Heidelberg, 1965)

Derselbe, "die ältesten Urkunden zur Geschichte der allgemeinen deutschen Burschenschaft", in: H.Haupt (Hrsg.), *Quellen und Darstellungen zur Geschichte der Burschenschaft bzw. und der deutschen Einheitsbewegung* (Heidelberg, 1910 ff.)

J.A.Helfert, *Geschichte Österreichs vom Ausgang des Wiener Oktoberaufstandes 1848*(Prag, 1869-1886)

W.Herzberg, *das Hambacher Fest Geschichte der revolution ären     Bestrebungen in Rheinbayern vom das Jahr 1832*(Reprint, Köln, 1982)

__________, *das Hambacher Fest. Geschichte der revolution ären Bestrebungen in Rheinbayern um das Jahre 1832*(Ludwigshafen, 1908)

F.Hoesick, *Powiesc mojego zycia, Pamietniki,* Bd., I(Wroclaw, 1989)

H.Holborn, *deutsche Geschichte in der Neuzeit* Bd., Ⅱ. (Frankfurt, 1981)

J.L.Hromádka, *Palackeho osobnost a význam v národnim probuzeni*(Praha, 1926)

E.Huber, *deutsche Verfassungsgeschichte seit 1789,* Bd., I.(Stuttgart, 1986)

F.Jílek, "Pražská politechnika a její studenti v revolučním roce 1848",    in: *Sbornīk Národního technickébo muzea,* Ⅳ (1965)

-R.Jordan, "vor fünfzig Jahren", in: *Aus alter Zeit,* Nr. 8 (Mühlhausen, 1898) *Journal d'emigration du Prince de Condé 1785-1795, publié par le    Comte de Ribes*(Paris, 1924)

R.A.Kann, *das Nationaitätenproblem der Habsburgermonarchie* Bd., I(Graz-Köln,1964)

M.Kunstat, "die Prager Burschenschaft von 1819", in: H. Asmus(Hrsg.), *studentische Burschenschaften und bürgerliche Umwälzung*(Berlin,1992)

A.Karbowiak, *Mlodziez polska akademicka za granica 1795-1910*(Krakow, 1910)

S.Karwowski, *Historia Wielkiego Ksiestwa Poznanskiego* Bd., I. (Posen, 1918)

J.Kermann(Hrsg.)*Hambacher Fest 1832*(Mainz, 1990)

T.Kitzwalter, *O nowoczesności narodu. Przypadek Polski*(Warszawa, 1999)

A.Klima, *Cesi a Nemci v revoluci 1848-1849*(Praha, 1988)

J.Kolejka, *Narody habsburské monarchie v revoluci 1848-1849*(Praha, 1991)

S.Kopf, "Studenten im deutschen Press-und Vaterlandsverein zum  Verhältnis von Burschenschaften und nichtstudentischer bürgerlicher Opposition 1832/33", in: H.Asmus(Hrsg.), *studentische Burschenschaften und bürgerliche Umwälzung*(Berlin, 1992)

St.Kozicki, "Pamietnik", in: *Biblioteka Jagiellonska w Krakowie, Ms.* 9782

St.Kuczynski, "Wspominienia wroclawskiego lekarza", in: K. Fiedor u. M. Orzechowski(Hrsg.), *Ci co przetrwali. Wspominienia Polakow z Donego Slaska* (Wroclaw, 1959)

A.Kuhn, *Revolutionsbegeisterung an der Hohen Carlsschule* (Stuttgart, 1989)

______, "Studentenbewegungen zur Zeit der Französischen Revolution, vornehmlich an der Stuttgarter Hohen Carlsschule", in: H.Asmus (Hrsg.), *studentische Burschenschaften und bürgerliche Umwälzung*(Berlin, 1992)

M.Kula, "Kategoria rozumowania historyków: długie trwanie", in: *Kultura I społeczństwo*, Nr.4(2000), pp.27-39.

M.Kunstat, "die Prager Burschenschaft von 1819", in:H. Asmus(Hrsg.), *studentische Burschenschaften und bürgerliche Umwälzung* (Berlin, 1992)

D.Langewiesche, *Liberalismus in Deutschland*(Frankfurt, 1988)

A.Latreille, *L'ere napoléonienne*(Paris, 1974)

R.Loth, *Mlodosc Jana Kasprowicza*(Poznari, 1982)

J.Loužil, *Bernard Bolzano*(Praha, 1978)

R.Luhn, "Mühlhausen 1848-Märzbewegung und politische Organisation der liberalen Kräfte am Beispiel einer preußischen Kreisstadt", in: *Mühlhauser Beiträge* 9(Mühlhausen, 1986)

E.Matz, *die Studentenunruhen an der Universität Jena im letzten Jahrzehnt des 18. Jahrhundert*(Phil. Diss., Jena, 1957)

H.Meyer, *Geschichte der Universität Freiburg in Baden in der ersten Hälfte der XXIX. Jahrhunderts 2.* Teil; 1818-1830(Bonn, 1893)

W.Molik, "Polacy na uniwersytetach niemieckich 1795-1918. Stan I propozycje badan", in: *Studia Historica Slavo-Germanica* 1983,

________, "Entwicklungsbedingungen und-mechanismen der polnischen Nationalbewegungen in Großsherzogtum Posen", in: *Berliner Jahrbuch für*

*osteuropäische Geschichte* 1995, Bd., 2, pp.17-34.

P.Molisch, *politische Geschichte der deutschen Hochschulen in Österreich von 1848 bis 1918*(Wien-Leipzig, 1939)

F.K.v.Moser, *Neues Patriotisches Archiv für Deutschland* Bd.,2(Mannheim-Leipzig, 1799)

A.Müller, "Geschichte der Rübenzuckerindustrie im Regierungsbezirk Magdeburg im 19. Jh.", in: *Magdeburger Blätter. Jahresschrift für Heimat-und Kulturgeschichte im Bezirk Magdeburg*, Hrsg. von der Pädagogischen Hochschule(Magdeburg, 1983)

Národní Noviny

M. Neugebauer-Wölk, "das "Journal der Menschenrechte". Pressepolitik im Alten Reich 1790/91" in: *Jahrbuch der österreichischen Gesellschaft zur Erforschung des 18. Jahrhundert* 3(1986)

H.Niebour, "die Abgeordneten der Provinz Sachsen in der Frankfurter Nationalversammlung", in: *Thüringisch-sächsische Zeitschrift für Geschichte und Kunst*, Bd., IV(Halle, 1914)

T. Nipperdey, *deutsche Geschichte 1800-1866*(München, 1982)

E. Nittner, "Volk, Nation und Vaterland in der Sozialethik Bolzanos", in: F.Seibt(Hrsg.), *die böhmischen Länder zwischen Ost und West. Festschrift für Karl Bosl zum 75. Geburtstag*(München-Wien, 1983)

*Noviny Lipy Slovanske, Nr. 3*(1849.1.4)

K.Obermann, "Karl D'Ester, Artz und Revolutionär; seine Tätigkeit in den Jahren 1848/49", in: *Aus der Frühgeschichte der deutschen Arbeiterbewegung* (Berlin, 1964)

____________(Hrsg.), "Einheit und Freiheit. Die deutsche Geschichte von 1815 bis 1849" in *zeitgenössischen Dokumenten*(Berlin, 1950)

J.Ochorowicz, *Z dziennika psychologa. Wrazenia, uwagi i spostrzezenia w ciagu dziesieciu lat spisane*(Warszawa, 1876)

C.H.Pfaff, *Lebenserinnerungen*(Kiel, 1854)

Z.Pech, *the Czech Revolution of 1848*(Chapel Hill, 1969)

S.Z.Pech, "Studenten in der böhmischen Revolution von 1848", in: H.  Stuke u. W.Forstmann(Hrsg.), *die europäischen Revolutionen von 1848*(Königstein/Ts, 1982)

G.Frhr. v. Pöllnitz, *die deutsche Einheits-und Freiheits bewegung in der Münchener Studentenschaft*(1826-1830) (München, 1930)

*Pražsky Večerni List*(=PVL: 1848.10.31)

F.Prinz, *Geschichte Böhmens*(Frankfurt, 1991)

H.Reinalter, *der Jacobinismus im Mitteleuropa*(Stuttgart-Berlin-Köln-Mainz,1981)

K.Rex, "die Jenaer Gesellschaft der freien Männer 1794-1799", in: *WZ Karl-Marx-Universität Leipzig*, 32(1983)

R.Reuss, *La Constitution Civile du Clergé et la Crise Religieuse en Alsace* (1790-1795)(Strassburg-Paris, 1922)

R.Riemer, "Z kol mlodziezy. Polscy akademicy w niemieckich to- warzystwach", in: *Kurier Poznanski* 9(1906)

A.Ruiz, "Universität Jena Anno 1793/94. Ein jakobinischer Student im Schatten Reinholds und Fichtes" in: J.H.Schoepss u. I.Geiss (Hrsg.), *Revolution und Demokratie in Geschichte und Literatur. Zum 60. Geburtstag von Walter Grab*(Duisburg, 1979)

-M.Salewski, *Deutschlad: eine politische Geschichte*, Bd, 2(München, 1993)

B.Scharf, "die Untersuchung gegenden Jakobinerklub in Nagold", in: A. Kuhn(Hrsg), Volksunruhen *in Württemberg 1789-1801*(Stuttgart-Bad Cannstatt, 1991)

E.Scheithauer, *Geschichte Österreichs* Bd., IV.(Wien,1996)

T.Schieder, "vom Deutschen Bund zum Deutschen Reich", in; *Handbuch der deutschen Geschichte* Bd., 15(München, 1981)

W.Schineller, *die Regierungspräsidenten der Pfalz*(Speyer, 1980)

M.Schmid, "Was hier für brave, tüchtige Professoren sind, Briefe des polnischen Studenten Jan Matuszynski aus Tübingen an Justius Kerner", in: V. Scharfer(Hrsg.), *Bausteine zur Tübinger Universitätsgeschichte*, Nr. 9,

H.Scheel(Hrsg.), *jakobinische Flugschriften aus dem deutschen Süden Ende des 18. Jahrhunderts*(Berlin, 1965)

F.J.Schopf(Hrsg.), *Wahre und ausführliche Darstellung der am 11.März 1848 …in Prag begonnenen Volksbewegung*(Leitmeritz, 1848)

W.Schröder, "die Gründung der Jenaer Burschenschaft, das Wartburg-fest und die Turnbewegung 1815-1819", in: H.Asmus(Hrsg.), *studentische Burschenschaften und bürgerliche Umwälzung* (Berlin, 1992)

__________, *Burschenturner im Kampf um Einheit und Freiheit*(Berlin, 1967)

W.Schubert, *Preußen im Vormärz*(Frankfurt-Berlin-Bern-New York-Paris-Wien, 1990)

H.Schulze, *der Weg zum Nationalstaat*(München, 1985)

I.Seidlerová, *Politické a sociální názory Bernarda Bolzano*(Praha, 1963)

E.Sieber, "studentische Störungen und Entwurfe", in: O.Borst (Hrsg.), *Aufruhr und Entstehung. Vormärz 1815-1848 in Baden und Württemberg*(Stuttgart, 1992)

A.Slavicek, "Z dejin spolku "Lese-und Redehalle der deutschen Studenten in Prag" v obdobi 1848-1892", in: *Acta Univ. Carolinae-Historia Univ. Carolinae Pragensis* 17-2(1977)

*Staatsarchiv Dreseden*(=SAD), Justizministerium, Nr. 1633b(61)

J.Štaif, "Palackýs Partei der tschechischen Liberalen und die konservative Variante der böhmischen Politik", in: .Jaworski u. R.Luft(Hrsg.), 1848/49. Revolutionen in Osteuropa(München, 1996)

Státní ústředníi archiv Prahe(=SÚA), Policejní presidium(=PP); Nr. 147 (1819)

*Státni ústředni archiv Praha*(=SUAP), Pg 1846-1849 15b/10 1849, kartón 2201, objem 1-223.

G.Steiger, *Aufbruch. Urburschenschaft und Wartburgfest*(Leipzig-Berlin-Jena, 1967)

*Strassburger Zeitung vom 17.3.1791*

J.Střitecký, "die tschechische nationale Wiedergeburt. Mythen und Gedenkstösse", in: *Böhmische Zeitschrift* 31-1(1990)

W.Szokalski, Wspomnienia z przeszlosci, Bd., Ⅱ(1830-1837), (Wilno, 1921)

H.Szuman, "Luzne kartki wspomnien z zycia majego", in: *Biblioteka Publiczna im. Edwarda Raczynskiego w Poznaniu* Rkp.1635

*Tagebuchaufzeichnungen, Stadt-und Kreisarchiv(=StA) Mühlhausen, 30/2 /1.*

A.J.P.Taylor, *the course of German History*(London, 1978)

M.Trapl, *Olomoucká univerita v prvním(vzestupném) obdobi revoluce roku 1848*(Praha, 1957)

H.Traub, *Kvetnove spiknuti v Cechach 1849*(Praha, 1929)

__________(Hrsg.), *Pameti J.V.Frice*(Prag, 1939)

H.v.Treitschke, *deutsche Geschichte im 19. Jahrhundert* Bd. Ⅳ. (Leipzig, 1927)

B.K.Truszczynski, "Biografia doktora medycyny", in: Biblioteka *Zakladu Narodowego im. Ossolinskich we Wroclawiu*(=BZNO) Ms. 14-112

_______________, *Biografia*(Krakow, 1953)

S.T.(St.Trzebinski?),"Lipsk, ostatnie dni kwietnia b.r"., in: *Przeglad Akademicki* (1863)

R.S.Turner, "Universitäten", in: K-E. Ernst u. p.Lundgreen (Hrsg.), *Handbuch der deutschen Bildungsgeschichte, Bd., Ⅲ: 1800-1870. Von der Neuordnung bis zur Gründung des Deutschen Reiches*(München, 1987)

R.Uhland, *Geschichte der Hohen Karlsschule in Stuttgart*(Stuttgart, 1953)

H.Voegt(Hrsg.), *G.Kerner. Jakobiner und Armenarzt*(Berlin, 1978)

*Vojenský historicky archiv Praha IV. oddělení (Rakousko-Maďarsko), Vyšetřovaci komise*

(=VHAP,IV.Od. RM), Verhör Arnold vom 9.4.1851; SUAP, PG 1846-1849 15b/10 1849, kartón 2201, objem 1 227.

H.Wagner, *Geschichte der Hohen Carlsschule*(Würzburg, 1858)

U.J.Wandel, *Verdacht von Democratismus? Studien zur Geschichte von Stadt und Universität Tübingen im Zeitalter der französischen Revolution*(Tübingen, 1981)

M.Wawrykowa, "Polskie zwiazki studenckie na uniwersytetach niemieckich w latach 1817-1824", in: *Przeglad Historyczny* 60(1969),

___________, "Wroclawski Zwiazek Studentow 'Polonia' i "Bracywo Burszow Polskich" w Krakowie w latach 1819-1821", in: *Maoliaopolskie Studia Historyczne* 9(1966), Nr.1/2

___________,"das Polen-Motiv in der Ideologie der deutschen Oppositions-bewegung in den zwanziger Jahren des 19. Jahrhunderts", in: K.Zernack(Hrsg.), *Zum Verständnis der polnischen Frage in Preußen und Deutschland 1772-1871*(Berlin, 1987)

R.Weber, "K uloze maloburzoazni demokracie v nemecke revoluci 1848-1849", in: *Revoluce 1848-1849 ve stvedni Evropa*(Praha, 1974)

St.Weclewski, *Pamietnik*(Pelplin, 1933)

E.Weis, *der Durchbruch des Bürgertums 1776-1847*(Frankfurt a/M-Berlin-Wien, 1982)

H.W.(H.Wielowieyski?), "Zycie akademickie w Jenie", in: *Przeglad Akademicki* (1862)

A.Werner, *die Studenten-Legionen der Prager Universität 1648-1848* (Prag, 1934)

R.Willenius, *Karl Theodor Gier-Wartburgfestteilnehmer, preußischer Bürgermeister und Vormärzoppositioneller*(Berlin, 1992)

___________, *die Entwicklung der antifeudalen bürgerlichen Oppositions bewegung in der Preußischen Provinz Sachsen nach dem Wiener Kongreß bis zum Vorabend der bürgerlich-demokratischen Revolution von 1848/49 unter besonderer Berück-*

sichtigung der Provinziallandtagsverhandlungen(Magdeburg, 1985)

J.G.A.Wirth, das Nationalfest der Deutschen zu Hambach(Neustadt, 1832)

W.W.v.Wolmar, Prag und das Reich. 600 Jahre Kampf deutscher Studenten(Dresden, 1943)

______________, die Idee der Burschenschaft im Wandel der deutschen Geschichte(Bad Nauheim, 1959)

______________, "die Prager Studenten", in: F.Böhm(Hrsg), Alma mater Pragensis. ein Dank an Prag und seine hohen Schulen(Erlangen, 1959)

E.Zechlin, die deutsche Einheitsbewegung(Frankfurt-Berlin-Wien, 1979)

R.Zeise u. H.Zessin, "Ernst Ludwig Wittig. Polenfreund und revolutionärer Publizist", in: Männer der Revolution von 1848, Bd., Ⅱ(Berlin, 1987)

H.Zessin, "deutsch-polnisch-tschechische revolutionäre Kooperation im Frühjahr 1849 in Sachsen. Ihre Initiatoren und Hauptakteure sowie erste Ergebnisse am Vorabend der Maierhebung", in: Jahrbuch für Geschichte, Bd., 14(Berlin, 1976)

I.Zielewicz, Nowe przyczynki do zyciorysu doktora Karola Marcinkowskiego nazrodlach archiwalnych osnute(Posen, 1908)

◇ 저자 소개 ◇

## 김 장 수(金長壽)

· 한양대학교 사학과 졸업
· 베를린 자유대학교 역사학부 졸업(석사)
· 베를린 자유대학교 역사학부 졸업(철학박사)
· 관동대학교 인문대학 사학과 교수(현재)


· 저서

『*Die politische Tätigkeit F.Palackýs.*』『*Korea und der 'Westen' von 1860 bis 1900.*』『*Die Beziehungen Koreas zu den europäschen Großmächten, mit besonderer Berücksichtigung der Beziehungen zum Deutschen Reich.*』『프란티세크 팔라츠키(F.Palacký)의 정치활동』『서양의 역사』『서양근대사: 르네상스로부터 1848년까지의 시기를 중심으로』


· 논문

「"Die Ostasienpolitik Deutschlands nach der Intervention Russlands, Deutschlands, und Frankreichs in den japanischen Friedensbedingungen von 1894."」 「"Die Tätigkeit P.G.v.Möllendorfs in Korea"」 「구오스트리아주의와 오스트리아적 대독일주의」 「팔라츠키(F.Palacký)의 학문적 활동」 「Burschenschaft의 독일개혁 및 통합운동」 「대학생조합 토이토니아(Teutonia): 결성 및 활동을 중심으로(1818-1819)」 「프란티셰크 팔라츠키(F.Palacký)의 정치활동: 신절대주의체제 붕괴이후 부터 이중체제도입직전가지의 시기를 중심으로(1860-1866)」 「프라하(Praha)대학의 '마르코만니아(Markomannia)': 결성 및 활동을 중심으로(1848-1849)」 「팔라츠키(F.Palacký)의 연방체제론: 빈(Wien)과 크렘지어(Kremsier) 제국의회에 제출한 헌법초안을 중심으로」 「프란티셰크 팔라츠키(F.Palacký)의 친오스트리아슬라브주의:'프랑크푸르트(Frankfurt)로 보내는 거절편지'를 중심으로」 「프랑스혁명시기의 독일의 대학생 활동:슈투트가르트(Stuttgart)의 칼학교(Carlsschule)를 중심으로」 「프라하(Praha)대학생들의 정치적 활동: 3월혁명(1848) 이후의 시기를 중심으로」 「오스트리아적 대독일주의: 내용과 그것에 대한 프랑크푸르트(Frankfurt)국민의회 및 슬라브정치가들의 반응을 중심으로」

독일의 대학생활동 및 그 영향:
프랑스대혁명(1789) 이후부터 독일통합(1871) 이전까지의 시기를 중심으로

2006년  8월  1일 1판 1쇄 인쇄
2006년  8월 10일 1판 1쇄 발행

지은이 ● 김 장 수
펴낸이 ● 한 봉 숙
펴낸곳 ● 푸른사상사

등록 제2-2876호
서울시 중구 을지로3가 296-10 장양B/D 701호
대표전화 02) 2268-8706(7) 팩시밀리 02) 2268-8708
메일 prun21c@yahoo.co.kr / prun21c@hanmail.net
홈페이지 //www.prun21c.com
ⓒ 2006, 김장수

ISBN 89-5640-469-0
값  15,000원
*저자와의 합의에 의해 인지 생략함